·长期主义系列·

企业韧性

数字时代的价值成长

冯庆基　徐军军　何姜林　王恒博◎著

企业管理出版社
ENTERPRISE MANAGEMENT PUBLISHING HOUSE

图书在版编目（CIP）数据

企业韧性：数字时代的价值成长 / 冯庆基等著．—北京：企业管理出版社，2023.5

ISBN 978-7-5164-2808-5

Ⅰ．①企…　Ⅱ．①冯…　Ⅲ．①企业管理—研究　Ⅳ．① F272

中国国家版本馆 CIP 数据核字（2023）第 008663 号

书　　名： 企业韧性：数字时代的价值成长
书　　号： ISBN 978-7-5164-2808-5
作　　者： 冯庆基　徐军军　何姜林　王恒博
责任编辑： 解智龙　宋可力
出版发行： 企业管理出版社
经　　销： 新华书店
地　　址： 北京市海淀区紫竹院南路 17 号　　**邮　　编：** 100048
网　　址： http://www.emph.cn　　**电子信箱：** emph001 @163.com
电　　话： 编辑部（010）68701638　　发行部（010）68701816
印　　刷： 三河市荣展印务有限公司
版　　次： 2023 年 5 月第 1 版
印　　次： 2023 年 5 月第 1 次印刷
开　　本： 710mm × 1000mm　1/16
印　　张： 18.25 印张
字　　数： 243 千字
定　　价： 68.00 元

前　言 | PREFACE

随着经济社会的不断发展，科学技术水平不断提高，数字技术的应用已经对各行各业产生了深远的影响。当今国内外经济环境日趋复杂，不确定和不稳定因素明显增加，不少企业面临着生存危机，长期持续发展则成为企业长久关注的重要议题。

企业要想践行长期主义，实现长期持续发展，就必须进行数字化转型。数字化转型不是一家之言，而是时代的要求，引领着所有企业的发展之路。在数字技术快速发展的时代，数字化转型覆盖到各行各业，引领了行业、企业、社会消费等多个方面的创新发展，为各方带来利好。同时，企业也应当乘着数字化转型大趋势带来的新趋势、新业态进行转型升级，获取新的发展机遇，在变化发展中增强企业韧性。

在复杂多变和日趋激烈的市场环境下，企业韧性成为衡量企业发展质量、应对危机能力的重要指标。外部环境的变化使企业不可避免地受到冲击，企业韧性就是在这样的环境下应具有的适应环境、持续运营等的能力，良好的企业韧性能给企业的生存发展带来积极影响，能够让企业在复杂的环境中存活下来。

因此，企业还需以数字技术为手段，利用数字化转型的利好，打造和运用企业韧性，这才是在数字时代跨越增长鸿沟的成功之路。

企业要想实现韧性发展，首先，要正确认识组织韧性和组织柔性，做好组织内部的转型及协同工作，建立起学习型组织；其次，要创新企业经营模式，在资金、文化等层面采取有效措施，实现企业的良性发展；最后，要在管理层面增强韧性，在员工和组织两个方面运用数智化管理方式，提高管理效率。企业在组织韧性、经营韧性、管理韧性三个方面的升级改造，可实现企业与社会、员工的价值共创，深入挖掘其多方面的作用。

只有通过探讨数字化转型的核心理念，解读组织韧性、经营韧性、管理韧性的本质，将价值共创落到实处，才能够深入探究企业韧性，实现企业的长期发展。我们希望通过阅读本书的内容，大家能够了解企业韧性的培养路径，以及如何通过企业韧性实现增长鸿沟的跨越，让企业在日趋严峻的市场环境中走出一条稳定、持续的发展之路。

感谢张怡瑾、高芳圆、周静、赵浩凯等同学参与本书相关章节资料的整理工作。特别需要说明的是，本书学习、借鉴、吸收和参考了国内外众多专家学者的研究成果及大量的文献资料，并引用了一些书籍、报刊、网站的部分数据和资料内容，已尽可能地在参考文献中列出。由于时间紧迫，未能与部分作者联系，敬请见谅，在此，对这些作者深表谢意。

2022 年 10 月 10 日

目　录 | CONTENTS

第一章
长期主义　1

开篇案例　美的：拨开数字化转型迷雾，践行长期主义发展理念 …3
第一节　数字技术推动数字化转型 ……8
第二节　数字化转型的利好 ……20
第三节　数字化转型的四大核心理念 ……32
章末案例　斗鱼：坚持长期主义的理念 ……44

第二章
组织韧性　53

开篇案例　金域：变化中尽显组织韧性 ……55
第一节　组织韧性与组织柔性 ……59
第二节　组织转型 ……70
第三节　平台组织 ……77
第四节　组织协同 ……86
第五节　组织学习 ……92

章末案例 华为：逆全球化情境下的企业韧性 …………………… 102

第三章
经营韧性 105

开篇案例 智联招聘：技术赋能开放共享平台，实现经营模式创新 …………………… 107
第一节 经营创新 …………………… 111
第二节 经营措施 …………………… 122
第三节 经营发展 …………………… 138
章末案例 林清轩：全方位进军国内高端护肤品市场，彰显经营韧性 …………………… 150

第四章
管理韧性 157

开篇案例 浪潮软件：IT 行业数字化管理的模板 …………………… 159
第一节 个人管理 …………………… 163
第二节 组织管理 …………………… 177
第三节 数智管理 …………………… 191
章末案例 平安集团：数字化管理模式 …………………… 206

第五章
价值共创 215

开篇案例 慧心心理：基于价值共创的企业发展 …………………… 217
第一节 价值共享的觉悟 …………………… 222
第二节 价值共创的作用 …………………… 230

第三节　价值变现的聚能 …… 242
第四节　平台共生的增长 …… 254
章末案例 【物物地图】：利益命运共同体 …… 261

参考文献 **268**

CHAPTER 1 | 第一章

长期主义

人工智能、大数据、物联网、区块链、云计算、5G 等数字技术的深入发展与应用，加快了我国数字化转型步伐与改革进程，不断激发各行各业的创新创业活力，促进企业优化生产经营结构，构建新的生态系统，进而构建新发展模式，形成行业发展新业态。数字化转型带动共享经济、平台经济、全渠道体验消费等社会消费的升级，不断丰富社会消费新模式。数字化转型不仅为企业、行业带来了新的发展红利，而且对整个社会新业态的形成、客户新价值的产生均产生了重要作用。在数字化转型过程中，企业要始终坚持四大核心理念，不断提升组织韧性、经营韧性、管理韧性，并将价值共创、长期主义贯穿于数字化转型的整个过程之中。

城市的数字化转型，其实便是基于 AI、大数据、5G、边缘计算等技术，构建出城市的数字化孪生，构建出真实世界的数字化映射。

——360 集团创始人、董事长 周鸿祎

开篇案例

美的：拨开数字化转型迷雾，践行长期主义发展理念

如何顺应时代发展浪潮，利用好数字技术实现数字化转型升级，进而把握新一轮的发展机遇，获取新的发展活力，对于传统制造业企业当前及未来发展至关重要。美的作为家电制造业的龙头企业，在面对数字化转型的洪流时，能够内外部双效驱动发力，拨开数字化转型的层层迷雾，顺利实现企业的数字化转型升级，不断践行长期主义发展理念，彰显出强大的经营韧性。

一、企业简介

成立于1968年的美的集团，坚持科技创造美好生活的经营理念，经过几十年的发展，如今美的已经从传统的家电制造业全面进军高科技综合产业，成为全球化科技集团，业务范围更广泛，形成了涵盖智能家居、工业技术、楼宇科技、机器人与自动化、数字化创新的综合业务板块。

美的集团的持久稳定发展离不开数字技术的加持与赋能，更离不开数字化转型升级的助力与推进，这也为美的的发展注入一针“强心剂”，使其获得新的发展动能。长期以来，美的集团坚持科技创新驱动发展，不断加大科研技术投入力度，利用高新数字技术，加快实现数字化转型，实现业务框架及流程重组，进而进行渠道、销售等模式创新，直面用户需求，用技术为企业赋能，不断提高生产运营效率，进一步推动企业向数字化、智能化、自动化深入发展。

二、推动数字化转型，践行长期主义理念

美的集团作为我国家电制造行业的龙头企业，一直以来秉承长期

主义发展理念，通过数字化转型不断赋能集团发展，进而不断提升组织韧性和经营韧性。美的集团数字化转型之路始于2012年，当时正值美的集团创始人何享健退出董事会，方洪波担任美的集团董事长。在这个关键时期，美的集团及时赶上数字化转型浪潮，大刀阔斧地进行数字技术改革，顺利实现了企业数字化转型升级。美的集团数字化转型之路并非一帆风顺，而是在前进的过程中不断摸索，拨开层层迷雾，终于迎来了属于自己的胜利曙光。

在进行数字化转型之前，美的集团的各部门、职能机构自成一体，信息高度分散，难成一体，这就给美的集团数字化转型带来了前所未有的挑战。面对困境，美的集团进行大胆改革，将运行多年且已经十分稳定的信息系统全部推倒重建，以此打破了集团的信息孤岛，将集团内的所有数据信息整合为一体。这对于当时的美的集团来讲，无疑是一次具有突破性的重大选择与历史变革，这也让美的集团再次变成一张白纸，并开始重新描绘企业未来的发展蓝图。美的集团从以下四个方面有序拉开了数字化转型的序幕。

1. 让整个组织从“硬”变“软”

让整个组织从“硬”变“软”，也就是转变组织的思维方式，让组织更有韧性。随着市场竞争的日益激烈，美的集团需要更加及时、迅速、灵活地应对外部市场的变化及挑战。加之现如今数字化转型逐渐成为发展新风向，美的集团亟须转变经营思维方式，即由硬性思维向软性思维、柔性思维转变。这是美的集团数字化转型的基调，更是数字化转型的重要前提与基础。

2. 要创新发展，就要转变经营理念

美的集团认识到，在经济社会、人文社会不断发展的过程中，想要实现创新发展，就要转变经营理念。因此，美的集团更加关注个体的需求与发展，将重视以人为本的观念贯穿到企业发展的各个层面，具体包括员工和用户两个方面的主体。

一是员工层面。当前，美的集团的员工更趋于年轻化，他们在工作中更注重工作氛围、人际沟通与交流、工作价值实现等，单纯的物质激励已经难以满足新时代员工多样化的需求。对此，美的集团努力营造更加平等、自由、舒适的工作环境，尊重每一位员工，让员工在舒适的氛围中快乐工作、平等交流。美的集团充分考虑和满足员工的实际需求，最大限度地激发员工的工作潜能。

二是用户层面。同时，美的集团坚持用户服务价值理念，将用户思维贯穿于企业生产经营的方方面面，深入洞察用户需求，真正将数字化转型落到了实处。

3. 高度重视数字化人力资源，大力培养及招募复合型人才

企业的数字化转型必然离不开数字化人才的支撑。在数字经济时代，企业对人才的要求越来越高。不仅要求人才熟悉各种先进的数字技术，具有敏锐的数字化思维，能够将数字化技术与企业经营实践有机统一与融合，也要求人才熟悉和了解传统的组织结构和生产运营模式，对未来的组织运行模式有深刻的理解和清晰的判断，能够洞悉企业未来的发展方向。在数字化转型的过程中，美的集团充分认识到了复合型人才对企业推进数字化转型的重要性，因此美的集团坚持内外兼收的策略，既从企业内部加强人力资源培训，转变内部员工的思维方式，还从外部聘请各种专家，甚至寻求与第三方机构合作，招募了大量的数字化人才。美的集团坚持“哪里有人才，美的就到哪里去”的人才招募理念，在深圳市和上海市均设置了办公室，目的是为集团招募更多的高素质复合型人才，助力企业的数字化转型升级。

4. 数字化转型从企业高层抓起，是“一把手”工程

对于整个企业集团来讲，数字化转型是一个大工程，牵一发而动全身，转型的有序推进需要全员共同参与，每个部门、每位员工都要参与进来，将企业的资源、技术、人员不断聚拢，在这个过程中尤其需要企业的“一把手”来持续推进。“一把手”作为企业数字化转型的掌舵者和领航人，既需要指明未来前进的方向，推动变革，做出科学的决策，解决变革中的实际痛点问题，坚定不移地加大数字化建设的投入力度，还需要为全员呐喊加油，坚定信心，顶住压力，带领全员不断冲破变革的迷雾。

美的集团的数字化转型之路无疑是成功的。美的集团多年来坚持以数字化思维进行生产运作，用数字技术赋能企业的经营活动，让美的集团获得新的增长动力，成为国内制造业的龙头企业。图 1-1 为美的集团数字化转型之路。

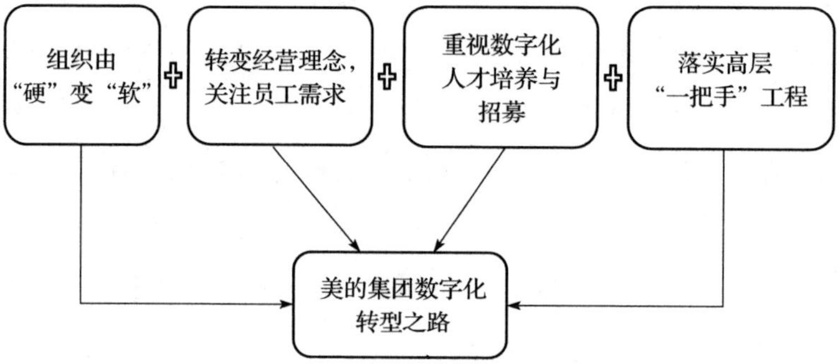

图 1-1 美的集团数字化转型之路

三、发展与总结

美的集团经过多年来数字化转型的发展与变革，顺利完成了组织变革的使命，转变了人才发展理念，重视人才培养与招募工作，最终得以实现长期发展。在这个过程中，企业还需根植长期主义理念，以数字技术赋能，全面推进数字化转型。

1. 根植长期主义理念

企业发展需要保持战略定力，将长期主义理念深植于组织内部，用长远战略性眼光看待企业当前及未来发展，才能在不断变化发展的时代浪潮中具备前瞻性思维和坚实的基础，免于淹没于时代洪流之中。

2. 以数字技术赋能

数字化技术推动数字化转型已经成为时代发展浪潮，对于企业尤其是传统实体企业来讲，需要顺势而为，用数字技术赋能企业转型发展，优化产业结构，为企业发展注入新的发展活力，抓住新一轮数字经济红利。

3. 全面推进数字化转型

随着数字技术与企业发展的不断融合，数字化与企业的方方面面有着千丝万缕的联系，渗透到企业的全价值链之中，对企业的整体运营结构产生重大影响。数字化转型有助于企业生产经营方式的变革，企业员工、顾客、投资者、上下游合作商等利益相关者逐渐改变了传统的工作及业务方式，采用数字化的运营模式，整体提高企业运营效率，从根本上实现降本增效。

“不积跬步，无以至千里；不积小流，无以成江海。”任何转型变革都不是一蹴而就的，需要全员齐心协力，从上到下凝神聚力，不断探索与坚持，顶住压力、砥砺前行，相信终有一天会拨云见日，看到胜利的曙光。

随着外部市场环境的变化和市场竞争的加剧，各种不确定性因素增多，加之消费者更加追求多样化、个性化，企业发展迎来了新的挑战，数字化转型已经成为新的时代潮流，成为摆在企业面前的重要课题。企业要想在复杂的市场环境中屹立不倒，保持发展活力，展现发展优势，还需要坚持长期主义的发展理念，加快实现数字化转型升级。企业只有通过数字技术赋能发展，才能更好地适应市场行情变化，迎接新一轮挑战，进一步满足用户多元化、精细化需求，进而抓住新的发展机遇，树立核心竞争优势，获取新发展红利，在市场竞争中拥有更多主动权、掌握更多话语权，使企业在未来的市场中保持长远稳健发展。

（资料来源：笔者根据多方资料整理而成）

第一节　数字技术推动数字化转型

随着互联网技术及各种移动互联网技术的发展与普及，以及人工智能、大数据、云计算、区块链、物联网、VR/AR、5G等技术的发展与升级，万物互联逐渐成为现实。人们的生产、生活等各方面发生了翻天覆地的变化，正在朝着智能化、数字化、网络化的方向发展。加快数字经济与传统经济的深度融合发展成为大势所趋，未来数字技术的发展将推动我国各产业不断实现降本增效，催生出新的经济模式，产生新的经济业态，实现经济社会高质量发展，数字化转型升级的进程及步伐将不断加快。

一、行业创新发展

以5G、人工智能、大数据、云计算、区块链、物联网等为代表的高新数字技术不断推动行业的数字化转型。数字技术与实体经济不断融合创新，催生出新的产业模式，各种新业态、新趋势应运而生。数字化转型促进行业创新发展，不断带来新的发展活力，具体表现在新形态、新产业、新方向、新思维等各个方面。

1. 数字技术融合带来新形态

数字技术创新所带来的新增量市场，以及数字技术与传统实体经济深度融合所激发和盘活的存量市场，都将继续推动产生新业态、新模式、新产业，使产业数字化与数字产业化的趋势不断向前推进。随着数字化转型进程的加快，人工智能、大数据、云计算、区块链等技术，与制造业、服务业、零售业、金融、农业、医疗、教育、建筑、交通、物流、市政、基础设施建设等行业不断进行深度融合创新，智能化、产业化、数字化成为行业发展的新特点。数字技术的融合发展带来了智能制造、数字医疗、智慧出行、智能物流、金融科技、智能教育、智慧城市等新的行业发展模式，也给各行各业带来了新的发展机遇，注入新的发展活力，如图 1-2 所示。

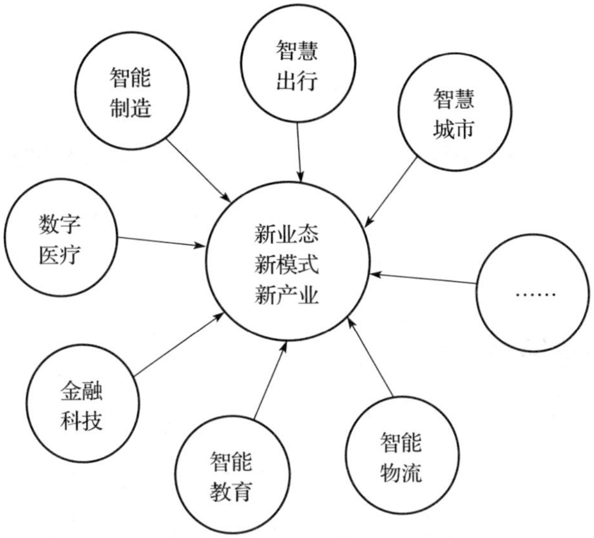

图 1-2　数字技术催生行业创新发展

2. 数字技术赋能新产业

数字技术不断为各产业赋能，促进全社会产业转型升级。数字化转型进一步提升劳动生产效率，提高了资源配置及利用效率，推动行业生产方式的变革与创新，进而更好地实现降本增效，促进行业实现高质量发展。与此同时，数字化转型也推进了行业生产工艺及流程的优化改进，提高了社会资源利用率，进而加快推动行业深化改革的步伐，实现行业不断创新与深入发展。

3. 数字化转型开辟新方向

数字化转型可为行业开辟新的发展方向，创新经营模式，获取新的发展红利。通过数字技术的加持与赋能，数字化转型促使行业加快转型升级，线上线下深度融合发展，使行业朝着更加数字化、智能化的方向发展。

4. 数字化转型带来新思维

数字化转型不断改变行业发展及企业的运营思维，使企业更加关注用户需求与价值体验，真正将以用户为中心落到实处。在数字化转型过程中更需要柔性及弹性思维，根据市场环境变化及时、灵活地采取应对措施，调整经营策略及组织结构，进而加强应对外界环境的能力，减少经营风险，提升企业整体经营水平。同时，在数字化转型过程中还需要深入洞察用户的消费心理，关注新时代用户的多元化、个性化及精细化需求，不断打磨产品质量与提升服务水平，以更加高质量的产品及人性化的服务来满足用户高品质的需求。

二、企业结构调整

企业作为市场经济的主体，受当前不确定、不稳定的外部市场环境的影响较为严重。因此，为了更好地适应企业外部环境及经济发展新形势，加快数字化转型成为企业面对的一道必选题。随着数字技术的深入发展，很多企业正在积极利用大数据、人工智能、云计算、区块链、物联网等技术加快进行数字化转型升级，数字化转型的步伐正在逐渐加快。企业不断转变生产经营的思维方式，将互联网思维融入产业链中，构建新的生态系统，调整原有的、传统的企业结构。

1. 数字技术构建新生态系统

企业通过数字技术赋能，牢牢抓住新的发展机遇。企业以数字技术赋能来构建新的生态系统，改变企业与顾客、企业与员工、企业与社会的关系，改进组织工作流程及企业业务模式，坚持线上线下深度融合发展，不断创新发展，形成新模式、新思路，将数字技术融入企业生产经营的各个环节，打破数字世界与现实世界的物理界限，进一步调整组织结构，优化生产经营模式，提高资源配置效率，降低运营成本，不断提高企业的价值。

2. 数字化转型调整企业结构

数字化转型让企业进一步转变生产运营理念。企业无论是采用“互联网 +”的形式，对设计、生产、销售、服务等全产业链进行颠覆式变革，让整个组织“大换血”，实现新的造血功能，还是采用“+ 互联网”的方式，对企业的某一生产环节进行较为温和的改进与优化升级，运用数字技术为企业发展赋能，都将对企业结构调整产生重大的影响。

数字化转型带给企业结构调整的改变体现在企业的生产经营活动更多地依靠数据驱动，对数据资源进行合理开发、深入分析与充分利用，用数据作为企业经营决策的支撑点，以此来减少企业经营决策失误带来的风险与损失，进一步优化企业的结构。与此同时，企业利用数字化技术，通过数字品牌的运营推广，不断沉淀用户，维持用户的忠诚度，进而形成新的价值主张。

3. 结构调整带来的连锁反应

企业数字化转型不仅推动企业在价值观念及经营理念方面发生了重大变化，而且企业通过数字技术赋能，加快了整个组织框架结构调整，对企业运营模式、生产方式、价值链进行重大变革与创新，从而不断催生出新产品、新模式、新业态。具体来说，数字技术与数字化转型在企业内部的嵌入，有利于调整和优化企业结构，打破部门及区域间的数字鸿沟及数字壁垒，实现数据资源的共享化、可视化，提高数据资源利用效率。同时，通过数字技术与企业生产运营环节的深度融合，全价值产业链实现优化升级与创新，提高了价值链各参与主体的积极性与主动性，通过结构调整与升级，不断提升各要素的协同能力，大大提升生产运营效率，降低生产成本，实现降本增效，让整个企业运营朝着数字化、智能化方向发展。

长期主义专栏 1-1

完美日记：调整生产经营结构，走上数字化营销之路

随着消费水平的不断提升，人们对精致与美的追求更加强烈。完美日记年轻国货彩妆品牌的定位，契合了消费者时尚化、个性化的需求。完美日记通过一系列数字营销方式，迅速获取网络流量与关注度，提高了品牌知名度，顺利打开了国货美妆市场。

一、企业简介

作为国内年轻的彩妆品牌，完美日记致力于为中国年轻女性研发一系列品质精良、设计精美的彩妆产品，产品主要包括眼唇部彩妆、卸妆产品及各种化妆工具。自面世以来，完美日记便迅速走红网络，获得了大批流量与粉丝，成为国货美妆第一品牌。完美日记能够顺利占据国货美妆品牌头部位置，离不开数字化营销的赋能与助力。

二、不断调整结构，开展数字化营销

在数字化时代下，完美日记利用数字技术和网络技术调整企业的结构，成功开展数字化营销。完美日记通过精准的市场定位，采取了直接触达消费者（Direct to Consumer，DTC）的营销模式，实现了全渠道的网络营销，并不断加大数字技术的投入，形成了独特的数字化营销之路。

1. 以用户需求为中心，重视用户的消费体验

完美日记通过精准的市场细分，成功抓住“Z 世代”（指 1995—2009 年出生的人，他们一出生就与网络信息时代无缝对接）人群的消费心理，设计出的产品更符合目标消费群体的需求。“爱美之心，人皆有之。”随着经济社会的发展，人们对于外在形象的自我塑造及对美的追求越来越迫切，而被称为“Z 世代”人群的 95 后逐渐成为主流消费群

体。他们对彩妆的接触时间更早，对化妆的接受与认可程度更高。并且，这部分人群的消费方式和消费观念发生了明显变化，他们更加注重个性化需求，同时更习惯于网上消费，对于新事物的接受程度更高，实际购买行为的发生更加依赖于商品在网上的口碑评价及身边朋友的推荐。

完美日记完美地契合了“Z世代”人群的消费心理，并把目光锚定在这部分群体身上。完美日记通过对标一线国际美妆品牌，推出“大牌平替”的市场定位，加之精美的产品外观设计及包装，凭借高性价比，迅速赢得了消费者的青睐。

2. 推进网络营销模式

完美日记采用DTC模式，实现全渠道触点营销，获得了更大的粉丝流量与品牌曝光度。初期为了打开市场局面，完美日记通过社交属性极强的小红书进行数字化营销，在2017年9月正式入驻小红书，随后通过小红书种草开始了数字化营销之路。完美日记不仅与“头部”主播进行深度捆绑，同时邀请网红明星、腰部KOL（关键意见领袖）进行直播带货并发布产品测评及各类种草视频。

完美日记清晰地认识到，比起网红明星，消费者在实际发生购买行为时更信赖普通人的使用感受与分享，因此完美日记格外重视原创内容的分享与营销。之后，完美日记数字化营销的阵营逐步扩展到抖音、快手、哔哩哔哩等社交自媒体平台，营销渠道全面开花。与此同时，完美日记充分利用社群打造私域流量池，与粉丝进行更加直接且密切的互动，进一步强化粉丝黏性，提高产品复购率。

3. 重视数字技术的投入与应用

完美日记加大数字技术的投入，推动企业调整运营结构。为了更好地发挥数字化运营对品牌宣传营销的作用，完美日记的母公司逸仙电子商务公司成立了由200多位工程师组成的数字化运营团队，不断加大数字化运营的技术投入，利用大数据、云计算等技术对平台数据进行精准分析与研判，提升品牌数字化运营的整体能力，不断用技术赋能品牌发展。这也让完美日记能够在“前有强敌，后有追兵”的局面中顺利突出重围，形成核心竞争优势。

三、发展与总结

完美日记凭借精致的产品设计、独特外观、高性价比，充分发挥数字化营销的优势与特色，同时注重私域流量的打造与维护，进而获得迅速发展。我们也应认识到，数字化营销可锦上添花，助力企业获得更多流量与粉丝关注，带动品牌宣传与营销推广。但是，企业要获得长久稳定发展，还是要把提升产品质量作为企业发展的重要抓手，加大科技投入，不断进行产品创新与迭代升级，丰富产品品类，为消费者提供高质量的产品和更加优质的服务，为企业长久发展不断注入新活力。

（资料来源：笔者根据多方资料整理而成）

三、社会消费升级

随着数字技术的不断发展与普及，社交自媒体、短视频日益活跃，社会消费形式不断升级，消费模式不断出现新趋势、新花样，共享经济、平台经济发展火爆，社交电商成为新的发展风口，全渠道体验消费深得消费者喜爱。社会消费形态更加趋于多元化、个性化、全面化、精细化。

整体来看，随着我国居民生活水平的不断提高，整体收入不断增加，消费水平和层次也随之不断提升，消费升级的步伐不断加快，各类消费热点层出不穷，社会消费发生了较大的变化。具体来说，体现在消费结构、消费方式和消费理念三个方面。

1. 消费结构

目前，人们开始由单纯地追求物质消费，向追求精神消费、心理消费转变。尽管商品消费仍保持稳健增长，但是服务消费的比重在不断增加。随着国民收入的普遍提高，人们在满足基本生活需求的同时，将更多的消费需求转向了精神、心理及情感方面，如文化、医疗保健、旅游等，更加关注自我发展及自我实现的满足。

2. 消费方式

（1）更多沉浸式、互动式、体验式消费。

线上消费方式将继续成为人们消费的主要战场，尤其是随着5G、大数据、人工智能等数字技术及智能手机的普及与应用，出现了更多的消费新模式、新业态、新场景。消费方式和模式的不断升级，为消费者构建更多沉浸式、互动式、体验式购物场景，进一步为人们提供了更加方便、快捷的消费方式，进而带来新的消费体验。

（2）更加人性化、智能化消费。

数字技术的持续发展与应用使社会消费方式更加人性化、智能化。例如，新零售作为数字技术与传统零售业相融合的产物，深得消费者的喜爱，借助互联网等数字技术平台，充分将线下实体门店与线上平台完美融合，线上消费，线下体验，门店自提，全渠道体验消费成为新的消费模式风向标，进一步优化消费体验。

3. 消费理念

人们逐渐远离千篇一律的产品与服务，更加追求个性化、多元化的消费方式，追求小众、个性化产品，彰显消费者内心的情感诉求。如火爆的“国潮”消费，深受年轻一代消费群体的喜爱与追捧，这正契合了当下消费者的消费理念。如今，人们的消费理念更加趋于成熟与理性，并且会在消费过程中融入更多的个人情感需求。

总之，随着国民经济水平的不断提升，加之数字技术的不断赋能，社会整体消费得到不断升级，消费方式发生巨大的变化，社会整体消费需求层次变得更加丰富，消费方式更加多元化，消费类型和种类更加多样化，人们也更加追求消费体验与服务价值。这一系列变化体现了当前社会消费的升级优化，同时也倒逼企业运用数字化思维来重新界定企业与用户的关系，以更好地满足用户需求为出发点和落脚点，积极关注用户体验与消费感受，从“千人一面”到“千人千面”，与用户加强互动，从而能够更好地满足消费者个性化、多元化、精细化需求，给消费者带来更好的价值和体验。

长期主义专栏 1-2

HEA：社会消费新升级背景下，发展迅速的国潮服饰

随着人们消费水平及消费认知的不断提升，越来越多的消费者，尤其是年轻一代消费群体格外喜爱和关注国潮消费，刺激产生新的消费需求，也为国潮新品牌的发展与崛起创造了广阔的前景。HEA 服饰作为国潮文化服饰中的新秀，在社会消费升级重大利好的背景下，发展迅速并得到了年轻消费者的喜爱。

一、企业简介

HEA 是一家年轻的具有浓郁国潮文化元素的服饰品牌，2018 年创始于醒狮文化的发源地——佛山。HEA 的设计师都是醒狮文化的忠实爱好者，他们在忠于传统醒狮文化的基础上加入潮流元素，设计出了充满年轻活力且潮流感满满的小醒狮形象。HEA 的产品线涵盖了一年四季的各类目服饰。除一般服饰外，还有箱包、文具、体育用品、生活用品等各种文创周边产品。作为新晋国潮服饰的代表，HEA 受到了新时代消费者的喜爱与追捧。

二、面对社会消费新升级，HEA 国潮服饰迅速发展

随着社会消费的不断升级，国货品牌不断在各大消费领域展现出强大的发展动力，人们对国货品牌的认知与喜爱程度不断提升，尤其

是新一代消费群体，他们作为当下国货消费的主力军，对国货品牌的消费潜力持续释放、国货新品牌升级发展起到了巨大的推动作用。当前，国潮在多个消费领域不断兴起，国货产品往往带有独特的中国风潮流设计风格。HEA 国潮服饰则是其中年轻且优秀的代表，其迅速发展与壮大，究其原因，主要包括社会消费背景升级和完美融合传统文化两个因素。

1. 社会消费背景升级

随着消费水平的不断提升，人们的消费方式与理念也发生了明显变化，新消费时代来临。在新消费时代下，IP 联名服饰将更加流行，小众文化服饰、国潮服饰成为服饰销售的主流之一，情感性消费也越发明显，社会消费呈现整体升级的大趋势。人们对国货品牌展现出更大的包容度与接受程度，这为新一代国货品牌的发展与崛起提供了难得的发展机遇。HEA 顺应当前时代发展潮流，成功抓住发展机遇，实现了迅速发展与壮大。

2. 完美融合传统文化

HEA 服饰完美地将中国传统醒狮文化与年轻、潮流、酷帅文化融合在一起，既具有浓郁的中国风元素，又彰显了个性与潮流，与新时代年轻消费群体的消费需求完美契合，获得了消费者的青睐与追捧。

（1）消费者更加偏爱个性化。

在社会消费升级的大背景下，“Z 世代”消费群体作为新生代消费主力，他们在品牌的选择与追求上彰显出更多个性化因素，不会盲目追求大牌，相反更加喜爱个性化、潮流化的国货新品，这也为社会消费带来了新的发展风向与机遇。HEA 服饰作为国内本土品牌，其设计的服饰既充满浓浓的中国文化色彩，集文、武、艺术元素于一身，又注入了年轻潮流时尚元素，以现代的表现手法衬托传统的喜庆、阳光和正能量的精气神，为消费者带来了不一样的潮流视觉冲击，打造出了独一无二的时尚潮流单品。

（2）产品融合效果好。

HEA服饰将中国传统文化、传统节日及城市等元素进行完美融合，强调“国”与“潮”相结合的理念，每年HEA会发布城市主题系列潮流T恤，将不同城市（如重庆市、深圳市、西安市）的特色元素与醒狮文化进行结合，设计出充满潮流的特色服装。同时，HEA服饰还进行跨界合作，将国潮文化与服饰进行多样化的融合与创新，极大地契合和满足年轻消费者追求个性化的消费需求，与全新的、符合时代潮流的消费理念相融合。

三、发展与总结

国潮服饰的发展与崛起，背后显现出的是国民文化自信，新一代年轻消费群体对文化消费需求由单纯的物质追求向多元化的精神追求进行转变升级。在社会消费升级的大环境下，以HEA为代表的国货品牌应牢牢抓住发展机遇，为消费者提供高质量的产品和满意的服务，为企业长期发展奠定坚实的基础。

（资料来源：笔者根据多方资料整理而成）

四、生态环境保护

生态资源是最为宝贵的资源，保护生态环境是国家重大发展战略，所以生态资源和生态环境的保护被摆在更加突出的位置。党的十九届六中全会通过的《中共中央关于党的百年奋斗重大成就和历史经验的决议》指出，生态文明建设是关乎中华民族永续发展的根本大计。建设天蓝、地绿、水净的美好家园是每个人的追求。随着数字技术的深入发展，全社会数字化转型的步伐不断加快，数字化经营理念正在改变人们的认知方式，环境保护与生态治理在社会整体发展中的地位日益凸显，生态环境保护意识不断加强，“绿水青山就是金山银山”的理念深入人心。

在数字技术深入发展的当下，环境保护与生态治理被赋予了更多可能性。运用大数据、云计算、人工智能等数字技术，能够创新生态环境保护及治理方式，提升生态环境保护的数字化、智能化、网络化的水平，加快推进生态环境保护与治理的数字化转型。

1. 搭建数字化网络平台

运用大数据、移动互联网等技术，有助于企业搭建生态环境保护的数字化网络平台，构建环境保护数字化治理机制，实现环保数据资源共享化。企业进一步发挥数字技术的资源优势，优化环境保护治理流程，能够便于对相应的环境资源进行分类统计和存储，实现环境资源数字化的动态管理和及时监测。

同时，依靠大数据、云计算、物联网等技术打造跨区域、跨行业、跨部门的数据信息网络平台，能够对各项环境资源实现动态监测、实时监测，及时反应并做出科学预测，进而打破环境保护与生态治理的数字鸿沟、数字壁垒，消除信息孤岛，也能在很大程度上降低环境保护与生态治理的难度，提高生态保护与环境治理的智能化与数字化水平。

2. 实现智能化保护

一是运用数字技术实现对生态环境的智能化保护。通过大数据、云计算等技术可以对生态环境的相关数据实现动态、及时、广泛的收集，同时进行科学汇总、精准分析及合理应用，全面提升生态环境保护的智能化、数字化水平，提高环境保护与治理的有效性和针对性。

二是用数字技术赋能绿色环保产业，加快推进绿色生产、绿色经济及生态文明建设进程，加快环境保护与生态治理的数字基础设施建设，提高生态环境保护与治理流程的智能化、可视化水平，在全社会环境保护与治理进程中充分发挥数字技术的作用。

3. 调动主体的多元协同

高度重视数字技术在推动生态环境保护方面的巨大效用，积极推动数字技术与生态环境保护的深度融合，充分调动和发挥政府、社会公众、企业等多元主体的协同合作能力。

第二节 数字化转型的利好

数字化转型作为当今经济发展的新动能，对经济社会及用户都产生重大利好，加速企业结构优化升级，创新商业发展模式，有助于行业转型升级和社会新业态的形成，产生新的用户价值体验。

一、对企业的新红利

面对市场竞争日趋白热化的现状，企业生存与发展受到更多威胁和挑战，运用数字技术实现数字化转型成为企业提升竞争力的必然选择，也是企业获取新发展动力、实现持续稳健发展的必要选择。企业可以运用数字技术实行全面颠覆式改革，重构企业全部业务流程，为自身带来全新的面貌，迈出数字化转型的大步伐，进而实现全面整体变革；也可以利用数字技术对某一业务流程进行较为单一的优化升级与改造，在数字化转型之路上迈出小小一步，进行局部的、小范围的变革。无论是一大步的全面颠覆式变革，还是一小步的局部渐进式变革，都是在不断地前进与进步。运用数字技术实现数字化转型，就如同企业“穿新鞋走新路”，都能够明显感知和享受到数字技术为企业带来的新发展价值及产生的新红利。数字化转型有助于企业经营模式的创新，通过数字技术的融合发展，有利于企业生产链条的整体推进及价值链的全面延伸，加快产业结构转型升级，实现内外资源联动，构建协调统一的生态价值链条，提升各业务板块的联动协同性，进一步提高资源利用率，从根本上实现降本增效，如图 1-3 所示。

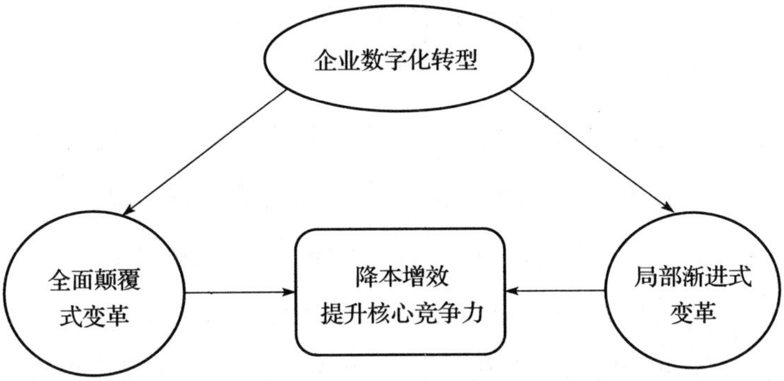

图 1-3　企业数字化转型

通过数字技术赋能，开展全方位数字化、智能化营销，为用户提供数字化、个性化服务，可以提升企业核心竞争力，形成企业独特的竞争优势。

企业运用数字技术实现数字化转型，创新管理方式、改变经营理念、优化组织结构、优化生产工艺流程，进一步提升了企业整体科研技术水平，提高了综合竞争实力，为企业发展带来了新红利，如图 1-4 所示。

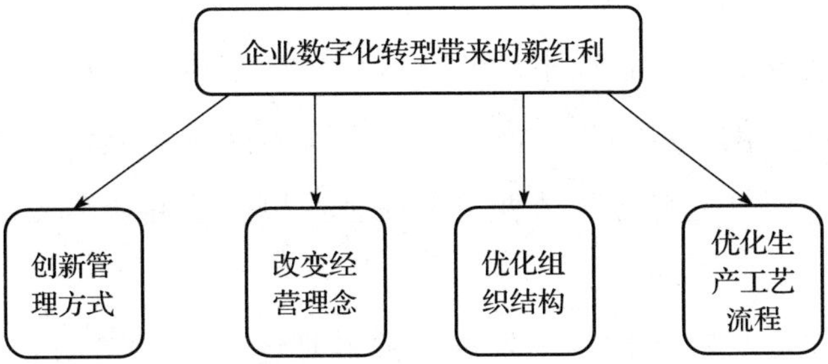

图 1-4　数字化转型给企业带来的新红利

1. 创新管理方式

在数字经济时代，企业的管理方式发生了明显变化，更加注重对组织内部员工的激励与高效管理，更加重视人的能动性，以及对高素质复合型人才的招募与培养。企业加大技术投入与科技研发力度，通过数字技术与人力资源深度融合，充分发挥员工的积极性、主动性和创造性，不断构建新的生态价值体系，从而为企业注入新发展活力。

2. 改变经营理念

企业数字化转型让企业的经营理念发生了重大变化，企业的经营理念逐渐从产品主导思维向服务主导思维转变，进而更好地应对市场的变化与挑战。与此同时，数字技术的进步让企业与顾客的联系变得更加具有可获得性，顾客对企业经营发展的重要性不断凸显，企业更加注重与顾客保持良好、持久且稳定的关系，为顾客提供更好的服务。

3. 优化组织结构

企业的数字化转型能够进一步优化组织结构，让组织结构更加合理，增强组织灵活性、适应性。通过数字技术赋能，有助于打破企业内部各单位、各部门的资源及信息孤岛，突破组织跨区域、跨部门合作的数字鸿沟及数字障碍，强化信息共享，提高信息传递及转化效率，同时提高部门间的工作效率，优化企业内部组织结构。企业内部组织结构的优化创新了企业生产经营流程，丰富了企业产品矩阵，向数字化、智能化生产转变，不断提高产品质量，提升资源整体配置效率。

4. 优化生产工艺流程

将数字技术嵌入企业生产经营过程，让整体的生产经营流程更加规范化、标准化、数字化、高效化，不断提高企业整体业务水平和综合实力，进而打造核心竞争优势，使企业更好地迎接激烈的市场竞争和挑战。

总之，企业要获得持久发展，关键在于及时顺应时代发展潮流，结合自身生产经营的实际情况，合理利用各种数字技术，不断提升自我学习能力、环境适应能力及创新能力，对企业核心资源及各业务板块进行重组，实现资源的共建与共享，不断打造企业核心竞争优势，提升组织整体竞争力，从而拓展发展空间，为企业自身发展增添新动力，获取新发展的红利。但是切勿“穿新鞋走老路”，否则将会被淹没在同质化竞争的洪流中。

长期主义专栏 1-3

元气森林：搭乘数字化转型新利好，打造消费新品牌

在激烈的快消品市场竞争中，面对“两乐”（可口可乐、百事可乐）、农夫山泉等强大的竞争对手，元气森林作为新生代消费品牌，搭乘数字化转型带来的重大利好，顺利突出重围，形成了自己的品牌优势，在市场上占据了竞争的有利地位。

一、企业简介

元气森林成立于2016年，作为一家食品饮料公司，其极为注重产品设计及科技研发与创新，坚持以用户需求为中心，不断向消费者传递健康向上的生活理念，注重消费者体验价值的实现。元气森林充分利用各类社交自媒体平台，进行了一系列数字化营销与推广，打造了多款爆款产品，其中苏打气泡水、乳茶、燃茶是具有市场影响力的明星产品，这让元气森林成为有流量、有话题、有市场的新消费品牌，深得新一代年轻消费群体的青睐。

二、数字化转型的利好

元气森林搭乘新时代下数字化转型带来的利好，加大对数字技术的投入力度，优化组织生产运营流程，打造差异化产品的数字营销，以数字技术深度赋能内容营销，实现线上线下的深度融合，形成了一条数字化营销路径。

1. 优化组织生产运营流程

元气森林以数字化转型为基准，加大科技研发及技术投入力度，运用大数据、人工智能、云计算等数字技术将产品的生产周期由一年缩短到三个月，使打造爆品的成功率得到大幅度提升，大大提高了企业生产运作效率和组织资源利用率。同时，元气森林运用大数据不断

创新产品，打造多产品矩阵，进而为消费者提供了更多的产品选择并提供了更优质的产品体验。

2. 打造差异化产品的数字营销

随着我国经济水平的不断提高，人们对健康的标准越来越高，尤其是对日常生活中饮品的要求越来越高，消费者希望饮品能够“多喝不胖”，不会影响身体健康。面对消费者的精细化需求，元气森林推出了“0糖0脂0卡”的苏打气泡水等一系列产品，而“0糖0脂0卡”即低糖、低脂、低卡是该品牌最大的卖点。在国内竞争激烈的快消品饮料市场中，元气森林凭借独特的产品定位，成功吸引了消费者的关注，并通过一系列数字化营销手段，让自己迅速获得了大批流量与粉丝。

3. 以数字技术深度赋能内容营销

为了进行更加精准的营销推广，元气森林利用大数据、算法、人工智能等数字技术广泛搜集用户的各类消费数据，进而对其目标用户进行精准画像，更全面、准确地把握用户的多元化、个性化消费需求，更加深刻地洞悉消费者心理，为品牌精准营销提供了大量的数据支撑。同时，元气森林充分利用社交自媒体平台进行深度内容营销，使品牌与用户建立直接联系，并保持及时频繁互动，吸引大量粉丝聚集，形成了良好的粉丝黏性，为品牌宣传提供了超高热度与人气，流量的积累与转化让元气森林迅速成为新一代消费品牌。

4. 实现线上线下的深度融合

在进行数字化运营的过程中，元气森林同样非常注重线上线下的联动与融合发展。元气森林在微信上开设官方品牌小程序，线上引流过来的用户可以直接在品牌官方小程序中自助下单，挑选自己喜爱的饮料产品及各类零食，同时通过灵活的会员制度，真正让利消费者，不断增加用户黏性及产品复购率。为了进一步扩大销量，元气森林将线上的粉丝吸引到线下消费，在全国多个城市设立了各种智能冰柜机，极大地提升用户的消费体验，强化了品牌认知。

三、发展与总结

元气森林借助数字化转型带来的新利好，凭借独特的产品定位，通过数字技术投入与科技研发，不断打磨产品品质，利用高科技不断创新和丰富产品品类。除苏打气泡水、乳茶等爆款产品外，元气森林还尝试进军零食、酒水、咖啡等休闲食品，通过提供多产品矩阵及高质量的产品更好地满足日益多元化的消费需求。在品牌运营推广方面，元气森林充分运用数字化技术及各类自媒体平台，获得了大批量粉丝的关注，成功打造出新一代消费品牌，进而在激烈的市场竞争中不断凸显自身的竞争优势，逐渐形成了品牌核心竞争力。

（资料来源：笔者根据多方资料整理而成）

二、对行业的新趋势

无论是互联网原生企业还是传统实体企业，数字技术的不断深入发展与融合都会对整个行业发展产生重大影响，呈现出整体利好的趋势。腾讯、京东等互联网原生企业凭借自身较强的互联网功底及数字技术，正以全新的商业模式、更加蓬勃向上的发展姿态面向社会和大众。传统实体企业可能会面临数字基础薄弱的困境，但是通过数字技术的加持与赋能，会进一步创新优化组织结构，提升资源配置的整体效率，释放出新发展动能。目前，数字技术正与各传统实体经济积极融合，不断创新行业发展模式，衍生出新的发展业态，并促使行业迸发出新发展活力，展现出蓬勃发展的行业新趋势。

1. 智慧零售的发展

随着市场环境的变化及竞争的加剧，行业发展逐渐由消费端向产业端转移，数字化转型将对整个行业发展产生新动能，不断催生新业态、新模式。如数字技术与传统零售业相融合催生出智慧新零售。数字化转型带动了传统零售行业经营模式不断发展与创新，目前线上线下融合的O2O模式及从工厂到用户的C2M供应链模式都得到飞速发展与深入应用，消费者也进一步感受到了全渠道体验消费带来的幸福感与获得感。

2. 智慧制造的实现

作为制造业大国，传统制造业在国民经济发展中有举足轻重的地位，我国传统制造业通过数字技术赋能，实现数字技术转型，不断优化产业结构及生产流程，充分发挥各资源要素优势，提高资源利用率，提升行业整体竞争力。这将推动制造业整体水平更上一个新台阶，由传统制造向智能制造深度发展，也将有助于我国由制造业大国向制造业强国转变的百年目标的实现，向全世界亮出“中国智造”的新形象。

3. 智慧城市建设和治理

社会健康和谐发展离不开高效的城市建设与科学治理，通过数字化转型，借助数字孪生技术将其融入城市治理与日常管理，从而形成现代智慧城市，为城市治理、政务活动开展提供数字支持与保障，提升城市智慧化、数字化水平，从而形成新的都市商业圈。数字技术与建筑业相结合形成智慧建筑，可以极大地减少人力、物力，降低行业风险，提升劳动效率。

数字技术与金融服务业相结合出现智慧金融、科技金融。借助人工智能、云计算等数字技术将各种银行业务转移到线上进行，大大缩短业务办理时间，降低人工成本，提高办事效率及群众业务办理满意度。数字技术融入医疗，催生出智慧医疗新形式，并不断加快医疗机构进行数字化转型的速度。随着数字化转型的深入推进，不断催生出智能物流、数字养老、无人驾驶、云娱乐、云办公等新业态，展现新的发展趋势，为整个社会和行业注入新发展活力，带来新发展契机，进一步加快整个行业数字化转型的进程。

长期主义专栏 1-4

海康威视：行业数字化转型新趋势

面对百年未有之大变局，以海康威视为代表的安防行业逆风而上、砥砺前行，实现逆势增长。在数字经济发展浪潮下，安防行业紧抓机遇，利用数字技术赋能，打造行业新形势，把数字技术融合到行业发展的全价值链中，不断调整管理方式、经营模式，为社会及公众提供高质量的安防产品及更高效、便捷的服务，进一步提高行业网络化、数字化及智能化水平。

一、企业简介

成立于2001年的杭州海康威视数字技术股份有限公司（以下简称海康威视）于2010年5月在深圳证券交易所中小板挂牌上市，是中国市值最大的安防产业上市公司，并且是一家国有控股高技术公司。海康威视致力于产品的研发、生产、销售，主要产品有相机、硬盘录像机、监视器、报警盒子、云储存等。海康威视的主要产品通过了美国UL、欧盟CE等的安全认证，在世界范围内得到了广泛的认同。海康威视在安防视频监控领域深耕二十余年，如今已经成为行业的领跑者，积累了大量的安防技术与实践经验。通过数字化转型升级，海康威视不断展现出强劲的发展动力，释放出新的发展活力。

二、行业的数字化转型发展

海康威视用实际行动为行业的数字化转型做出了表率，也见证了数字化转型带来的明显利好。海康威视利用数字技术赋能，成为行业内数字化转型发展的“排头兵”。

1. 深入推进数字化转型，落地数字应用

海康威视作为行业内业务的领跑者和数字化转型发展的“排头

兵”，在多年的发展中不断深入推进数字化转型，落地数字应用，其在智能物联和智慧城市方面的成就印证了这一点。

（1）智能物联。

智能物联是指人与物、物与物的链接交互提供的可能性，与海康威视相结合体现为智慧安防的典型行业场景。海康威视在科技领域和行业市场的深耕，使其能够快速抓住智慧物联发展的机遇，并不断完善其各项产品及服务，创新业务萤石网络、海康微影、海康汽车电子、海康消防等，专注于数字化业务的落地。

（2）智慧城市。

海康威视致力于“让城市更‘智慧’”，利用物联网、大数据等技术，不断优化其能力架构和技术体系，旨在加强城市整体感知能力，构建城市现代化治理能力体系，实现城市的智慧化运营管理。

2. 科研创新赋能，走向智能数字化

2021 年海康威视在年报中提及，2017—2021 年研发投入占收入的比例分别为 7.62%、8.99%、9.51%、10.04%、10.13%，研发投入比例逐年升高，今后将继续增加研发投入。安防视频监控产品由终端、前端、后端的各种软硬件组成，对此，海康威视每年投入巨资用于研发，且拥有完整的产品线，公司接近半数的员工是技术研发人员，这也让海康威视深度沉淀在各个维度。

值得一提的是，海康威视发布公告称，子公司杭州萤石网络股份有限公司首次公开发行股票并在科创板上市申请获上海证券交易所受理，这为海康威视进行数字化转型带来了机会。海康威视将进一步聚焦主业，提供软硬融合、云边融合、物信融合、数智融合的智能物联系列化硬件产品，提升大规模复杂智能物联系统建设的全过程服务能力，专注于物联感知、人工智能和大数据领域的技术创新。海康威视的供应链数字化转型化解了贸易壁垒提高和地缘政治风险加剧所带来的海外业务受阻、原材料进口受限的问题，也适应了高库存政策导致成本上升等社会环境，拓宽了赛道，帮助企业走向多元化，优化了业务架构和内部资源配置，提高了生产效率，增强了供应链韧性，便于快速响应市场需求。

3. 数字技术赋能，加强协同与联动

随着数字经济时代的到来，安防行业与数字技术的融合已经成为时代潮流及未来的发展趋势。自2016年以来，海康威视在以数字技术为基底的同时，更加注重软硬融合、协同联动发展，以市场需求为导向，建立起了多行业、多研发团队的统一软件研发体系。海康威视结合自身的业务情况，打造了一个持续、可靠的供应链体系，以实现高效率和高协调性。

三、发展与总结

随着数字技术的深入发展，人工智能、大数据、云计算、区块链等与行业的融合创新不断发展，传统经营模式不断进行升级迭代，数字化转型已成为时代潮流。只有及时抓住新一轮的发展机遇，用数字技术赋能转型升级，迅速抢占行业发展的制高点，企业才能在未来的市场竞争中拥有绝对主动权。

（资料来源：笔者根据多方资料整理而成）

三、对社会的新业态

在数字时代下，随着数字技术的不断深入发展，人们的生活、娱乐、工作等方式被重新定义。人们的吃、穿、住、用、行各方面更加依赖于互联网等数字技术，微信、支付宝、美团、天猫、京东、滴滴等App成为使用频次较高的软件，人们更多的日常生活需求得到了更好的实现和满足。同时，数字技术的发展使社会上出现了更多新业态、新模式，平台经济、共享经济风生水起，催生出各种云消费、宅经济、智慧生活等新模式，极大地促进了社会向多层次、多元化方向发展，其中最具代表性的是新兴电商和零工经济。

1. 新兴电商

随着数字化转型的步伐不断加快，传统的电商模式已经难以满足人们更加精细化、个性化的消费需求，加之移动互联网技术的普及应用及社交自媒体的深入发展，直播电商、社交电商、兴趣电商、线上线下全渠道体验消费等新兴的电商模式如雨后春笋般呈现在消费者的面前，为消费者带来更好的消费体验，也为电商发展迎来了新的春天。人们的各类消费需求从中得到了极大满足，社会新形态被不断塑造，促进了整个社会的发展与进步。

2. 零工经济

数字化转型不仅使人们的生活和工作方式发生了变化，也衍生出更多的新业态，零工经济就是其中的典型代表。零工经济一般是指采用灵活就业方式的相关劳动者，通过在线劳动力市场或通过应用程序下单按需完成相应的工作内容。数字技术的发展及互联网平台的不断成熟，为零工经济打造了更广泛的适用场景，大大增加了零工经济的种类与形态，创造了更多的就业岗位，催生出更丰富的就业新形式，从而为社会创造新业态、为劳动力市场带来新变革。

在数字时代，随着互联网平台经济、共享经济的不断发展，零工经济更多地采用线上接单、线下服务的模式。线上生成的每一笔订单如同一条隐形的生产流水工作线。通过互联网平台和数字技术为其匹配相应的劳动力，既能极大地提升工作效率，又能让更多劳动者的工作方式由线下转移到线上，由单一、固定的工作方式向更加灵活、自由的工作方式转变。如短视频制作者、电商主播、内容博主等都是零工经济下的代表人群。

数字化转型对整个社会发展起到了积极的推动作用，丰富了社会发展新业态，催生更多的就业机会和工作岗位，让人们的工作及生活方式变得更加智能化、丰富化、多元化，给整个社会发展带来了新契机，展现出新的发展面貌。

四、对客户的新价值

在数字化转型过程中，面对市场环境的不断变化，企业的经营理念也正在发生变化，由产品主导思维向服务主导思维转变。在这个过程中，为消费者带来了更高质量的价值新体验。

在产品思维的主导下，企业是价值创造的主体，消费者仅是被动的价值接受者，企业生产出的产品，更多地考虑其交换价值，产品服务仅作为次优产品价值被输出，消费者多元化的需求被忽略。随着市场竞争的加剧，企业为了寻求新的竞争优势，开始向服务思维主导转变，并以此来指导生产经营活动。在服务思维的主导下，企业更加重视消费者在企业经营活动中的主体地位，将消费者融入企业价值创造中，也更加注重与用户进行及时、有效的沟通，充分了解和关注消费者的需求变化。在数字经济时代，顾客的需求由同质化向个性化、多元化、精细化方向发展。在价值创造过程中，顾客有更多的主动性，愿意参与到组织的价值创造中，进而拥有更多的参与感、获得感和价值感。

1. 致力于为客户创造新价值

在数字化转型过程中，不断为顾客创造新价值成为企业数字化转型的目标及意义。通过数字技术提升企业的综合业务能力和创新能力，以及产品和服务的智能化、数字化水平，能够更好地满足顾客的个性化、多元化、精细化需求，为用户提供和创造更多的使用价值和体验价值。

在传统零售企业进行数字化转型过程中，为了给顾客提供更多的使用及体验价值，企业运用数字化思维进行生产运作，更加关注企业与顾客的沟通与联系。企业将提升用户体验感作为新的发展目标，充分借助互联网等数字平台，为消费者构建全场景、全渠道的消费体验，将线上与线下完美融合，推出各种线上下单门店消费、上门服务、定制化服务、无接触配送等形式，让消费者切实感受到数字化、智能化带来的方便与快捷，为消费者提供全新的体验价值。

2. 以客户为中心

随着移动互联网的发展及智能手机的普及，中国互联网络信息中心公布的《中国互联网络发展状况统计报告》显示，截至2022年6月，我国网民规模为10.5111亿，人们的各种消费习惯已经发生了明显变化，变得更加依赖互联网等数字技术，更多消费方式转移到了线上，因此，用户的价值体验在企业生存与发展中起着重要的作用。企业进行数字化转型则极大地顺应了消费者的需求变化。企业以数字技术赋能，积极构建以客户为中心的数字化生态体系，对生产活动及资源要素进行重构与升级，真正做到以消费者为中心，不断加强与顾客的直接联系与互动。企业通过为顾客提供新的价值体验，从而获得新的发展动力。

第三节　数字化转型的四大核心理念

在数字化转型的过程中，企业需要牢固树立数字化思维，用数字技术为企业发展赋能助力，不断提升企业的核心竞争力，形成独特的竞争优势。数字化转型之路需要不断增强组织韧性，统筹协调，实现经营韧性与管理韧性双效驱动、多管齐下，同时将价值共创理念运用到企业的生产实践中，以调整及优化产业结构，提高资源利用率，最大限度地提升企业的竞争实力。

一、组织韧性

对于韧性的概念及研究最早起源于生态学和物理学，主要研究物体在受到外力冲击时寻求平衡及恢复原状的能力。目前对于韧性的研究已经不再局限于物理层面，而是开始映射到企业经营管理方面，并向研究组织韧性层面不断进行扩展，主要研究当组织受到外力影响时所表现出的适应性、平衡性及做出相关反应的能力与水平。

处于以易变性、不确定性、复杂性和模糊性（VUCA）为发展特征的新时代，企业生存与发展的压力越来越大。要想获得持续、稳定且长久的发展，不断增强组织韧性成为企业创新发展的必要选择。

组织韧性是衡量企业应对新时代、新竞争局面的重要因素。虽然很多企业家与管理者已经认识到了组织韧性的重要性，尤其是当企业处于困境或遇到危机时，其可以帮助企业迅速突出重围、转危为安。在市场竞争不断加剧的背景下，更加全面、准确地理解组织韧性，对于推进企业数字化转型升级具有重要的价值与意义，可以从以下两个方面全面理解组织韧性。

1. 组织韧性的普适性

组织韧性并非只在突发意外的情况下才会展现出自身的强大价值，其具有普适性，贯穿于企业生产经营的全部场景中，如图 1-5 所示。

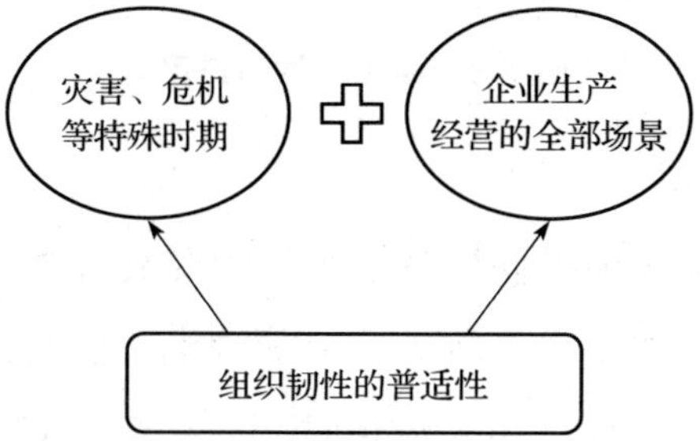

图 1-5　组织韧性的普适性

（1）灾害、危机等特殊时期。

近年来，无论是学术界还是实体企业对组织韧性的讨论与研究都十分活跃，当灾害、危机发生时，许多企业会措手不及，毫无还手之力，因此被迫“停摆”并付出惨痛的代价。而一些企业在面对重大危机时能够迅速调整经营策略，适应市场行情变化，实现逆势成长。因此，企业开始重新考量组织韧性对企业发展的重要性。

（2）企业生产经营的全部场景。

组织韧性不仅适用于灾害、危机等特殊时期，而且贯穿于企业日常的生产经营活动之中。“磨刀不误砍柴工”，只有在日常的经营活动中不断增强组织韧性，才能在特殊时期迅速做出反应，快速调整组织经营状态，让企业转危为安，甚至达到“一鸣惊人”的效果。

2. 组织韧性的作用力

组织韧性不仅能帮助企业承载压力、抵御风险，更能帮助企业获得新的发展动力，迎来崭新的发展局面，进而重获新生，如图 1-6 所示。

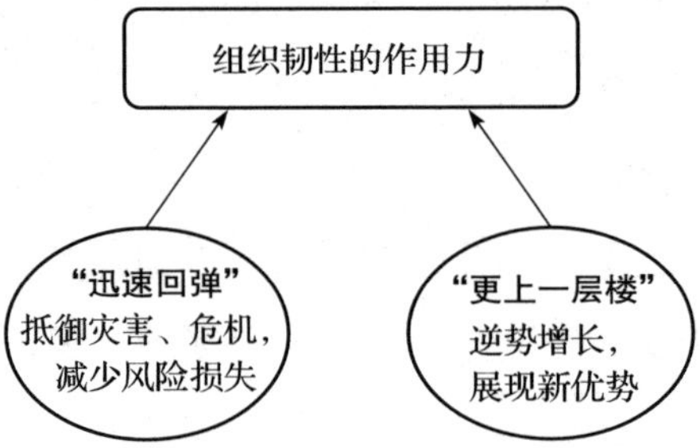

图 1-6　组织韧性的作用力

（1）“迅速回弹”。

人们通常认为，组织韧性就是当组织受到外力冲击时能够迅速回弹，让其恢复到原状。这是较为片面的理解，因为组织韧性的价值与意义远不止如此。当危机还未显现时，拥有组织韧性的企业便能够提前捕捉到危机信号，及时做出预警，做好全面的风险防控。

（2）“更上一层楼”。

当企业正处于危机、困境中时，组织韧性的价值更是发挥得淋漓尽致，可以让企业迅速做出反应，抵御危机带来的风险，将损失降到最低，让企业迅速从危机中摆脱出来，充分彰显企业的核心优势与竞争力。具有高韧性的企业在面对各种困境、灾难及危机时不仅能够迅速、灵敏地调整策略，将企业从危机中迅速解救出来，使其及时回到正常的经营轨道上，更能为企业创造新的发展机遇，使其获取新的经济增长点，进而成功跨越行业竞争的分水岭，借机筑起企业的“护城河”。“回弹更高”是组织韧性极为重要的特质。对于具有高韧性的企业来讲，危机往往是发展的重大转机，是远超竞争对手的好时机，应将危机变为企业获得新发展的良机。

总之，增强组织韧性是一个全面的系统工程，并非一朝一夕能完成，需要运用数字技术为企业赋能，加快数字化转型升级的步伐。同时，组织韧性的锻造需要与企业整体发展战略保持统一，组织韧性的增强是为了更好地服务于企业战略。坚持初心不变，守住企业的核心业务，在最擅长的领域将产品与服务做到极致，精益求精，稳固企业核心优势与竞争力。形成组织韧性，除了不断修炼内功、把自身做大做强外，企业更要处理好各利益相关方的关系，内外兼修，不断构建共享、共赢的生态价值体系，根据市场行情变化，积极有序地推进企业转型升级，进而获取更强的组织韧性，为企业发展保驾护航。

“工欲善其事，必先利其器。”组织韧性如同企业手中的一把利刃，能让企业在面对自然灾害、危机、经营难关等各类突发状况时，迅速带领组织快速杀出重围，让企业屹立不倒并获得新生。

二、经营韧性

在复杂的市场经济环境下，企业发展受到政治、经济、社会、自然等多方面因素的影响，外部环境的不确定性无疑会加大企业经营管理的风险，甚至关系到企业的存亡。提高企业的经营韧性成为企业在关键时期实现自我救赎的良方及重要法宝。具有高度经营韧性的企业能在最短的时间里根据市场变化迅速做出反应，调整企业结构及经营策略以抵御经营风险，让企业转危为安。提高企业的经营韧性需要内功修炼和外部条件，如图 1-7 所示。

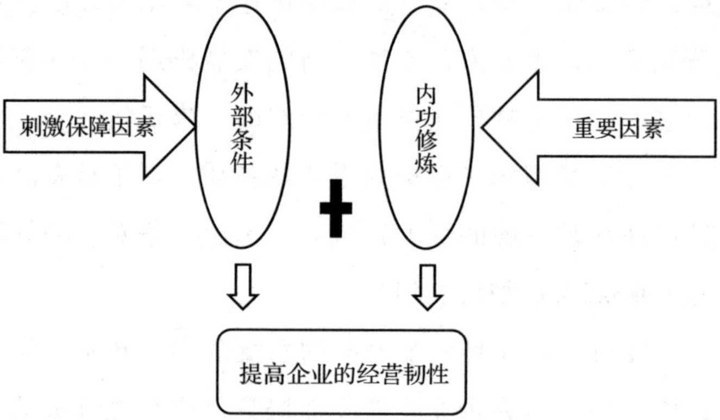

图 1-7 提高企业经营韧性的路径

1. 内功修炼

企业经营韧性的构建与提升受到内外部因素的双重影响，加强内功修炼是提升企业内部经营韧性的重中之重。不断创新企业经营模式是企业提高经营韧性的重要举措。运用数字技术实现变革及创新式发展，将企业内部的核心资源进行重组、重构，优化企业的产业链条。无论是前端产品设计、生产、销售，还是后续的服务保障，都应进行结构调整与优化，提高资源配置效率，真正做到降本增效。

（1）互联网思维。

在日常的生产经营活动中，企业应在经营理念上树立互联网思维，坚持长期主义理念，用高新数字技术武装自己。

（2）紧紧抓住用户。

目前，移动互联网高度发达，共享经济、平台经济发展火爆，消费者的主体地位日益凸显，消费者需求也更加个性化与多元化，不断满足用户日益多元化、精细化的需求成为增强企业经营韧性的重要抓手。运用互联网技术创新商业模式，无论是通过线上线下全渠道体验融合，还是构建社群，运用社交营销、兴趣营销，最终的落脚点都是要满足用户的实际需求，为用户提供更加丰富的产品及更加优质的服务，紧紧抓住用户，不断提升企业的经营韧性。

2. 外部条件

内功修炼固然十分重要，但同样离不开外部条件的作用，政策扶持与支持力度也是影响组织经营韧性的重要因素。尤其是在新冠疫情期间，为了尽快复工复产，中央及各地政府纷纷出台相应的扶持政策，在很大程度上助力企业发展，使企业的经营韧性得以提高，帮助企业更好地应对经营风险，顺利渡过难关。

总之，企业内外兼修固然重要，但经营韧性提高的关键还是在于内功修炼。正所谓外力通过内力产生作用，要不断地创新经营模式，完善企业的治理结构，用数字技术赋能企业数字化转型升级，线上线下融合发展，不断扩大产品种类，满足顾客更加多元化、个性化的需求，使企业在激烈的市场竞争中持续保持强劲的竞争优势。

长期主义专栏 1-5

凯赛生物：多维发力，尽显经营韧性

一、企业简介

上海凯赛生物技术股份有限公司（以下简称凯赛生物）成立于2000年，2020年8月12日上市，致力于生物制造及生物基新材料的研发与销售，其主营业务包含生物新材料的研究开发及技术转让。作为全球长链二元酸的主导供应商，凯赛生物已拥有三个生产基地，并且掌握了贯穿产业链的四大核心技术，生物法长碳链二元酸是企业单项冠军产品。经过多年的行业沉淀，凯赛生物获得了持久稳健发展，以稳健的步伐领跑国内新型生物基材料行业，充分展现出了“排头兵”的带头作用，也进一步彰显出企业的经营韧性。

二、多维发力，铸就超强经营韧性

凯赛生物坚持多维度、多角度全面发力，不断打造企业的经营韧性，使企业形成市场竞争力和核心优势。

1. 丰富产品类型，提高产品质量

凯赛生物不仅掌握了产业链中的菌种构建与微生物开发、微生物代谢调控与高效转化、分离提纯、聚合工艺四大核心技术，而且是唯一拥有生产含有18个碳原子的长链二元酸能力的企业。传统的化学合成法受工艺的限制只能合成DC12月桂二酸，但是凯赛生物通过生物合成法技术合成了DC11-18，成为全球DC11-18的主导供应商，在行业内取得了领先优势。

凯赛生物的长链二元酸也应用于聚酰胺产品，企业在拥有聚酰胺56产品的条件下在工程材料领域申请了商标ECOPENT，并创造了自有纺织品牌“泰纶”。除聚酰胺产品外，热溶胶、香料、耐寒增塑剂等皆有应用。凯赛生物的长链二元酸的特点鲜明，采用生物制造，绿色环保，生产工艺严格管控，品质稳定，提供产品种类齐全。

如今，高质量的产品已逐渐成为企业在市场上获取新一轮竞争优势的关键因素。凯赛生物在长期的经营过程中，不断丰富自己的产品类型，提高产品的质量，致力于综合价值和能力的提升，有力地提高并巩固了行业竞争力，增强了企业的经营韧性。

2. 拥有稳健的盈利能力

据凯赛生物所公布的2017—2021年年报可知，凯赛生物一直处于盈利增长状态。2017—2021年，凯赛生物的生物法长链二元酸及包含生物法长链二元酸在内的DC单体的营业收入总额分别达到了12.97亿元、16.21亿元、17.71亿元、13.46亿元、19.96亿元，占营业总额的比例为95.21%、92.23%、92.43%、89.91%、90.84%。通过对营业收入的分析可以很清晰地看出，凯赛生物的业绩在持续攀升的同时，也获得了国际知名企业的认可。另外，2020年，凯赛生物的境内营业收入比例首次突破了50.71%，2021年境内营业收入占比达到了52.74%。可以看出企业对国际国内两大市场的开发不仅能有效地分摊单一市场的风险，还能确保企业业绩的持续增长，获取持续、稳健的盈利能力，为企业的发展保驾护航。

3. 以技术全面武装

凯赛生物坚持以技术全面武装企业，持续加强研发投入，不断改进生产技术，提高生产效率，在技术层面提升企业竞争力，保障企业在不断变化发展的市场上稳步前行。

2021年，凯赛生物投入的研发费用为1.34亿元，同比增长58.40%，其自主研发的专利共200项，在生物法癸二酸产业化技术开发、高性能生物基聚酰胺纺丝技术和月桂二酸使用煤化工原料研究三个项目中投入巨大。凯赛生物作为生物制造型企业，其研发团队的研发领域涉及多个学科，包括生物学、细胞工程学、高分子材料与工程。凯赛生物不断加大研发力度，掌握先进技术，建立了从研发到生产的完整产业链，保持了行业领先地位。

4. 不断深挖潜力，研判市场环境

凯赛生物不仅从内部多个维度提高企业竞争力和经营韧性，同时也没有忽视外部环境对企业的影响。凯赛生物为应对潜在的市场竞争和不确定的市场变化，持续深挖企业潜力，审慎研判市场环境，采取进一步的措施满足客户不断变化的新需求，提高企业竞争力。

三、发展与总结

面对市场环境的变化，凯赛生物能够依据时代变化，依靠内力，从多维角度进行结构调整及资源整合，凭借丰富的产品类型和高质量的产品、稳健的盈利能力、技术的全面武装研判市场环境，不断筑牢发展根基，展现出了强健的经营韧性，对经营中的各种风险有较强的抵御能力及迅速回弹能力，在行业形势严峻的情况下，能够不断武装自己，逆风而上，实现逆势增长，进而获得新发展的红利。

（资料来源：笔者根据多方资料整理而成）

三、管理韧性

随着社会发展及时代进步，企业家逐渐意识到管理韧性对企业发展的重要性。提高企业的管理韧性，成为企业增强自身抗击风险危机能力及获取持久、长期、稳定发展的重要武器。在实际发展的过程中，企业应通过有效沟通与激励，影响组织内外部的关系韧性和领导韧性，致力于走提升企业管理韧性的有效路径，如图 1-8 所示。

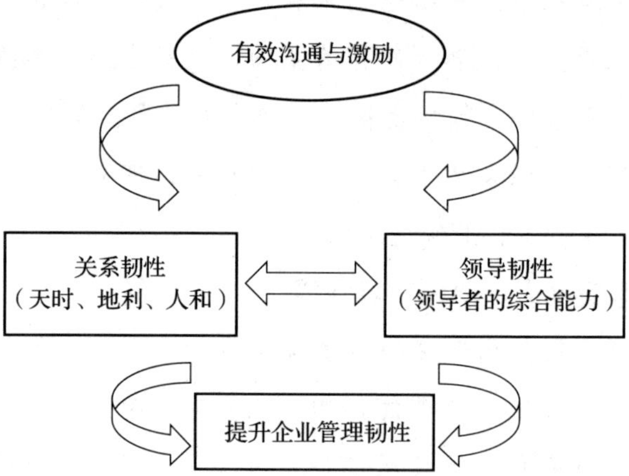

图 1-8　提升企业管理韧性的路径

1. 关系韧性

提升企业管理韧性首先要锻造强劲的关系韧性。影响企业发展的因素有很多，但真正系统归纳起来无非就是天时、地利、人和，而人和是最重要和最宝贵的决定性因素。只有具备了人和，才能充分利用天时，及时抓住外界的各种发展机遇，才能更好地挖掘地利的优势，充分调动企业资源与合理分配利用。企业若缺少人和，那么领导之间、员工之间、上下级之间、各部门之间遇事将会相互推诿扯皮，在彼此“踢皮球”中逐渐消耗企业的资源与精力。“内耗”将是企业经营过程中最大的“拦路虎”，因此构建强健的关系韧性对于增强管理韧性具有至关重要的作用。

员工作为发挥人和因素的主体和企业最宝贵的人力资本，要充分发挥积极性、主动性与参与性。企业管理韧性的构建需要全体员工的共同参与、共同努力，让企业与员工之间建立互惠关系，提高员工的主人翁意识，彼此之间建立更加牢固的信任与共赢关系。

2. 领导韧性

提升企业管理韧性还需要增强领导韧性。领导职能作为管理活动中的一项重要职能，在企业经营管理中的作用与重要性不言而喻，增强领导韧性成为提升企业整体管理韧性的重要途径。

数字化转型带来的新一轮机遇与挑战，对企业领导者提出了更高的要求。企业领导者不仅要使全体员工树立共同愿景，规划企业发展方向与目标，还要进行资源配置，有效沟通、协调、激励他人，更要勇于承担责任、诚实守信，保持不断学习与探索创新的劲头。领导者是企业的精神领袖，对企业的发展会产生持久、深远的影响，除了自身超强的业务组织及管理能力，他们所散发出的强大的人格魅力更是员工愿意追随的强大动因。

3. 有效沟通与激励

提升企业的管理韧性，有效沟通与激励是最关键、最重要的方法。无论是与企业内部的员工沟通，还是与客户、投资者、供应商等其他利益相关群体沟通，均会对企业产生重要影响，可以使员工有效形成思想上的统一，避免发生冲突，强化企业认同感，增强组织凝聚力。作为激发员工斗志，提高工作积极性、参与性的重要手段与措施，激励在提升组织管理韧性方面的作用不容小觑。员工的参与感、获得感、幸福感会极大地影响其工作热情，通过激励措施及价值认同，让员工与企业成为命运共同体，同甘苦、共进退。当危机来临时，所有人能够共同抗击风险，携手渡过难关，让企业减少损失，赢得新的发展机会。

四、价值共创

随着消费者需求趋于多样化、个性化，仅仅依靠企业自身已经很难应对外部市场的诸多不确定性风险，企业需要重新考量与员工、顾客等利益相关者的关系。价值共创理论（见图 1-9）认为，价值的创造并非由企业一方单独完成，企业不再是单一的价值创造主体，价值创造的参与主体除企业外，还包括员工、用户（消费者）、供应商、投资者等利益相关者，多方共同参与价值创造，共同形成一个完整的利益共同体。价值共创的核心在于建立互惠关系，统筹协调各利益相关者，充分调动各方积极参与到价值创造中来，真正实现 1+1>2 的效果。

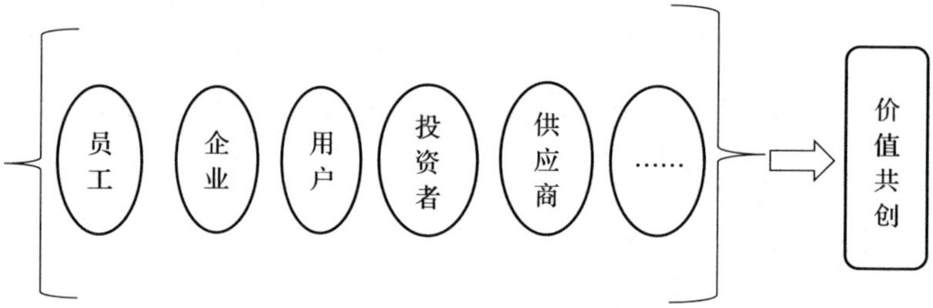

图 1-9　价值共创理论

1. 员工

为了有效实施价值共创理论，企业可以从多渠道、多角度展开价值运作。企业要充分为员工创造有利条件，不断激励员工，激发员工的积极性，使其以更饱满的热情投入日常工作，让员工真正体验到工作带来的价值，从而让员工收获更多的归属感，切实感受到组织带来的幸福感、满足感及荣誉感，让员工与企业同心协力、利益共享。

2. 企业与用户

随着数字技术的发展及数字化转型步伐的不断加快，用户作为企业重要且关键的利益相关者，已经不再是单一的、被动的价值接受者，已成为企业价值创造过程中的重要参与者、合作者，其对企业生存及发展具有重要的影响，所显现出的价值主体作用也逐渐凸显，并且变得越发重要。

（1）用户与企业的价值作用。

用户与企业之间的价值主要体现在交换价值与体验价值两个方面。

对于交换价值而言，用户为了获取企业提供的产品或服务，进行相应的货币支出，企业也因此获得相应的报酬及经济利润。

对于体验价值而言，在与企业发生一系列交易的过程中，企业所提供的服务、传递的价值观、文化氛围等都会直接影响消费者的体验价值。尤其是在移动互联网高速发展、各种社交自媒体异常活跃的今天，消费者的体验价值尤其重要，而且这种体验价值对于互联网时代下的企业会产生直接且重大影响。

例如，当用户对企业提供的产品和服务都十分满意时，用户会主动地参与企业品牌宣传及建设，自发地进行口碑宣传，进而形成正向的、积极的价值效应。

（2）充分利用用户价值。

要让用户主动地参与到企业价值创造中来，企业就需要充分了解和满足用户需求，真正以用户为中心，把用户价值的实现放在价值共创的核心地位。企业要加强用户关系管理，将用户统一到企业价值链条中，充分发挥和利用用户的价值主张，进而为企业创新带来新思路、新方法，对企业发展产生积极的影响。

为了更好地应对激烈的市场竞争，更快地实现数字化转型升级，企业要坚持价值共创的核心理念，与各利益相关者构建互惠关系，加强关系管理与维护，让多方参与到价值创造中来，充分发挥各主体参与者对于价值创造的积极性，进而促进企业获取新的发展动力，为社会提供更优质的产品和服务。

3. 投资者、供应商

对企业的投资者、供应商，坚持价值共创、构建互惠关系同样重要。

章末案例

斗鱼：坚持长期主义的理念

斗鱼作为弹幕式直播分享网站，面对电竞直播平台竞争激烈的局面，斗鱼坚持长期主义理念，确定了直播形式多元化、平台内容精品化的发展思路。斗鱼真正从用户角度出发，解决用户需求痛点，运用数字技术为平台发展赋能，加大技术投入与创新，不断构建新的生态架构，形成新的价值主张。经过多年的沉淀与发展，斗鱼已经成为国内直播分享平台的“独角兽”企业。

一、企业简介

斗鱼的前身是ACFUN“生放送”视频网站衍生出的直播网站平台，在2014年脱离ACFUN“生放送”，并改名为斗鱼TV。斗鱼最早专注于游戏直播，并以此起家。面对竞争激烈的电竞直播行业，斗鱼不断丰富和拓展直播内容，经过多年发展，斗鱼的直播内容涵盖游戏、娱乐、教育、影视、户外等方面，产品矩阵不断扩大。长期以来，斗鱼始终围绕电竞及非电竞领域不断拓展业务范围，不断朝着游戏直播、视频、图文、社交一体化深度融合的方向进行多元化的内容体系构建。

作为典型的直播平台企业，斗鱼一直以来坚持长期主义经营理念，始终保持超强的战略定力，在提升用户黏性及提高用户粉丝活跃度方面始终坚持垂直深耕。经过行业发展与沉淀，斗鱼取得了可喜的成绩。在竞争激烈的互联网直播时代，吸引用户注意力和眼球变得越发重要，斗鱼这份稳中有进的成绩得之不易，这也是斗鱼长期以来坚持内容创新、深耕用户需求所收获的累累硕果。

二、长期主义的发展路径

斗鱼的长期主义发展路径主要是通过完善内容生态池、精准投放用户内容、丰富直播内容与形式、加大数字技术投入与创新四个方面来构建，如图 1-10 所示。

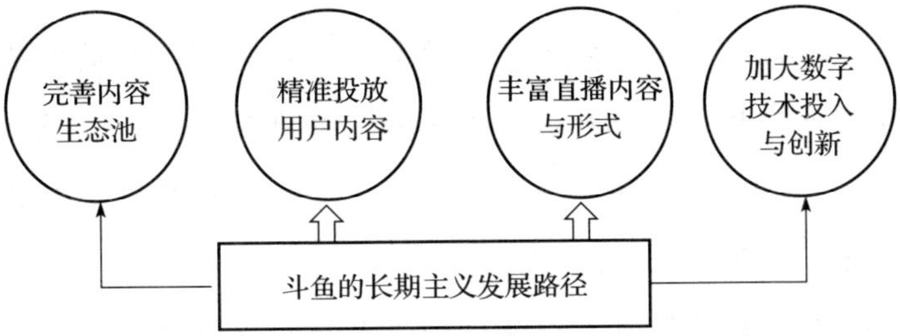

图 1-10　斗鱼的长期主义发展路径

1. 完善内容生态池

（1）多元化的产品及服务内容。

斗鱼不断深挖并丰富平台内容，丰富产品矩阵，不断增强用户黏性，提升平台社交活跃度。斗鱼除了开展电竞游戏直播业务外，还积极推出周边产品，并积极开拓其他各类新业务。

斗鱼通过各种政策鼓励和吸纳各大知名游戏主播入驻平台，打造主播 IP 形象，同时打造并衍生各类综艺活动。随着各种鼓励原创视频投稿政策的相继出台，斗鱼平台原创视频的投稿量得到了大幅度提高。2021 年第四季度，斗鱼日均投稿量持续保持强劲发展趋势，环比增长近一倍，与 2020 年相比，2021 年的投稿量增长了近 4 倍，这为斗鱼快速发展提供了重要的基础与保障。

2021年，为了进一步丰富直播内容与形式，斗鱼先后推出了各类沉浸式互动综艺活动，包括《光速大逃脱》《E起来探班》《迷你星球》等多档综合活动，让斗鱼的发展更加多元化，平台层次内容更加丰富。斗鱼依托雄厚的专业技术基础，其自制的各类综艺活动遍地开出耀眼的鲜花。斗鱼紧随时代潮流，牢牢抓住当下最火爆的真人秀、脱口秀等综艺节目，举办的各类活动不仅花样繁多、种类丰富，而且活动内容精良。斗鱼坚持出精品的原则，让其赚足了流量与口碑。

（2）完善的内容体系。

为了在竞争日益白热化的电竞直播平台中杀出重围，斗鱼对各类大型电竞赛事进行了大量直播，为重度游戏爱好者提供了高质量的游戏盛宴，不断提升了平台的市场竞争力，进而保持了新的发展动能与发展活力。面对电竞赛事版权费越来越高的现实情况，斗鱼在与各游戏厂商进行合作时，采取有选择性的采买策略，以便为用户提供更加精细化、高质量的游戏直播内容。

斗鱼在与各游戏厂商进行合作的过程中，也逐步加大平台自制原创内容的输出，不仅在一定程度上减少高昂的电竞版权费用支出，降低企业平台的经营成本，也可以借助与各游戏厂商的合作机会实现平台资源的优势互补，达到共赢的目的。对此，2021年斗鱼推出了超过300场自制赛事，在激烈的市场竞争中重新将竞争的主动权牢牢掌握在自己手中，减少了外部市场环境变化带来的影响和冲击，极大地提升了企业的经营韧性。

2. 精准投放用户内容

（1）以用户需求为中心。

斗鱼作为以游戏直播为核心业务板块的直播平台，最直接、最重要的受众是游戏的资深爱好者，斗鱼的快速发展正是基于不断地满足这部分资深用户的核心需求。对于这部分用户群体而言，玩各种游戏已经成为生活的一部分，而除了玩游戏，玩家之间通过网络渠道在线相互切磋技术、交流游戏心得体会，甚至围观大神级玩家的游戏比赛，已成为这些玩家津津乐道的事情。斗鱼敏锐洞悉游戏直播市场，深入分析、研读游戏玩家的内心需求及消费特点，直播各类游戏赛事，成功捕获了用户的内心，也成功抓住了市场发展机遇，获得了游戏直播发展新红利。同时，精准化营销也将这部分游戏爱好者发展为斗鱼最忠实的用户群体。

斗鱼始终以用户为中心，坚持长期发展主义，注重为用户提供高质量的游戏赛事，以提升用户体验感为发展目标。因此，斗鱼坚持对每一场自制赛事进行严格打磨，保证内容精良，让游戏爱好者过足瘾，得到了用户的高度评价。如此，各种自制游戏赛事再次引发了游戏直播的传播热度，让斗鱼赚足了眼球，可谓名利双收。2021年，斗鱼主办的“2021《英雄联盟手游》全国大赛合作赛·斗鱼大师赛”打破了游戏平台历史上参赛队伍数量的历史纪录。赛事的成功举办既得到了相关游戏官方及俱乐部的高度评价，又为斗鱼带来了超高人气及传播热度。

（2）精准投放服务内容。

斗鱼对用户进行更精准的内容投放，不断优化平台运营结构，提高资源利用效率，提升平台整体经营绩效。斗鱼通过对平台数据资源进行全面系统收集、科学分析、综合研判，从而掌握更加精准的用户画像，并对用户进行更细致的需求细分，针对不同用户提供不同的服务内容，以满足用户更加多元化、个性化及精细化的需求。

对于资深老用户，斗鱼增加对各种大型热门、爆款电竞游戏直播的场次，增强用户黏性，进一步提升平台活跃度，从而提高用户留存率及付费转化率。

对于中轻度游戏爱好者，斗鱼不断丰富平台内容，通过丰富的图文、视频、游戏内容及对社交内容的精工打造，来吸引新用户的加入，并提高用户的忠诚度。

斗鱼坚持多措并举、多管齐下，对平台运营与用户维护统筹兼顾，种种举措的实施使斗鱼得以在直播行业竞争如此激烈的当下依旧保持较好的用户增长速度，获得持续的发展动力，不断迸发新的发展活力。

3. 丰富直播内容与形式

面对电竞直播内容同质化严重的现状，斗鱼加快调整结构，对内容平台不断拓宽升级。

（1）展开多元合作。

为了进一步为用户提供更加多元化、个性化的直播内容，斗鱼与不同行业的企业展开合作，除与各游戏厂商展开合作外，斗鱼还进行各领域、多渠道探索。目前，斗鱼除“直播＋游戏”外，正在向“直播＋教育”“直播＋娱乐”“直播＋电商”“直播＋社交”“直播＋企业”多领域拓展，不断丰富平台内容，调整平台的经营结构，坚持探索新发展模式，并对当前的运营方式进行变革与创新。

（2）开展各类平台主题活动。

为了进一步提升平台的活跃度，充分调动玩家的参与度，在2021年高考期间，斗鱼推出了“高考加油站”主题活动，平台众多主播大咖纷纷录制短视频为高考学子加油打气，大批粉丝用户也在平台上送出了各种真诚的祝福。一时间关于高考的话题被众多网友热议，甚至掀起了一波“回忆杀”，网友纷纷缅怀逝去的青春岁月，让众多网友发出感慨，感谢那段拼搏的日子。

在国庆节、北京冬季奥运会期间，斗鱼也适时推出了一起为祖国喝彩、为奥运健儿加油助威的主题活动，引发众多网友纷纷参与各类话题讨论，极大地提高了斗鱼社群的活跃度，增强了用户间的交流与互动。

斗鱼发起的各类话题讨论，不仅为用户提供了多元化且充满新鲜感的交流沟通平台，也进一步提升了平台原创内容的创作数量及平台话题热度营销的力度，体现了其在跨领域合作中的尝试，丰富了直播内容和形式，并取得了较好的反响。同时，各类话题的热烈讨论与分析，也在很大程度上提升斗鱼平台的健康度，传递社会正能量，改变了人们对斗鱼只是做游戏直播平台的认知，让斗鱼以更加积极、健康的姿态面向社会公众。

4. 加大数字技术投入与创新

作为一家互联网企业，斗鱼极其重视技术开发。在企业发展的过程中，数字经济的影响力不断深化，斗鱼持续加大数字技术创新与投入，将数字技术广泛应用于企业的各个方面，致力于打破行业技术壁垒。

（1）打破行业技术壁垒。

斗鱼在最早进入游戏直播行业时，准确洞悉和把握游戏爱好者的需求痛点。为了进一步提升用户观看游戏直播时的效果与体验感，斗鱼率先加大对网络宽带的经费投入，最早推出1080P高清直播视频画面，极大地满足了游戏玩家在线观看直播时对视频画面的需求，也因此收获了一大批资深游戏玩家及爱好者的青睐。

长期以来，斗鱼持续加大技术投入与科技创新，不断打破行业技术壁垒，获取新的竞争优势，形成了自身的核心竞争力。如在直播英雄联盟夏季赛事期间，斗鱼将大数据算法与游戏直播场景相融合，在行业内率先推出了人工智能字幕功能，可及时将直播画面中的音频转化为文字输出，同时支持多种语言之间的相互转换，极大地满足了用户观看直播时的各类场景需求，进一步提升了用户观看体验，增强了用户黏性。

（2）数字技术的广泛应用。

斗鱼将数字技术嵌入平台发展的各环节，切实加快数字化转型的步伐，提高平台各要素的配置效率，强化各参与主体的高效协同能力，不断实现降本增效，创新多渠道营收模式。

斗鱼在发展过程中坚持不断创新盈利模式，提高平台多元化发展水平。随着平台多元化的深入发展，广告收入、成员付费收入、线下活动收入占比正在不断提高。斗鱼通过不断调整各类营业收入占比，优化平台盈利模式，实现营业收入渠道多样性发展，降低经营风险，不断提高平台综合变现能力与平台客户的转化效率。

随着数字技术的深入发展及广泛应用，斗鱼持续运用大数据技术及时监测和反馈后台运行数据，及时、准确地把握市场行情变化，并迅速制定相应的调整策略，提高抗风险能力，减少各类不必要的风险运营成本，提高平台整体运营效率，进一步提升企业的经营韧性。斗鱼运用5G技术不断降低宽带成本，并持续从平台运营的各个流程与环节入手降低经营成本、获客成本，通过数字技术赋能，持续为平台发展注入新活力、带来新动能，在激烈的市场竞争中保持核心竞争力。

三、发展与总结

1. 坚持差异化

面对同质化严重的电竞直播行业，斗鱼对自身进行精准定位，确立适合自身特点的发展战略及符合时代发展的价值取向，坚持在直播平台深挖精耕。斗鱼坚持内容深耕及精细化发展，在内容平台发展中坚持垂直深耕与全面开花相结合的运营理念，开展集直播、图文、视频及社交为一体的多元化发展路径，致力于将斗鱼打造成以游戏直播为核心的多元内容生态平台，不断探索和创新商业运营模式，牢固筑起了市场竞争的“护城河”。

2. 坚持长期主义

斗鱼根据用户画像，对用户需求进行精准研判与细分，根据用户特点，精准地为其提供个性化、差异化内容，满足其个性化、多元化需求，进而持续保持用户黏性及活跃度，用户需求得到持续满足。

3. 坚持采用数字化技术手段

斗鱼不断加大科技研发投入，提升平台运作效率，优化平台生态系统，确立新的价值主张，增强企业的经营韧性。随着数字技术的深入发展与普及应用，直播行业的竞争不断加剧，斗鱼利用数字技术为自身发展赋能，不断进行平台结构优化调整与改革升级，加大技术投入，提高平台运营效率，构建新的价值生态系统，真正实现了降本增效，企业的经营韧性得到了不断提高，竞争优势不断凸显。

（资料来源：笔者根据多方资料整理而成）

本章小结

充分利用好数字技术，不断提高传统实体经济与新兴产业的数字化水平及智能化水平，加快推进全行业数字化转型升级的进程，不仅有助于应对新一轮产业革命及技术创新带来的新机遇和新挑战，而且对于提升我国整体经济高质量发展具有里程碑意义。数字化转型作为发展数字经济的重要抓手，不断推动行业创新发展，加速企业结构优化调整，促使社会消费模式不断升级，对新模式、新业态的形成与发展产生了重要的推动作用。要真正实现数字化转型，进而抓住新的发展机遇，需要不断提高企业韧性，将价值共创的理念贯穿于企业的全价值链中，通过数字技术赋能，获取新的发展红利。

CHAPTER 2 | 第二章

组织韧性

如何构建组织的反脆弱体系以增强组织韧性，成为目前企业持续关注的议题。所谓高韧性，对于组织来说，首先是能够在一定程度上对大的趋势进行预测。其次是能够抵御危机。最后是在危机后能够很快地恢复生产。更进一步地说，就是能够充分发挥和捕捉“危机中有机”的能力，即在每一次的危机之中，组织都可以向下一个阶段进化升级，这就是组织高韧性的体现。

面对经济转型和产业升级，不断激发创新潜力，打造拳头产品。

——腾讯公司董事会主席 马化腾

开篇案例

金域：变化中尽显组织韧性

一、企业简介

广东金域工程咨询有限公司（以下简称金域）成立于2005年9月，主要经营范围包括建筑工程咨询服务、造价咨询、招标代理、工程监理、项目管理等，并且长期承接政府财政、国资、集体及各种投资的工程造价咨询、政府采购代理、建筑工程设计咨询及项目全过程代建管理等业务，在国家核准的范围内开展经营活动，为工程建设做好业务经营，提供专业的技术支持。

金域在行业内深耕多年，承接各大项目，工作经验丰富，基础扎实，专业水平高，响应速度快，熟悉地方法律法规、财政流程和项目办事程序。至今，金域已获得广东省政府采购协会会员单位、企业信用等级AAA级、工程招标代理资信AAA级、佛山市公安局入库单位等资质与荣誉称号，先后进驻了广东省政府采购智慧云平台、中国政府采购网、佛山市公共资源交易平台、广东省网上中介服务超市平台、佛山市建筑行业诚信管理系统，并成为顺德区2019—2020年审计服务定点供应商。

二、环境变化下的韧性反应

工程咨询又称工程管理，随着互联网、专业软件工具的出现及逐步完善，工程管理方式已经发生了综合性变化。2019年3月15日，住房和城乡建设部与发展和改革委员会联合发布的《关于推进全过程工程咨询服务发展的指导意见》推行全过程咨询服务。2021年年底顺德区推出了政府项目代建制管理文件，为工程咨询企业的经营管理释放出变革的信号。

面对市场环境的变化，金域审慎自身，从商业模式、完善组织管理制度、因势而变三个方面开展变革，强化组织韧性，满足时代发展的要求和长期可持续发展的迫切期望。

1. 商业模式

商业模式也就是企业的经营方式，其运营主体起到主导作用。在当前的时代背景及行业趋势下，金域积极履行其工程咨询公司的首要职责——为工程建设保驾护航。而其以往传统的商业模式只做单个服务，业务模式过于单一，不能满足建设方及时代发展的要求。所以，金域积极探索，致力于发掘出合适的商业模式，以创新造就未来，在商业模式的变革中凸显其组织韧性，具体从企业定位、资源整合和多元化盈利模式三个方面展开。

（1）企业定位。

金域面对不断变化的新环境，果断摒弃落后的发展模式，对企业发展模式及战略进行了新的定位，也就是致力于打造“互联网＋造价”的综合服务平台。金域利用不断深入发展的互联网技术、大数据技术，通过开发专业化的软件，建立了自己的大数据平台，以此来开拓区域合作伙伴，共同打造专业咨询服务平台，提高组织韧性及灵活性。同时，金域还利用互联网的优势，实现了数据的共享，达到了管理便捷、信息沟通流畅等目的，这样能够让组织韧性从数据流通方面得到一定的强化，使组织更好、更快地服务工程建设项目。

（2）资源整合。

针对以往组织内部对资源的利用方式，金域在进行商业模式的创新性变革中更加注重资源整合和高效利用，对提升组织韧性起到了推动作用。

一方面，金域尝试与勘察设计专业公司进行资源整合。金域长期与勘察设计专业公司密切合作，属于上下游的业务关系。与勘察设计专业公司进行资源整合和全过程管理，能够使组织内部信息沟通流畅，业务发展同步，专业配套人才避免重复，使企业规模化、专业化，以强有力的组织韧性应对各种危机。

另一方面，金域致力于对各界资源的整合。金域参与各类专业协会活动，认识志同道合的同行，进行跨界的资源整合，并不断完善企业自身的专业条件和能力，提升企业的外在形象，有利于实现业务的多元化、收益的最大化，为企业在危机中的韧性发展提供了空间。

（3）多元化盈利模式。

单一的盈利模式往往会受到时代变化的影响，应对风险的能力较弱，其内部韧性不足。所以，金域逐步由单一的盈利模式转向了多元化的盈利模式，开拓多个业务渠道，兼营多种咨询服务。金域致力于打造全过程咨询服务，以工程造价为基础，编制可行性研究报告，协助建设方完成工程报建、竣工验收的全过程咨询服务。

同时，金域致力于为客户创造更多的价值，实现“专业进取，沟通共赢”的经营理念。在工程咨询服务中，事前提案预警、事中控制成本及事后资料监督可控的全方位监管模式，为客户尽可能多地节约开支，减少损失，提高客户的忠诚度、满意度，使企业在危机中加快恢复生产，强化组织韧性。

2. 完善组织管理制度

金域要想提高抗危机能力，使企业在危机中得到迅速“回弹”，还需不断完善组织管理制度，以健全的制度体系为企业保驾护航。具体来说，可以从完善企业的配套设施及使用规范、建立完善的阶梯管理制度及完善企业人才管理制度三个方面来展开。

（1）完善企业的配套设施及使用规范。

作为工程咨询公司，金域的相关项目需要依法经相关部门审核后方可展开经营活动，所以金域还需加强企业内部各项配套措施及设施，提升资质等级，不断扩大经营范围，使企业拥有多元化的利润来源渠道，提高应对风险的能力，进而增强行业竞争力。目前金域获得了“AAA级质量服务诚信单位”荣誉证书及工程招标代理资信 AAA 级、工程造价资信 AA 级、政府采购代理等多项资质，具备工程造价、工程招标代理等多项业务能力。

（2）建立完善的阶梯管理制度。

在组织内部管理方面，只有建立起阶梯管理制度，采用差异化管理模式，合理奖励，才能发挥管理的真正作用。阶梯管理制度也就是不采取“一视同仁”的待遇，而是对于业绩表现突出者、相对重要程度更高的项目给予更高层次的奖励，以此激发组织内部的积极性，使员工能够团结一致地向着目标而努力。

（3）完善企业人才管理制度。

人是组织内部的主体，提高组织韧性还需要组织内部的人充分发挥其主观能动性，为组织发展及提高即时反应能力做出贡献。因此，金域不断完善人才管理制度，在选人、用人、育人方面进行更加完善的管理。

在选人环节，金域有针对性地根据企业发展战略目标及业务规划，招聘相关专业人才，并在招聘环节进行专业知识的考核；在用人环节，金域秉持“将最合适的人放在最合适的位置”的理念，评估不同人才所具备的不同能力，并将其安置在不同的职位上；在育人环节，金域开展各类培训活动，为处于不同职位的人才提供多样化培训体系。

3. 因势而变

面对环境的急剧变化，提高组织韧性是必然的选择。所以，金域不断适应外部环境及内部环境，因势而变，不断与时俱进、创新变革，致力于提高组织韧性。

（1）外部环境。

从外部环境来看，金域所处的行业相关政策正在不断完善、统一，行业整体保持平稳有序发展，行业经济投入持续领先，各类专业技术不断完善，如云计算、大数据及BIM技术都在颠覆原有的市场秩序，开启了全新的发展模式。所以，金域在粤港澳大湾区内开拓市场，学习、运用先进的技术，以提高组织韧性。

（2）内部环境。

在企业内部，由于金域成立时间较早，在行业内深耕十余年，十分熟悉本行业，易于开展专业咨询服务，拥有较为稳定、固定的客户群体，并且专业人才、配套设施完善。但是，金域的人才配置规模较小，业务范围不够大，所以金域还应当不断开拓市场，招聘有经验的专业技术人才。

三、发展与总结

在不断变化的环境中，金域不但勤修内功，而且深刻分析了行业市场状况，不断增强抵御风险的能力，不断谋变，继续深耕互联网技术与造价之间的联动，顺应时代的发展趋势，提高组织韧性，谋求企业的长期发展。

（资料来源：笔者根据多方资料整理而成）

第一节　组织韧性与组织柔性

当今世界正处于“百年未有之大变局”。目前世界已进入具有不稳定性、多变性、复杂性和模糊性特征的VUCA时代。新时期的多变、快变、突变等特征，已成为当前研究热点和实践界的重要课题。在这种情况下，提高组织韧性和组织柔性已成为企业适应或应对复杂多变环境的重要突破口。

随着企业的发展，企业的经营环境日益复杂。所谓“危”即“机”，一些危机（如自然灾害、流行病、人为错误等）在给企业的生存与发展造成重大威胁和挑战的同时，也会给企业带来成长的机遇。但是，并非所有的企业都能把“危”转变为“机”。更多的企业没有预见性，没有排除外界的危险，从而丧失了资源和控制权，造成了企业的消亡。理论与实践结果显示，在动荡、不断变化的市场环境下，组织韧性能够帮助企业有效地解决危机。组织韧性具有自适应性，使企业能迅速应对市场变化。很明显，组织韧性是企业“变危为安”的重要法宝。

一、组织韧性

在日益复杂的市场竞争中，韧性已成为一个备受关注的焦点。在研究组织韧性方面，主要侧重于对危机的预防和应对，即承受各类突发事件的冲击，从而使企业迅速恢复到原来的状态。但是，在对其进行深入的探讨后，其内涵逐渐丰富起来，并逐渐超出“反弹”“恢复”这一概念的含义。所以，我们认为，组织韧性既是“回弹”，也是“超回弹”的两个综合指标。这反映了企业面对困难时的特点及能否将其扭转恢复，以此来反映企业在面对逆势和困难时所表现出来的弹性能力。

1. 组织韧性与组织柔性的联系

从组织的适应性和组织柔性的含义来分析，二者都是组织的力量，着重于对复杂情况变化的适应。其动态功能作用是指在快速变化的情况下及时响应、快速创新、有效协调和重新配置，具有组织韧性和组织柔性的特点，二者的联系如图 2-1 所示。

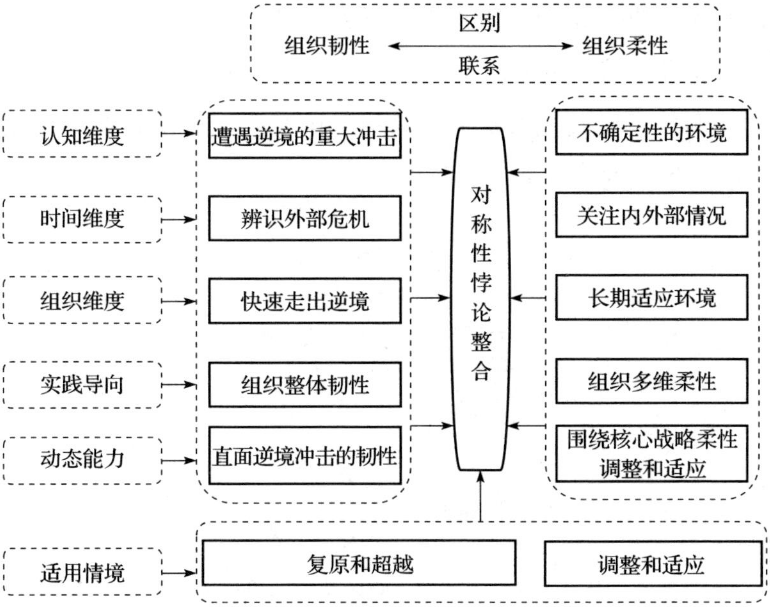

图 2-1　组织韧性与组织柔性的联系

其中，动态能力是指组织资源更新、重组、再造的一种高级能力，而组织韧性和组织柔性都具有较高层次的动态能力。动态能力可以分为机会感知能力、机会捕捉能力、重构能力，并从技术、流程、组织结构和决策规则等角度，对企业的能力进行微观层面的研究。企业的组织韧性与组织柔性包含多种机会感知能力、机会捕捉能力和重构能力，这些能力之间存在着固有的一致性。

2. 组织韧性与组织柔性的区别

在管理变革中，组织韧性与组织柔性主要有情境、认知、时间、组织和实践导向 5 个维度差异，如图 2-2 所示。

（1）情境。

组织韧性重点在于应付具有重大影响力的逆境，而逆境往往具有突变性和意外性两大特征，如经济危机、自然灾害等，给组织的生存与发展带来巨大威胁。而组织柔性所面对的不准确的情况并非全部是逆境，也无法决定是否发生正面的环境变化，如科技进步、经济繁荣等，以及企业本身的焦虑、压力和可靠度。在这种情况下，企业可以做出柔性调整，使其能够顺应将来情况的发生。目的是在不确定的情况下，改变组织的承载能力和稳定性。

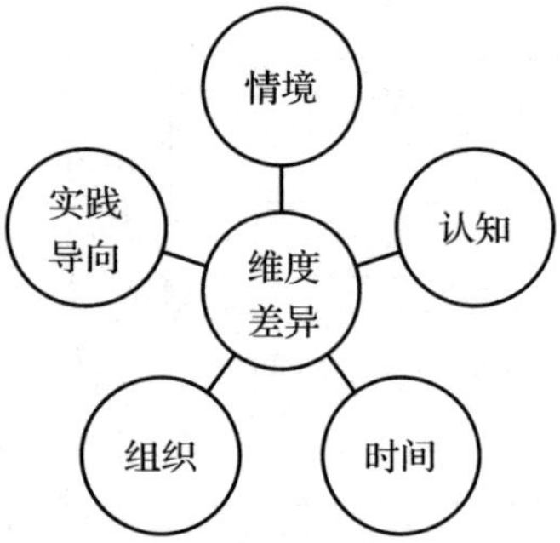

图 2-2　组织韧性、组织柔性的维度差异

（2）认知。

决策者应具有对外部风险的认知能力，能够在突发的逆境中看到机会和危险，依靠组织的力量和资源化解危险，从而实现逆势增长。而组织柔性则主要表现为对组织内外环境的不确定性，以及对潜在的风险、机遇进行及时分析。

（3）时间。

组织韧性是指当企业面对严峻的危机与挑战时，其能够使企业迅速地扭转局面。而组织的柔性更倾向于将某一种资源与其他资源进行高效利用，需要一个长期的、逐步的发展过程。

（4）组织。

组织韧性把组织看作一个整体，它着重于组织在面对危机时怎样变得安全，并最终战胜危机。

从混乱中幸存下来，说明组织具备灵活性、开放性。在不同的维度下，只有在各个层面上的柔性协同作用，才能够增强整个组织柔性，并且能够增强对环境的适应能力。

（5）实践导向。

组织韧性是指组织内在韧劲对外部环境的适应性，尤其是对突发事件的适应性。简言之，组织韧性是指在经历了种种突发的事件和环境的改变之后，企业能够以间接的方式适应组织制定的核心策略。但是，想要达到组织韧性的要求，就必须有能力渡过当前的难关，才能从这场灾难中走出来。

想要增强组织的柔性能力，就必须在危急时刻做出改变，及时行动，乃至在“边学边干”中摸索、调整。这就要求企业必须学会运用和掌握外在的资讯。在前期没有学习掌握、充分准备的情况下，最重要的信息是第一消息。如果存在信息不准确、不合理的情况，企业往往难以制订出正确的决策计划。这就需要企业能够全面获取第一消息、去伪存真及纠偏误导、消除谣言。

在组织柔性的影响下，若由外界主导而企业缺乏自主性，将导致应对乏力、效果不佳。因此，在初期进行调整时，企业必须处于主导地位以应对突发事件。

二、组织柔性

在当前经济社会及市场急剧变化的形势下，组织柔性为越来越多的企业所重视。

1. 组织柔性的内涵

在将来无法预料的风险下，真正有潜力者可以在动态变化下迅速进入稳定状况、维系正常的运转，乃至通过危机快速弥补短板和加速成长。因此，在动态环境下，决定组织成败的关键因素不是外在的机遇和挑战，而是组织本身的灵活性。这清楚地显示了组织柔性的三个层次。

（1）决策反应能力。

决策反应能力是企业在高压下短期内对问题认识、回应的准确性及迅速性的能力。高效的决策反应能力绝对要快，而且这在实践中更难得。

（2）实现反应力。

实现反应力强调了在高压下和短时间内决策的推动速度和覆盖面，执行的速度不但要快，还要理解到位、上下级无缝衔接。同样，组织高层的决议是否迅速，能否精确地推广到执行层是决定成败的关键。

（3）内部协调力。

内部协调力着重于企业能否临危不乱，各个层面、每个员工能否精准定位自我的新职责并投入其中，体现了系统由无序走向有序的趋势。

2. 组织弹性与灵活性

组织柔性的三个层次要求组织需要具备弹性和灵活性。组织弹性是指组织应对逆境的能力。组织弹性使企业能够根据周围的环境改变，及时、灵活地调整组织结构和文化，迅速地调动有关资源，改变组织的习惯，以适应环境的改变，促进其发展。

组织灵活性是一种多维度概念，可分成结构柔性、资源柔性和文化柔性。

（1）结构柔性。

结构柔性是指企业积极推进内部的协同作用，内外组织单位迅速整合，使其成为一个整体，并且适应企业当下所处的环境及面临的问题，从而更加高效、便捷地达到组织的目的。

（2）资源柔性。

资源柔性是指企业资源的转换速度、转换成本和转化范围。企业塑造较好的资源柔性，使资源的转换速度、转换成本及转化范围适应企业实际情况，满足了企业新的发展条件，并通过设计实现对内部资源的合理转化。

（3）文化柔性。

文化柔性是指组织以正面的态度感知和应对内外部环境的改变，及时对自身价值观念、经营理念和行为规范等文化因素加以充实与更新，保持组织的创造力和生命力。

三、组织韧性的价值

组织韧性对企业的生产经营及危机应对具有重要的作用，对企业的当下及长远发展具有重要价值。组织韧性不仅适用于极端场景，而且它的作用范围广泛，在企业的内外部存在多维度的价值和意义。

1. 组织韧性的适用场景日益普遍

不能预见的风险、危机、动荡、灾难，以及企业自身的混乱等，都会给企业带来致命的打击。在这种情况下，企业需要形成更好的反弹能力，并不断更新自己的反应机制。因此，组织韧性的适用场景日益普遍，应用范围也越来越大。

2. 组织韧性的多维度价值

（1）各个时期的价值存在差异。

当没有危机爆发时，具有韧性的企业可以更早地感受并预测可能发生的危机，并提前做好部署。麦肯锡对世界范围内的金融危机的追踪和调查表明，具有韧性的企业会更早、更快速地降低成本，表明组织韧性在预测潜在冲击、预先处理意外威胁、有效控制风险等诸多方面具有较大的作用。

从危机中吸取经验、反思教训是企业的一项重要工作。具有韧性的企业可以将独特的生存和成长经验结合起来，成为企业自身特有的竞争优势和能力，使其实现从短期恢复到长期持续发展的完美过渡。

（2）跨越分水岭。

危机常常导致企业甚至产业的发展形成分水岭，而组织韧性则是帮助企业翻越这些分水岭的重要因素。组织韧性不仅可以帮助企业解决难题，而且可以帮助企业“转危为机”，从而达到能力的飞跃。随着时间的流逝，企业也在不断前行。所以，我们必须与时俱进地提高对组织韧性价值的认知。

3. 如何提高组织韧性的价值

组织韧性能为企业发展带来积极作用，为了更好地发挥组织韧性的价值，企业还可以积极推进数字化建设、建立多层次的敏捷响应机制，如图 2-3 所示。

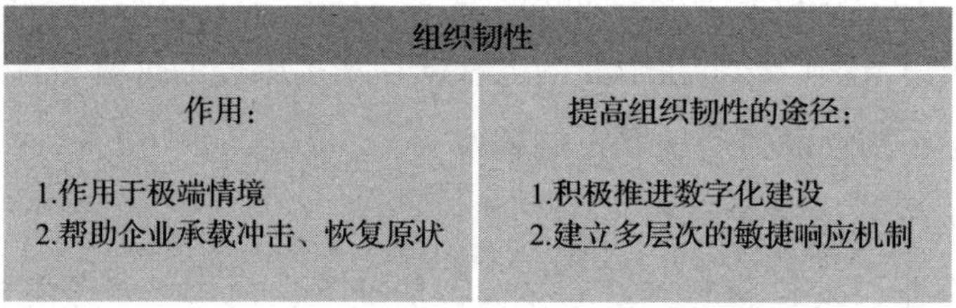

图 2-3　组织韧性

（1）积极推进数字化建设。

许多企业在数字化转型中使数字化不再是度过危机的“救命稻草”，反而扰乱了企业的经营节奏。所以，在数字化时代要成为一个经得起考验的韧性企业。

第一，企业数字化建设必须要有长期的战略定力。企业一旦决定拥抱数字化，就必须平衡投资、系统建设，具体涉及对企业进行全方位、多维度的改造和升级。在实际工作中，一些企业在推动数字化建设时，太注重营销等偏向前端的数字化投资，而忽略了供应链、组织决策等方面的系统数字化建设，使企业在面对危机时很难使用数字化解决方案，没能发挥出整体协同效应。

第二，企业数字化建设还需提高基础。企业数字化建设的建模不仅限于采用高科技、数字孪生、物联网等高科技手段，而且要提高数字基础，其中包含数字技术和工具跨单元、跨层级的联系能力，基于数字化系统的数据清洗和整合能力，基于数字决策机制的信息挖掘、筛选和分析能力。

第三，在数字化建设中，企业需要警惕陷入“穿新鞋，走老路”的陷阱。实际上，很多企业或早或晚地具有了数字化倾向，也进行了多种数字化的探索和尝试，但为何在危机面前，企业却没有从数字化中受益呢？因为这些企业即便是穿上了几双数字化“新鞋”，但还是在走原先的“老路”，总是将数字化视为备选项和辅助性工具，使其没有真正发挥出应有的威力。

（2）建立多层次的敏捷响应机制。

若说加速推动数字化建设是企业新建韧性组织所需的“头号工程”，那么在组织中形成多个层次的敏感反应机制就是在支持这种“头号工程”。具有韧性的企业就像高飞的雁群，个人具有灵活性，但总体上是一体的，可以在遭遇突发事件时巧妙地转变队形，最后安全渡过难关。

因此，在员工个体层次上，企业必须保证组织中的个体有共同目标和意愿，而且绝大多数员工能够很快地从日常经营模式转向应对危机模式，并明确自己在危机中的角色，做到既能在自己原有的责任岗位上守住阵地，也能在必要时流向需要他的地方，填补关键空缺，这与长期的组织危机文化建设有关。

在部门单元层次上，由于与企业内部的成败密切相关，企业必须加强对部门单元和团队的教育，并构建相应的资源自由流转机制和专业技能候补机制，从而使各部门单元在危机中实现更灵活的协同与互补。目前，一些龙头企业已开始使用组织中台、组织模块等多种企业结构，以改变和控制部门单元。

企业要认识到，在复杂环境下，依靠一套预先准备好的处理程序解决问题是不实际的。关键在于厘清危机时期各种业务的轻重缓急，并时刻关注企业内人员、设备等关键资源的变化。同时，要避免因组织运作体系的过分耦合而造成企业缺少缓冲空间。因此，企业要从“成本思维”转到“投资思维”，抛弃看起来精益、高效却是脆弱组织的运作模式。

组织韧性专栏 2-1

九州通：数字化转型之道

一、企业简介

九州通医药集团股份有限公司（以下简称九州通）是一家科技驱动型的全链医药产业综合服务商，其立足于医药流通、物流服务及医疗健康等大健康产业，主营业务包括数字化医药分销与供应链服务、总代品牌推广服务、医药工业及贴牌业务、数字零售、智慧物流与供应链解决方案、医疗健康与技术增值服务六个方面。

九州通自2010年11月2日在上海证券交易所挂牌上市以来，实现了持续稳定的高质量发展，连续多年位列中国医药商业企业第四。九州通秉持“技术让服务更卓越”的理念，致力于以数字化转型提升组织韧性。

二、塑造组织韧性，勇渡难关

具有高韧性的企业能够明确企业的使命，即使在危机来临时，亦不忘记使命，不忘记立身之本。正是得益于对“本”的坚守、对使命的专注，才塑造了组织韧性，才使企业渡过了一次又一次的难关。

1. 组织韧性应用的背景

自2020年年初以来，新冠疫情反复肆虐，对很多企业的经营、发展造成了困难。九州通位于湖北省武汉市的总部也受到了冲击，在这种环境下，众多企业管理问题摆在了九州通的面前。

例如，九州通的业务遍布全国，各子公司又有自己的协同和管理办法，因此给集团的统一管控造成了一定的困难，员工分处不同的办公地点，如何高效组织？疫情之下，如何全面了解并保障员工的健康？如何开展业务经营？在日常管理工作中，价格管理、仓库管理、销售流程管理等环节操作分散，连续性不强，移库出库、商品损益、购进开票等业务在实际工作中操作复杂且易出错。企业生产现场人员、一线业务员距离公司总部和管理层较远，有效的建议和信息难以反馈至高层，导致管理决策与基层业务操作脱节。

2. 九州通的具体实践

九州通很早就意识到数字化对增强组织韧性的重要性，因此，其建立了移动工作平台，并对全体员工的健康做出保障，实现了高效、有序的管理。

（1）移动工作平台。

2015年，九州通就与金蝶云之家合作打造了i9移动工作平台，这是九州通自主研发并建设的协同办公平台，包括交互模块、协作模块、应用市场模块、智慧物网模块，高效协同企业内部员工，实现组织内效率的提升，提高组织韧性。

（2）健康保障。

九州通协同平台成功上线云之家健康打卡功能，成为九州通全体员工健康、安全的第一道防线。借助云之家健康打卡功能，九州通快速上线应用，推出的疫情助手让所有人都能够行动起来，实现科学防疫。同时，云之家构建了方便、灵活的企业社群，实现信息的快速共享、对突发事件的及时沟通及疫情防疫工作的快速部署，守护救援物资的生命线。

（3）高效、有序的管理。

九州通上线云之家后，又将各ERP（网络公关系统）统一到了一个平台上。通过对基础资料等方面的管控，九州通打通了其业务数据，保证在分公司网络出现障碍的情况下业务能够持续进展，大大提升了跨组织管理和业务协同效率。云之家的移动端、桌面端可以随时发起多人视频或语音会议，高效处理突发事项。通过云之家，九州通的一线渠道人员还可以集中处理商品销售、出入库、开票等业务。

三、发展与总结

面对严峻的市场形势，九州通的数字化转型显著提速，利用信息技术、互联网技术和数字技术赋能上下游客户和C端（指消费者、个人用户端）用户，强力推进“万店联盟”计划，加速打造“幂健康”平台，重点改造Bb/BC仓配一体化项目，有效支持物流服务和物流技术的市场化等。

企业想要实现韧性成长，还需具备四个方面的能力：一是数字化的运营能力；二是数据驱动高效的产品与服务的能力；三是构建数字生态的能力；四是文化的创新能力。对此，九州通不断致力于数字化转型，着重提升企业的技术水平，并在提高组织韧性方面进行各种实践。随着越来越多的企业意识到数字化转型的重要性，纷纷从模式、管理、组织、技术等多层面推动数字化进程，我国企业逐渐迎来了数字化转型的新浪潮。

（资料来源：笔者根据多方资料整理而成）

第二节 组织转型

麦肯锡咨询公司对企业数字化转型的成功率进行了统计，结果表明：企业数字化转型的成功概率只有20%，成功的关键原因是在数字化技术的加持下，组织更具敏感性和适应性。咨询公司Gartner对企业数字化转型中的主要问题进行了研究，结果表明：2/3的企业高层管理者认为数字化问题关乎数字化技术与应用，1/3的企业高层管理者认为数字化问题关乎战略和组织转型，但战略和组织转型才是决定企业数字化转型成败的关键，其影响程度远高于技术对企业的影响。

一、领导转型

在经济社会持续发展的背景下，传统经济发展的弊端和问题越来越明显。因此，如何加速转型、如何将传统的组织改造成为现代化的组织就成为企业发展的当务之急，也是中小企业在新的发展阶段生存、发展和壮大的关键，其中，人力资源是一个非常关键的因素。人力资源在企业发展中起到的重要作用有两点：一是优化员工的组织架构；二是优化企业的组织结构，如图 2-4 所示。

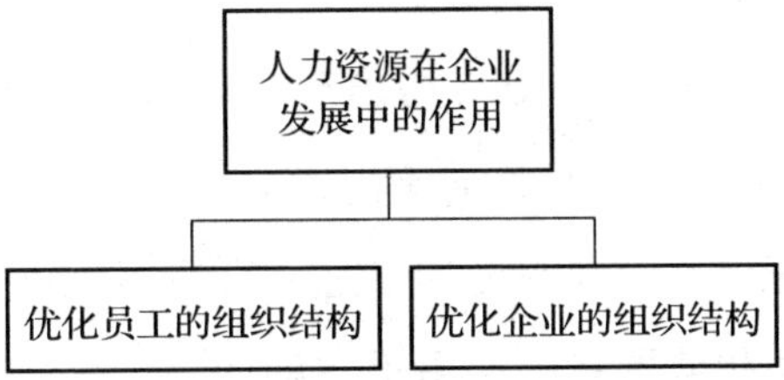

图 2-4　人力资源在企业发展中的作用

1. 优化员工的组织结构

通过对组织内部人员的合理配置，企业可以提高其整体素质，如考核、培训等不仅可以提高员工的各种能力，还可以提高员工的工作积极性。

2. 优化企业的组织结构

企业的管理水平取决于企业领导者的水平。无论员工的工作技能多么出色，如果缺乏现代化、强有力的制度指导，那么企业优秀人才的能力也无法得到充分的发挥。而企业则需要在组织内部的组织架构、流程再造、文化塑造、决策体系、战略部署、研发创新等方面引进优秀的人才。在这种优异的框架体系内，优秀的员工必然有更好的表现。也就是说，员工可以确保组织的内部生产力，而优秀的领导体系可以确保组织的外部竞争力。

二、赋能转型

数字经济可以带来任何一种能量变革，因为其可以排除多个维度的资讯不对称问题，如图 2-5 所示。

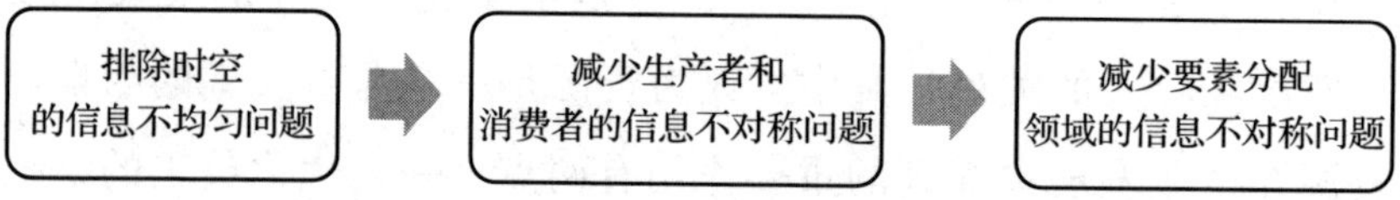

图 2-5 赋能转型

1. 排除时空的信息不均匀问题

在“以物易物”时期，交易的出现有很强的偶然性，剩余的产品与有效需求是交易不可缺少的重要因素。随着数字化的发展，人们可以从移动终端中获得商品和服务的信息，减少时空的束缚。

2. 减少生产者和消费者的信息不对称问题

在市场上，当事人的信息不对称会造成逆向选择等问题。而有了数字化，则可以把生产者与消费者紧密结合起来，使双方尽可能地了解同样的信息。

3. 减少要素分配领域的信息不对称问题

随着数字技术的发展，生产者可以用最小的成本搜索出更多的信息。企业通过大数据可以及时、有效地获取用户的需求，从而提供更高品质的产品和服务。例如，通过“网络 + 网络广告”的方式，广告商可以充分利用大数据的优势，根据消费者的点击率和搜索内容，推送与其需求高度相关、完美契合的广告，有效地减少无效广告乃至信息垃圾的投放。

宝贵的数据资源可以与不同的资源、要素禀赋特征、客户需求、市场结构等相适应，消费者所产生的消费数据可以被生产者接收，同时生产者的生产数据也可以被消费者接收，两者之间实现了完整的信息交流。

组织韧性专栏 2-2

三一集团：智能物流赋能离散制造业智慧转型

一、企业简介

三一集团有限公司（以下简称三一集团）的主要业务是以工程为题材的装备制造，主要生产混凝土机械、挖掘机械、起重机械、筑路机械、桩工机械，以及风电设备、港口机械、石油装备、煤炭装备、装配式建筑 PC 机械等一系列产品。三一集团秉持“创建一流企业，造就一流人才，做出一流贡献”的企业愿景，打造了业内知名的“三一”品牌。

二、赋能转型

在 2015 年之前，三一集团存在激烈的内外部问题。从外部角度来看，全球经济衰退、产能过剩、人口红利消失。从内部角度来看，传统的经营模式发生了巨大的变化，传统的粗放型经营模式在流程管理、系统集成等方面对业务创新的影响很大。因此，三一集团的技术变革从内部变革和外部变革开始。然而，任何转型都不是一朝一夕能够完成的，三一集团通过智慧办公平台、云原生技术和 AR 技术做出了改变。

1. 智慧办公平台

自 2003 年起，三一集团携手蓝凌不断完善智慧办公平台，使研发经验更加统一集中，研发经典案例萃取收割，提高知识查找和复用效率；构建研发知识地图与进阶路径，汇总常见问题与易错环节，助力员工快速成长，避免重复问题二次犯错。三一集团在集团总部、国内各事业部、海外 14 个大区、印度公司等业务系统中，实现“PC+”的集中审批；全集团流程平均审批时长降幅明显，处理效率大大提升。

新型平台以蓝凌专业知识管理平台为基础，通过前期顾问和后期IT建设，完善知识管理系统，创造知识仓库、知识地图、智能机器人等各种应用，实现知识沉淀、共享、学习、应用，创新全生命周期管理，提高组织的智慧力和创新能力，使三一集团成为国内领先的管理型、科技型和现代化工程公司。

2. 云原生技术

2018年，数字转型的概念也在新时期得到了迭代发展。例如，AI人工智能、低代码开发、云原生技术、中台等都曾有深入的发展，使企业数字化转型的过程发生了变化。在新的历史环境下，三一集团选择了云原生技术。三一集团原有的GSP是一个单体结构，存在代码复杂、难以扩散、性能不稳定、界面不友好等问题，并且最缓慢的存取速率达到了39秒，对商业效率造成了很大的影响。而且三一集团的技术团队只有数十人，在短期内难以研制新平台。因此，三一集团在全国范围内拥有云原生技术队伍，重构了自己的平台，从开放产品、服务、数据三方面进行场景化、个性化定制。

3.AR技术

2020年8月6日，三一集团与亮风台、树根互联等企业联合启动AR项目。三一集团服务体系在综合运用AR和VR等技术加快了企业的数字化转型。三一集团将亮风台与树根互联相连接，构建了三一集团的售后远程支持平台，把AR技术运用在服务系统上，从而为三一集团的全球服务工程师提供了强大的工具，打开了数据采集、数据存储、数据应用等多方面的全链条闭环，迅速推动三一集团服务体系的转型升级。

三、发展与总结

企业实施数字化转型关联到的业务和技术众多，这是一个极为繁杂的工程，因此，必须提供一些方案让更多的厂商参与其中并提出解决的办法。三一集团正处于好的数字化转型开端，在数字化转型中尝到了“甜头”，通过打造智慧办公平台，利用云原生技术和AR技术，推动集团内部体系的转型升级，实现其数字化转型目标。

（资料来源：笔者根据多方资料整理而成）

三、纵深转型

智能化时代的到来使数字化转型向纵深展开，企业更需要借助数字世界里强大的可连接、可汇聚、可推演的能力，进行产品、业务和商业模式创新，以更低的成本、更高的效率，塑造适应经济新常态的能力。纵深转型需要努力回归本质、向内增长、提高效率、降低成本，从而促进数字经济和实体经济的融合、线上和线下的融合、互联网和传统产业的融合。

2021年，中国的工业网络创新应用水平在世界范围内首次崭露头角，并由探索初步阶段发展到产业深耕、赋能发展的新阶段。自2022年起，在工业网络政策的支持下，基础设施、融合应用等发展进入了新的阶段，不仅推进了工业网络本身的提档升级，还促使制造业的数字化转型迈向更深处，更好地实现经济提质增效。

世界排名第一的数字化银行比传统银行的收入高出43%，税前利润高出10亿美元；世界排名第一的航空公司通过数字化转型，比对手的税前利润高出12%；领先的数字化酒店品牌，收入比普通酒店高出3.5倍，税前利润高出5倍。由数字化技术所引起的各行业的剧烈变化可见一斑。同时，数字化经济和工业的数字化转型也显示了迅速发展的趋势。根据IDC咨询的预测，到2025年，数字化驱动对GDP（国内生产总值）的比例会超过70%。

这种趋势使数字经济逐步成为中国经济发展的主体，使中国步入了经济发展新常态。在这个新常态中，我们将会发现数字化经济所发挥的作用逐渐增大。企业需要大力发展互联网、大数据、人工智能等技术，并与实体经济结合起来。这种深度融合并不是单纯地做 App 或网页，而是从根本上进行更多的深度转型，只有这样，数字化产品才能与互联网、大数据、人工智能等技术紧密结合。

四、文化转型

1. 文化转变

文化转变就是用新型文化形式取代老旧文化形式，体现了文化的变革和进步。文化转变的本质就是一个特殊的时代或社会团体所具有的文化形态的新老转变。

2. 文化转型

（1）文化转型的一般规律。

对文化转型的一般规律、特点进行深入的探讨，对构建优良的文化生态、提升创新能力，具有积极的启示和借鉴作用。假如“成型”是指文化由大致的稚嫩到成熟的文化，而“转型”则是指文化从某种形态向其他形态的转变。转型是否成功会直接影响这个文化能否继续存在、能否长远地发展、能否再向前进步。

总体而言，文化危机是文化转变的导火索与动力源。根据影响的范围，文化危机分为局部危机和总体危机。文化的特性，尤其是自我更新和持续发展的性质，决定了局部文化的更替是文化发展的常态。而整体性、全局性的文化转型是随着数量的积累而必然要发生的。其外源性是指外在的客观条件发生改变或是由异质性文化冲突引起的文化转型。

（2）文化转型的环境背景。

改革开放后，我国正处于文化变革和价值构建的新时期。随着改革开放的持续深入，民族与世界性的张力也在不断地增强。中国特色社会主义进入新时代，在新的环境中，持续推进我国现代文化转型和价值构建的含义，不但表现为思想在传统文化中的作用，更表现在对日益激烈的文化矛盾的避免与解决。

第三节　平台组织

一、定义和发展

著名管理学家穆胜提出了平台型组织的概念，即企业将自身转化为资源支持的平台，通过开放的共享机制，赋予员工一些人事权和决策权，并将其作为一种灵活的工作方式组织各种资源，形成产品、服务、解决方法，满足顾客的个性化需要。在这个过程中，企业可以通过员工所具有的创造力取得项目的胜利，共享到可观利润。在企业转型为平台型组织之后，应当实现“公司上云”，也就是单独成为“云组织”。

1. 网络平台组织

2008 年国际金融危机爆发后，资本大量涌入网络行业，抢占了线上市场。在这种情况下，网络平台组织加速了资本的集中，从作为物质商品的中介中衍生出各种各样的形态，迅速崛起为社会流通的主导力量。

网络平台崛起于流通领域，对其进行深入变革，使其更好地服务企业。网络平台组织有以下五种具体形态。

（1）联机交易市场。

联机交易市场是指通过物理分布、下载和流量来销售产品和服务，如亚马逊。

（2）社会媒介。

社会媒介是指使用者产生与发行各种内容的社群，如谷歌。

（3）分享经济。

分享经济是指个人、组织或企业通过社会化平台分享闲置实物资源或认知盈余，以低于专业性组织者或边际成本提供服务并获得收入的经济现象。

（4）“四众”模式。

“四众”模式是指众创、众包、众扶和众筹模式，可促进生产与需求对接、传统产业与新兴产业融合。

（5）众筹与点对点。

众筹与点对点（P2P）没有担保贷款，也就是用比传统金融服务商更高的利率提供捐赠、贷款或投资资金的市场，如众筹俱乐部。

这五个具体方式涵盖了网络中的物质商品交易、精神商品交易、资产租赁交易、劳动服务交易、货币金融交易等。在网络平台上，组织已从自由竞争走向垄断，从单领域垄断到多领域垄断。

2. 数字平台组织

技术革新为组织创新创造了新的条件和方法。移动互联网、大数据、云计算等数字技术掀起了新的技术革命，催生出了数字平台组织（Digital Platform Organization）。

数字平台组织是一种新的组织形式，它是推动数字经济发展的重要组织形式。按照普华永道发布的2021年全球市值100强上市企业排名榜，前10名中有7家是数字平台企业，分别是苹果、微软、亚马逊、Alphabet Inc（谷歌母公司）、腾讯、阿里巴巴等。长期以来，市场和企业主导着我们对经济组织的思维，而数字平台组织在实际操作中起着举足轻重的作用。

数字平台组织源自市场组织和企业组织，早期在市场组织和企业组织中承担交易、生产和管理功能，体现为内嵌于市场组织和企业组织的实体平台，且尚未发展成为独立的组织形式。在数字经济时代，数字技术促进了数字化分工，使生产、管理、交易等实体平台进入了数字平台。数字化分工对各种数字平台组织进行了深化，形成了数字平台的生态体系，是数字经济中最主要的内容。从根本上讲，数字化平台生态系统是以数字化分工为基础，融合生产、管理、交易等数字平台来分配和创造价值的多元组织。

组织韧性专栏 2-3

京东：数字平台企业

一、企业简介

京东自 2004 年开始正式涉足电商领域。2014 年 5 月，京东在美国的纳斯达克证券交易所正式挂牌上市，是我国第一家实现在美国上市的综合型电商平台。截至目前，京东已经涉足零售、科技、物流、健康、保险、产品开发等多个领域，是一家同时具备实体企业基因和属性、拥有数字技术和能力的新型实体企业。

二、平台发展

不同的平台公司结构和规模在各种环境中有各自的特点，但总体上都具有以下三个特点：第一，具备多方的基础设施和产品；第二，通过扩展多边用户的数量，使公司的价值成倍提高；第三，在多边用户的共同需要上设定了关卡。

过去的几年，京东一直坚持“以实助实”，基于基础设施完备、庞大的社会用户数量、创新的技术服务能力，在维持自己健康成长的同时，京东致力于为用户提供极致的消费体验，助力合作伙伴的高质量发展，为社会创造了更多的价值。

1. 基础设施

京东的技术设施建设完备，尤其是数字基础设施，涵盖了分布于全球各地的自建及数十个第三方数据中心，以及数百个边缘节点，服务于零售、物流、科技、健康等业务，保障了京东基础设施的高效运转和服务质量的稳定提高。

随着京东将基础设施网络逐步向更广大的偏远地区延伸，极大地释放了这些地区的产业发展活力，尤其是带动了当地产业带、中小企业的发展。

在供应链基础设施方面，京东持续投入供应链基础设施建设。截至 2021 年年底，京东物流运营已拥有超过 1300 个仓库，包含京东物流管理的云仓面积在内，京东物流仓储总面积超 2400 万平方米。

2. 社会用户数量

京东拥有广泛的用户群体，京东在 2021 年活跃购买用户数量达 5.697 亿，净增近 1 亿，其中 70% 的新增用户来源于下沉市场。京东助农是京东长期坚持的重要策略，这不仅是快递下乡、农产品上线，而且是通过持续向农村下沉，共享基础设施和技术服务，走出了一条以供应链健全产业链、提升价值链的乡村振兴“全链条”路径，农村地区人均网购件数两年增长了 4.3 倍。

面对外部环境的急剧变化，在为合作伙伴及自身保留众多用户的同时，京东还能够不断拓展新用户，实现了用户数量的平稳增长。

3. 技术服务能力

2017 年以来，京东全面向技术转型。截至 2021 年年底，京东的技术投入近 800 亿元，致力于以技术提升全产业效率及产品服务能力。在此期间，京东重组成立京东科技集团，强化京东云业务，全面冲刺技术未来，京东云成为京东集团对外提供技术服务的核心品牌。

三、发展与总结

一切商业竞争的核心都是由客流量竞争组成的。所有的客流量竞争本质上都是入口的竞争。京东是一个平台，在上市前，京东缺乏一个移动网络的入口，因此，与腾讯形成了战略合作伙伴关系，渗透到微信的入口中，为京东导流。

总之，技术提升和供应链升级将是未来物流供应链领域的一个关键问题。当今社会，提高自动化、智能化水平，推动整个物流业从人力密集型向技术密集型转型，已经成为当前物流业最激烈、最急切的需要。

（资料来源：笔者根据多方资料整理而成）

二、平台领导力

1. 平台领导力的内涵

平台领导力在平台组织中发挥着重要的引领作用，领导力的优劣和强弱直接影响到企业的生存与发展。对于平台领导力，其内涵可以从以下三个方面来理解。

（1）影响广泛。

平台领导力是平台企业撬动所在领域的第三方企业，从而影响到其他的互补企业进行产品开发的能力。

（2）战略能力。

平台领导力是指平台企业可以在追随者处拥有较高的自主权，或实施其战略决策，使平台企业使用自身资源以达到目的的能力，因而平台领导力其实是一种重要的战略能力。

（3）协调作用。

平台领导力是指平台企业在生态系统中基于自身的优点所形成的一种对其他创新主体的影响与作用，同时可以协调平台的各种利益关系。

2. 平台领导力的形成

有关平台领导力的形成是平台领导力学说的重点。要形成平台领导力，技术战略就必须对系统结构、技术接口、知识产权做出最准确的界定，使第三方企业的商业战略更加合理，进而平衡企业内部的信任与权力，并进行探索创新。

（1）平衡信任与权力。

企业要想平衡信任与权力，就必须保持其领导力，从而得到其领导力建立于信任与权力基础之上的节点。平台领导力是平台企业领导的一个重要反映，它拥有其特有功能，可以调动且分配创新因素，对平台模块进行有机结合与协调，助力资源的共享、价值的共创及互惠共赢，对平台的架设、平台的运作、规则的制订及技术的创新等方面产生了十分重要的影响。

（2）有助于探索创新。

平台领导力有助于平台公司的探索创新，可以通过更多的外部创新元素进行跨界搜寻与创新尝试，并对其进行模块化的整合。平台领导力还可以在企业进入新市场或非常陌生的市场时，以强劲的领导力寻求新的机遇、发展新的客户、积极地研发新仪器、对未涉及领域进行大胆探索、吸收新的知识、扩大新的市场和新的场景。

三、平台战略力

平台战略是指连接两个以上的特定群体，为他们提供交流机制，满足各种团体的需要，并且能够对企业发展产生影响。

1. 平台战略及创新

平台战略已成为当前业务领域最热门的一个词汇。全球市值靠前的企业绝大多数拥有平台战略，如苹果、亚马逊、腾讯。当前，国内外学者将平台战略分为进入战略、构建战略、包围战略和创新战略四类，并将创新发展纳入平台战略，包括个人层面、组织层面和环境层面。推进平台型组织及战略的创新发展，还需要做到以下四点。

（1）把握战略价值。

企业需要深刻认识和主动把握发展平台经济的战略价值。发展平台经济、建设平台型组织是大势所趋，对构建现代产业体系、实现创新驱动发展有至关重要的作用。因此，增强全社会对平台经济战略价值的深刻认知尤为关键。

（2）强化创新服务。

强化创新服务能够助力平台型组织又好又快地发展。作为一种新兴的商业模式，平台组织在快速发展的过程中不可避免地会面临很多新问题。

（3）创新监管方式。

积极构建适应平台型组织健康发展的监管体系，创新企业监管方式。平台经济是利用互联网、大数据等现代信息技术，因其具有产业边界模糊、组织运行互联、市场主体多元、交易行为无时空限制、平台间交叉融合等新特点，需要创新治理模式。

（4）推进管理创新。

企业推进管理创新，才能持续激发平台型组织发展的内生动力。企业内部管理创新是平台型组织实现价值创造的不竭动能，更是可持续发展的重要保证。

2. 构建平台战略生态圈

成功的平台不是单纯地依靠渠道和中介服务，其精华是建立一个完善的、成长潜力巨大的生态圈，平台与任何一方的成长都会促进另一方的成长。平台就是将多种业务价值链中的共有部分进行最优的整合，然后成为这些业务必不可少或最佳选择的一部分，这些由价值链的部分环节构成的价值体就成为一个平台。

其实，企业都拥有许多业务，然而各业务之间并没有紧密的联系，无法为新业务提供帮助。随着企业规模的不断扩大，企业的经营管理更加困难，达到一定的企业规模后，就很难实现长期持续扩大。因此，实行平台战略就是企业的一种有意识的战略调整。平台战略有四个阶段：一是从自由竞争到垄断；二是平台联盟与合作；三是平台共同体

(平台群落化)；四是平台一体化(融合)。这四个阶段分别代表了成形、发展、成熟、衰退，是一个完整的生命周期。

在数字化时代，企业采取的平台战略可以迅速地满足企业要求，并且利用资源和能力来适应复杂环境的变化。同时，通过整合资源提高战略执行的柔性和敏感性，这是企业动态交互的适应性。

四、平台变革力

随着新一代资讯科技的进步，平台的发展越来越快，平台的服务功能、创新模式、治理架构等特点发生了显著的改变，而具有全新特点和影响力的平台已经迅速渗透到经济社会的各个方面，平台经济成为一种新型的经济形式。

1. 平台变革的新特征

与常规的平台相比，新的IT技术平台的主要特点发生了显著变化。

(1)创新模式。

在创新的方式上，很多企业都采用了开放式协同合作方式，实现共享计算、存储、互联互通等基础功能，互相协同支撑相关产业及应用快速发展，推动互通、共享的社会创新生态环境的构建。

(2)平台治理体系结构。

从平台的治理机制来分析，平台的治理主体不断增多、业务范围不断扩展，使平台的治理模式从“被动监督”向“政府监管”“平台自治”“第三方参与”的多元化模式转变。

2. 平台组织边界的融合与协作

在信息技术的支撑下，组织平台改变了生产组织的界限，使组织的界限不受资源限制，从而为组织的边际整合创造了无限的可能性。构建网络化的价值生态系统是平台变革的基础，其替代了传统的线型价值链条。

在数字经济时代，边界约束向跨界协同转变是组织价值创新和获得发展方式的重要途径。客户的新需求、新变化并非来自组织本身，而是来自价值链、价值网、价值生态等方面。在原有的商业模式中，通过生态系统的协同，组织拥有了全新的需求，从而达到与客户的无缝结合，提高了组织效能。在构建以 IT 为支撑的组织平台时，必须具备灵活、无结构、分层、中心化、重组等特点与功能，这些特点与功能是组织发展的重心和生命力。因此，需要突破“部门墙”，将新的产业整合，打破外部边界，把产业链上下游的优势、资源连接起来，与其他相关产业、客户、资本形成共生关系，打破现有产业的障碍，实现跨界融合发展。

3. 平台治理结构变革

利用数字化技术，可以从平台治理结构上提高组织效率和企业业绩，还可以有效地推动内外价值链的垂直整合，从而缩小企业的规模。同时，还可以推动企业的多元化发展，加强协作，从而促进价值生态体系的形成。平台变化的目的是使企业和管理者能够更加适应环境，平台改革的目的是使企业更适应环境和管理者。在这种变化和改革下，平台的变革可以向着更成熟、更稳定的方向发展。

4. 平台组织的老化

针对平台组织的老化，中小企业往往没有办法把握错综复杂的社会环境和组织结构。因此，应当进行组织管理的创新，并且需要悟透四个原理。第一，平台改革，可以从战略改革中看出组织能否长久地发展。第二，结构改革，也就是组织在适当的环境下要改变组织的结构。第三，组织紧密地围绕其核心目标与核心能力，充分运用当代信息技术使业务发生重组。第四，必须以行为科学原理实现以人为中心的变化，这是指企业通过对员工的培训、教育和引导，使员工能够在观念、态度和行为上与组织达成一致。

第四节　组织协同

组织协同是指两个或两个以上的组织，在运作过程中相互协作、相互学习，进而实现知识增值。最常见的方法是通过协作进行项目管理。一般情况下，项目的团队成员是从各个部门选拔的，并且在项目经理的指导下，为了实现项目目标而共同努力工作，分享相关信息，产生更高的效益。

组织协同主要有三个方面：协作的意志、共同目标、信息交流，如图 2-6 所示。要实现组织协同，就必须鼓励价值创造，而不是考核绩效。

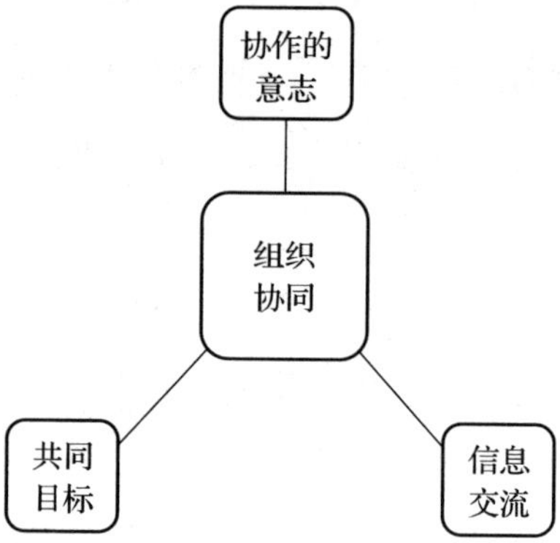

图 2-6　组织协同

一、组织的适应力

企业是一个集知识能力、物质资产、人力资源及其他有形和无形资源为一体的组织，这些能力与资源可以让企业不断地提高竞争优势。在一定程度上，企业具有实现多种策略的内在动机，从而达到持续发展的目的。

当企业的组织资产具有不可模仿性、独特性、价值性、稀缺性等特点时，就可以拥有持续的竞争优势。组织适应力能够在一定程度上让企业抵御外部环境的变化，并且能够适应或改变环境。

当前，主要从以下两个角度进行有关组织适应性的研究。

1. 提高组织适应力的方法

企业是由多种资源组成的，资源观念促使组织发展起来的知识和资源是提高组织适应力的重要因素。

2. 策略选择

组织的适应动态学指出，企业通过自我完善或优化工作系统、管理流程、人力资源系统、理念、价值观和领导行为等方面，来满足企业在当前环境下的策略选择。而这一调整要与企业在发展过程中所需要的竞争力与文化相适应。

建立具有适应力的组织，就必须拥有适应新的发展的组织方式。

市场适应能力能够将市场嵌入某地区，在该地区建立一个关系或成员网络，提高成员数量，并且通过与各成员合作、建立良好的信任关系、加强企业与各成员交流、共享各成员交流合作等途径，使组织融入本地的市场，真正实现区域化深耕。

市场适应能力还可以将组织嵌入产业链结构，采用长期战略合作、资源共享平台、建设交易平台、投资、持股等多种形式，沿着产业链上下游延伸，建立产业链上的成员网络，进而加强产业链上各成员间的资源整合，进一步提升企业的综合实力。企业充分利用各成员、产业链等的信息优势，及时发现内外部环境的改变，既能构建企业的市场竞争优势，又能快速地对市场做出反应。

二、组织的竞争力

组织竞争力是指组织在市场竞争中所体现的综合制胜能力。企业的核心竞争力可以被看作是各种能力的聚集，其中包括决策竞争力、组织竞争力、文化竞争力、品牌竞争力、价格竞争力、创新竞争力等。但是，组织竞争力是企业核心竞争力的一个主要因素。

1. 组织的核心竞争力的影响因素

组织的核心竞争力是指组织特有的、很难为竞争对手复制的能力，其影响因素有三个，如图 2-7 所示。

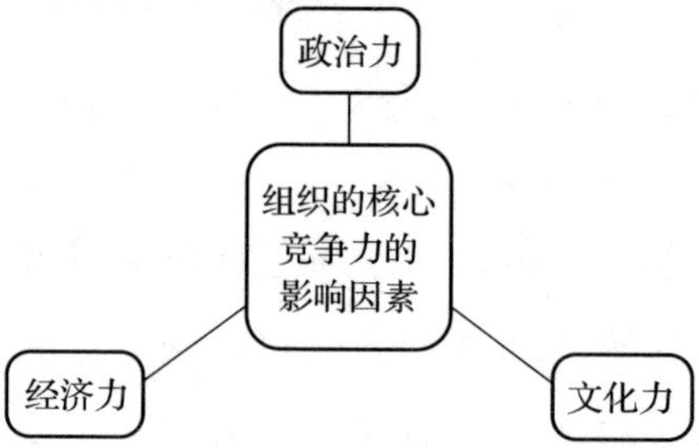

图 2-7 组织的核心竞争力的影响因素

（1）政治力。

政治力是指政府政策和政治活动，包括政局是否稳定、政府政策对谁有利及政府政治活动所提供的机遇。

（2）经济力。

经济力是真正意义上的生产力，其核心是人力资源管理。

（3）文化力。

组织的微观及核心文化包括组织的愿景、组织哲学、核心价值观、经营理念和管理理念五个方面。

2. 提升组织竞争力

要想提高企业的竞争力，就需要从以下四个方面入手。

（1）培养领导者的管理能力。

企业要改善经营成果，就要培养领导者的管理能力。改善经营成果是提高企业竞争力的重点。管理者需要适时地提高自己的领导能力，既需要关注工作目标，还需要关注下属的工作表现，使他们深入理解企业的制度和文化，持续提升自己的学习能力，让组织在良好的氛围中健康成长。

（2）创新经营。

企业需要创新，发展才是硬道理。企业要想提高市场竞争力，需要从经营方面创新，调整战略决策和商业模式，开创新的局面。另外，还需要提高企业在变化的环境中生存和发展的能力。

（3）营造组织内的学习环境。

知识经济的快速兴起使企业面临巨大的挑战，终身教育、可持续发展战略等现代社会的主流理念对企业进行了积极的渗透。对此，企业应该积极地建立学习型组织，从而提升“群体智力”和不断创新的能力，成为持续创造未来的组织，提高市场竞争力。

（4）提高人才存育及选择的弹性。

组织竞争力是指人才的竞争能力。市场环境的瞬息万变、信息技术的日新月异等，使企业面临越来越大的不确定性，人才成为组织获取竞争优势的重要资源。所以，大多数企业致力于提高人才存育及选择的弹性，以人才及其管理弹性来面对不断变化发展的市场，获取市场竞争优势。

三、组织的恢复力

1. 组织恢复力的内涵

近年来，我国相关研究将恢复力的概念和企业活动的战略性结合起来。组织恢复力是指组织在运作过程中碰到不同的情况时，可以迅速地消除障碍并恢复正常运作状态，以及稳定地运作的能力，其中包含在出现问题时组织成员处理事件、解决问题的能力。

2. 组织恢复力与员工之间的关系

组织恢复力与员工之间的关系紧密相连。员工之间良好的关系能够促使员工之间共享信息，提高员工的学习能力，创造探索和解决问题的新途径，从而有助于企业的发展。而当团队成员之间关系紧张时，他们就会产生一种不安感，从而不会与别人分享自己的信息和观点，这就造成了在危机发生时，企业不能通过成员的努力来解决组织的问题。从这一点可以看出，员工之间的关系对组织恢复力极为重要。

四、组织的创新力

创新就是人们根据自己的需要，按照事物的发展规律，让整个或者特殊的一部分进行全面的改革。组织创新力就是多人在同一个巨大的社会体系中进行协作，从而创造具有价值的新产品和服务。具体来说，组织的创新力可归纳为以下三种因素，如图 2-8 所示。

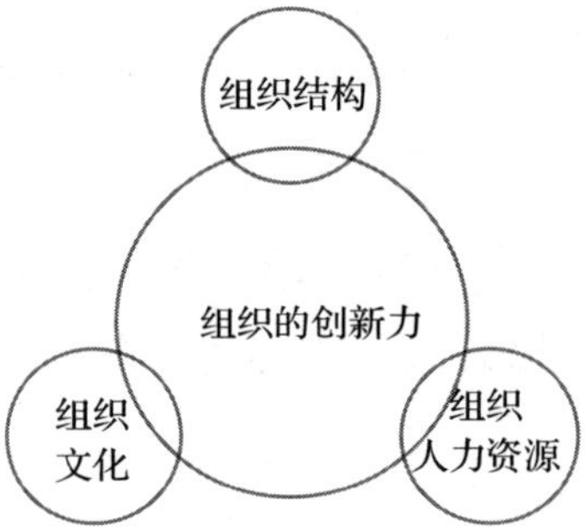

图 2-8 组织的创新力

1. 组织结构

在一定程度上，组织结构对组织的创新力有重要的影响，企业往往会根据战略目标、实力情况、市场环境等因素，构建并不断优化组织结构。其中，有机式的组织结构会对企业发展产生巨大的作用。相较于机械式的组织结构，有机式的组织结构更注重内在的全面协作、非正式的交流和权力的分散，从而快速地回应环境的变化。因受纵向变异、正规化、集权化等因素的影响，企业能够增强灵活性、应变能力和跨功能的工作能力，使创意更容易被接受。

此外，各部门之间的交流对解决企业可能出现的问题具有一定的作用。例如，委员会、任务小组等都能够促进各部门间的交流沟通，使创新成果在组织中得到广泛应用。

2. 组织文化

拥有创新力的组织一般都有一些共有的、特殊的组织文化。具有创新力的组织文化一般都有模棱两可、包容性、风险性、重视效果的特质，如图 2-9 所示。

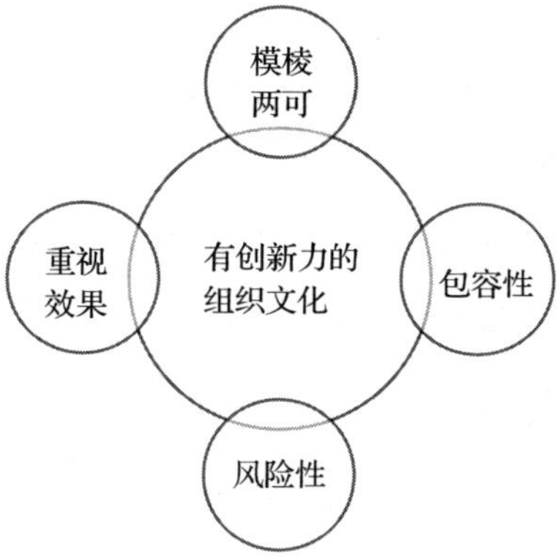

图 2-9 有创新力的组织文化的特质

（1）模棱两可。

过分在意目标与专一性会限制人们的创新性，所以整体化、模棱两可的企业文化往往不会限制员工的创新思维与发散思维，能够提高员工的创新频次及创新成果转化率，进而提高企业的创新力。

（2）包容性。

企业不要抑制员工提出看似不切实际的、天马行空的想法，在包容性强的文化氛围内往往会产生更多的创意，提高组织创新力。此外，企业鼓励员工发表各种观点，这是因为个人或组织的统一与认可并不意味着能够实现较高的业绩，但多种观点的表达会迸发出更多的创意，有利于企业更好地发展。

（3）风险性。

创新本身就是一种具有风险性的组织行为。企业为实现更高的创新力和经济效益，往往极力鼓励员工创新，相应地，企业会承担一定的风险。要想提高组织创新力，企业还应当鼓励员工大胆实践，为员工提供学习机会。

（4）重视效果。

在提出清晰的目标后，员工都会积极地探索实现目标的各种可行性方案。重视效果就需要对一些特殊难题进行处理，并且想出很多处理方法。

3. 组织人力资源

人力资源是企业内部最灵活的资源，也是组织创新的主体。企业应从鼓励员工创新、关注创新能手的特质两方面组织人力资源，进而实现创新目标，提高组织整体创新力。

（1）鼓励员工创新。

企业有组织地开展员工培训，鼓励他们更新知识。同时，企业也要为员工创新想法的实现提供一定的可操作空间。如果员工有不同的想法，企业要主动地帮助员工深化落实其想法，为其提供支持，帮助员工解决困难，从而保证创新的推广。

（2）关注创新能手的特质。

创新能手通常拥有勤奋专注、自信、坚定不移、精力旺盛、敢于冒险等特点。创新能手也是一种动态的领袖，他们会根据自己的创意，了解自己的潜在能力及任务，从别人的身上获得更多的成长力量。除此之外，创新能手通常具有很大的自主决定权，从而能够引导企业推动其提倡的创新。

第五节　组织学习

1958 年，詹姆斯 · G. 马奇和赫伯特 · A. 西蒙在《组织》中提出了组织学习的概念。Argyeris 和 Schon（1978）在《组织学习：观察理论视角》中阐明了组织学习是诊断与纠正的过程，是组织在培养员工时应当具有的素质及技能。20 世纪 80 年代后，组织学习逐渐出现在人们的视野中。经济学家和管理学教授西尔特与经济学家、政治学大师詹姆斯 · G. 马奇在《企业行为理论》中将组织学习列为探讨组织理论的基本概念。

组织学习就是组织在实现成长目标、提高核心竞争力的基础上，对信息与知识技能等进行持续调整，从而适应不断变化的环境。从 20 世纪 80 年代提出组织学习的概念，到 20 世纪 90 年代学者从心理、政治、经济、社会、文化等角度对组织学习的概念进行了深入的探讨。这种组织学习机制是组织通过学习来提高产品、技术及管理的革新能力，从而成为一种全新的资源，进而高效地使用这些资源，助力提高企业的核心竞争力。

一、改变组织认知

进行组织学习、建立学习型组织是当前企业在市场环境下所做出的必然选择。深入组织学习，企业需要率先改变其组织认知。

1. 组织认知

有学者认为应从四个不同角度解读组织认知。

第一个解读是把组织认知看作个人的“共享”及“重叠”，组织成员之间具有相同的知识、态度及信仰。

第二个解读是指组织成员之间不是同一性，而是相似性。

第三个解读是指组织成员之间是互补的，如果组织之间没有充分的认知，就难以有良好的合作。

第四个解读是将组织认知带到工作中，是组织成员对工作任务的认知。

这四个角度的解读也都说明，组织认知并非简单地涵盖组织成员的相似性，也不在于各个层次的心智图式的叠加，而在于组织成员在共有的目标和信仰的指导下，在体验和沟通中，逐步参与其中。

虽然组织成员会对组织认知的发展和演变做出贡献，但是组织认知并不与个人的心灵相抵触而独立存在。如果组织认知和环境之间不存在合适的匹配，就会导致企业难以实现价值。企业只有对环境中的重要趋势及改变进行识别，才能使各种资源与能力得到高效利用。

2. 改变组织认知的路径

改变组织认知涉及内外环境。内在环境涵盖个人层面的管理者认知，团队层面的高管人员特点、团队过程，组织层面的企业文化。外在环境涵盖产业结构、制度和技术等方面。具体来说，可以从人事经理、高层管理人员、团队过程、企业文化和外界条件五个方面来实现。

（1）人事经理。

战略管理学者 Bettis 和 Prahalad（1995）指出，组织认知是在“企业核心业务特征、关键任务高层管理者认知、组织认知”这样的管理认知演变过程中逐步形成的。企业建立初期，组织认知主要表现在管理者认知方面。管理者认知是其信仰系统和心理模式，它直接关系到其怎样了解环境与目标。高层管理者扮演着“认知领袖”的角色，他的倡议与抉择会变成企业的目标、实践和制度，这也是企业战略的重要部分。由于管理者是基于他所认知的基本假定与预期，以及管理层间的交流做出决定，所以管理者的认知会变成组织的认知，最终成为企业员工共同的期盼与信念。

影响组织认知的主要因素是管理者的认知及认知偏见。当处理不确定的、复杂的工作时，一般依靠有限的启发式原则使决策简单化。对于管理者来说，企业的核心业务是其获取灵感的一个主要源头，所以他们更喜欢将核心业务的主要逻辑引入其他方面。除此之外，管理者的认知偏见会对企业认知产生很大的作用，但他们喜欢把失败归罪于无法控制的外在环境，而把成功归为内在因素。这种自利归因偏见会使管理者对环境的认识产生一定的影响，从而导致企业认知和对环境的认知不一致。

（2）高层管理人员。

高层管理人员的统计特征、异质性、权力结构等都会对组织认知产生一定的作用。当高层管理人员具有不同的职业背景及教育背景时，高层管理人员分析问题的角度及获取信息的渠道更多元化，组织的认识带宽也变得更为广阔。在与职业技术人员的工作方式相符的情况下，其价值取向更容易遵循共同的价值取向。然而，职业技术人员的平均年龄越大，风险规避取向越明显，也就越可能服从现有的组织认知，从而更难以进行战略调整。

（3）团队过程。

团队过程是指团队成员间相互依赖的行动集合，基于认知、言语和行为等活动对任务进行组织，通过将投入转化为产出来实现共同的目标，由协调、共识和冲突组成。

团队交流包括工作交流及社会情绪交流。在工作交流中，团队成员在工作中达到一致的期待，并形成与之相似的认识架构及知识储备，逐步地在组织认知方面形成共鸣。同时，社会情绪交流有利于成员整合及适应其他成员的行为与需求，共同构建和谐的团队生活。

（4）企业文化。

企业文化包括价值观、信仰、行为规范、学习与创新等。企业文化通过流程、符号及一系列方式表现出群体行为。企业文化把员工之间的交流规范转化为行为的立场与起点，企业通过这种渲染和渗透的力量，引导员工成为共有的价值观体系，成为组织认知的推动力量。

（5）外界条件。

外界条件的影响因素主要有工业结构、自身的体制环境和技术三个层面。

在工业结构层面，市场、竞争者、客户、供应商等的分配状况会对组织认知产生一定的影响。

在自身的体制环境下，企业战略往往会受到多种行为的影响，进而导致组织认知的改变。

在技术层面，技术对组织认知的作用主要表现在技术强度、技术标准、技术演化途径等方面。技术变革也将导致企业的主导逻辑产生变化。如果企业需要与其主导逻辑相适应，必然需要对组织认知进行及时调控，从而形成新的能力、知识及管理技术。

二、优化行为方式

随着组织环境、组织目标、组织任务的阶段性变动，某些思维方式和行为方式很可能会成为组织发展的障碍。所以，在组织学习中，转变组织认知后的第二步是优化行为方式。

1. 充分发挥组织首脑的作用

组织首脑是组织人才管理的主要组成部分，是优化企业行动的重要环节。因此，企业的行为也是组织首脑的重要组成部分。有些组织首脑喜欢炫耀手中掌握的资产，而有些组织首脑更关注自己拥有了多少优秀的人力资源。组织首脑是影响组织的生存理念、文化氛围和发展战略的关键。如果组织首脑固守成规，不具备实际发展所需的思想方式，那么这个组织就很难对未来形成有效的冲击。

2. 构建完善、科学、合理的规章制度

企业行为的优化还需要规章制度来保障。组织首脑的作用固然重要，但由于其主体的局限性和主观性，难免会出现失误。所以，企业还需要通过构建完善、科学、合理的规章制度对人的行为进行约束。在数字化转型过程中，管理者及员工不但需要在学习方式、行为习惯等方面做出改变，还需要在规章制度允许的范围内开展活动。

3. 推动行为方式转变与企业整体战略相一致

无论企业行为方式如何转变，都需要与企业整体战略相一致。企业整体战略是企业高层管理人员根据企业当前实际情况、所处行业环境、上一阶段出现的问题等全方位统筹规划得出的，以适合企业当前发展阶段的目标。所以，企业在进行数字化转型、组织学习的过程中，可以根据实际情况对具体行为方式做出改变，但同时也需要兼顾战略规划。

三、试错学习的进化

有效的学习方式越来越多，试错学习是一个不错的方法。在组织学习中，企业可以通过试错学习完成自身的进化。

1. 试错学习的内涵及发展

试错学习是指个体或组织通过一次又一次的尝试，逐渐减少错误，不断提高成功率。管理学大师伊戈尔·安索夫最早在1976年出版的《从战略规划到战略管理》中将试错运用于企业战略管理，发现环境的不确定性和将来预测的复杂性，使企业战略得不到预先计划的结果，而是在不断试错。

越来越多的企业家对创业过程进行深入的探讨，认为试错学习是创业成功的关键，其原因是试错学习可以帮助决策者提高现有能力。对于大脑记忆而言，试错学习有助于大脑加强记忆，在发生错误时，大脑会进行归纳、纠正，犯错和纠正的过程可以建立起大脑的神经回路。

2. 试错学习的进化

在复杂的、持续变化的世界中，主动试错学习产生的误差是不可避免的。

（1）组织层面。

从组织层面来看，关键的问题在于如何有效地发现失误。事实上，可以用一系列小失误代替后来的严重失误，从而增加企业的反脆弱能力，使企业在以后的成长中大大减少失误的可能性，增大成功的概率。在此认知下，企业不仅要宽容小失误，还要积极地激发员工的小失误。

（2）员工层面。

从员工层面来看，员工具有创新意识，要勇于主动试错，并且能够在组织内部共享经验，避免其他员工重蹈覆辙，企业及员工可以从所犯错误中积累宝贵的经验。

3. 被动式失效学习和主动试错

在企业的实际运营中，企业会尽可能地避免错误的出现，企业认为失误越多，绩效就越低。在这样的企业文化下，员工会采取相应的自我保护措施。例如，员工会根据企业的工作流程，按照具体指示来工作，以免出现错误，从而导致员工创新能力的缺乏。同时，如果员工出现错误，他们会尽量遮掩，以免被处罚。

与被动式失效学习不同，主动试错理论认为，在复杂的、变化的基础上，存在着一些不可避免的问题。因此，如何提前发现问题，在控制的区域内发现其误差至关重要。在这种情况下，企业要宽容失误，并鼓励主动试错。在员工层面上，员工会产生创新的意识，敢于主动试错，并且勇于把试错的结果对外公布，防止其他员工重蹈覆辙。

积极试错是在指定的或某种情况下，对其创新产品、商业模式等进行前期测试，以发现可能存在的潜在误差，并进行持续的改进，以减少风险的学习行为。通过主动试错可以发现企业产品创新及经营活动中存在的潜在问题，让客户的真实需求得以显现。

被动试错与主动试错的区别如表 2-1 所示。

表 2-1　被动试错与主动试错的区别

	被动试错	主动试错
对错误的预期	尽量避免错误	错误不可避免

续表

	被动试错	主动试错
错误与绩效的关系	为了提高绩效，需要回避错误	为了提高绩效，需要识别错误
企业对错误的态度	排斥错误	容忍并鼓励发现错误
个体对错误的反应	自我保护，不公开错误	勇于试错，并将错误公开，让组织加速学习
从错误中学习的方法	事后总结	事前试验
从错误中学习的模式	单环学习	双环学习

传统企业的管理者都偏爱成功，并致力于减少浪费和错误。特别是在大型的传统企业中，犯错不仅不能容忍，而且会受到严厉的惩罚。中国企业应当边试错边奔跑，在试错中找到更好的选择。主动试错是企业对其新创产品、商业模式等进行前期测试，以发现可能存在的潜在错误并进行持续改进，从而降低企业运营风险的学习行为。

组织韧性专栏 2-4

大明：构建数字化运营平台，支撑企业战略转型落地

一、企业简介

江苏大明金属制品有限公司（以下简称大明）成立于1988年，是国内金属加工领域的龙头企业和领先的高端制造配套服务企业，具备材料加工、零部件制作和成品制造、专业技术服务等全流程产业链。目前，大明已在全国建立10家加工服务中心和长江沿江制造服务基地（靖江），客户覆盖众多行业的头部企业。2020年，大明不锈钢产品的销量为192万吨，碳钢产品销量为267万吨，销售收入为351亿元。

二、大明的尝试

1. 挑战

（1）内部管控能力差。

大明集团与子公司数据割裂，企业内部沟通效率低，内部精细管控能力较差。发货计划、过磅、出库、收付款及运费结算等业务环节之间的数据散落在各个部门，各部门的资源没有实现有效的共享，业务与业务之间、业务与财务之间的流程和数据都是割裂的，各部门间难以协同，导致集团整体运营效率偏低；同时，管理未实现闭环，业务数据不能实时反馈和追溯，导致企业运营的监控能力偏弱，运营风险偏高；在报价的过程中，产品成本都是凭借经验预估的，准确性和精细度均不足，难以支撑薄利多销的价格策略，集团的利润损失风险较大。

（2）时效性弱。

大明内部的信息传递效率、时效性不能快速满足客户需求，客户体验感有待进一步提高。传统行业对信息技术的使用程度不高，使供应链企业间合作的广度和深度都有拓展的空间。信息技术的应用范围涉及整个供应链企业的经济活动，除直接影响企业供应、生产、库存、销售中任何一环的成本外，信息传递的时效性也决定了企业能否在客户发出需求及反馈问题时做出快速响应。订单信息的及时跟进和数据化是实现企业与客户之间信息交互的重要手段，实现信息的透明化是加强对客户关系管理的方法之一。

2. 解决方案

大明从战略定位到战术执行的多维度、全方位的整体系统方案，构建了符合大明行业特色，以“研、产、销、人、账、物”为核心的高级业务蓝图，以完成为客户提供优质、高效服务的战略任务，主要方案如下。

（1）搭建以客户为中心的营销管控体系。

大明搭建以客户为中心的营销管控体系，实现集团统一管控，打通从计划、生产到入库的整体业务流程。大明从美国、日本等发达国家和地区引进了众多高精度、高效率的先进加工设备，在大明第三代ERP（企业资源计划）系统的支持下，可提供裁剪、切割、研磨、成型、焊接、热处理、机加工、喷涂、总装等菜单式加工，以连贯生产的方式，为客户提供从原材料采购到零部件及半成品制造配套的“一站式”服务。

（2）向深加工制造领域进军。

大明立足钢铁贸易，固本发展，向深加工制造领域进军。通过搭建云星空平台，解决了集团与分子公司之间的业务互通、业财一体、供应链一体化等核心管理问题，大大提高了企业销售和接单效率、计划下达效率、生产加工效率等，缩短了财务结账周期，库存周转率也得到了提升。同时通过金蝶云·星空平台，实现了“一分多”及“多合一”双业务管理模式，为企业布局深加工产业打下了坚实的基础。

三、发展与总结

数字化转型升级给企业带来了发展的重要机遇，也是企业做大做强的必经之路。企业应靠需求牵引、技术驱动，集中资源，助力数字化转型升级。

（资料来源：笔者根据多方资料整理而成）

四、仿效学习的进化

网络企业在管理体系中对扁平化进行了深入的描述，并在企业管理上取得了很好的效果。因此，传统的企业也在仿效学习中逐步由金字塔形管理模式转向了扁平化管理模式。大部分的传统企业都是重新学习的，在管理过程中不断地改变了系统和软硬件的构建方式，并引入了新的管理方法和管理理念。除扁平化管理模式外，现代企业也要建立学习型管理模式，具有创新的能力，以满足现代企业营销关系方式创新的需要。

任何一个团队都可以改进为一个真正的学习型组织，团队成员不仅要有共同的目标和思想，更要有共同的意志和使命，使他们具备学习型组织所需的信仰及动力。学习型组织就是要建立以崇尚学习为起点、以共同愿景和使命为中心的文化氛围。仿效学习是学习型组织常用的一种方法，它既可以完善企业的心智模式，又可以作为经营企业未来、重构企业策略的强有力工具。

章末案例

华为：逆全球化情境下的企业韧性

一、企业简介

华为技术有限公司（以下简称华为）创立于1987年，是全球领先的信息和通信基础设施与智能终端提供商。华为的业务分布在多个国家和地区，为全球30多亿人口提供服务。

面向未来的可持续发展，华为在研究和创新方面进行了深入的探究，力求突破技术难题，找出行业需要，解决全球问题，与全球学术界进行开放的合作，持续探索新理论、新架构、新技术，支持产业长期可持续发展。

2010—2021年，华为累计投入研发费用超8450亿元。2021年，从事研究与开发的人员约为10.7万，约占公司总人数的54.8%；2021年研发费用支出为1427亿元，约占全年总收入的22.4%。截至

2021年12月31日，华为在全球持有有效授权专利4.5万余个（超11万件）。

二、华为面临的政治风险及应对措施

从1996年起，华为进入俄罗斯、欧洲等多个国家与地区。但是，随着经济全球化的不断深入发展，在全球性政治风险由萌芽到爆发的各个阶段中，华为相应地采取了积极的措施，体现了企业韧性。

华为具备了雄厚的资金基础、扎实的技术沉淀和全面合规的管理制度。同时，在风险辨识方面，华为能迅速地对业务线进行了审核，对各零件的库存量等进行梳理，以应对各种因素的影响。为适应、升级、逐步激活资源，拓宽技术研发的深度和广度，华为在企业领导的合作网络中，注重合规管理的战略价值，在市场布局上更加强调风险导向，在供应链管理上增强稳健性导向，并做出了相应的战略调整。

数字化是影响韧性的根本。数字化转型是建立在数字化技术的基础上，进而促进组织变革，改进业务流程，带动企业商业模式创新，形成网络协同，为企业创造更多价值的过程。企业通过数字化感知预测，注重协同和创新，从而激发和培养企业韧性。

三、发展与总结

目前，华为实施的战略可以归纳为以下五点。

1. 企业策略的选择极为重要

企业策略极为重要，策略错误是企业最严重的错误，还需要实时调整。华为在策略失误后仍能成功渡过危机表明，在战略机遇期，出现判断失误是不可避免的，但是企业若选择保守策略，不及时调整策略方向，战术上再积极也是徒劳。

2. 紧抓拳头产品

产品是战略的核心内容。企业的发展与产品的更新密切相关，纵横式交换机、程控式交换机、3G技术、5G技术都是华为研发的重中之重，是产品的核心竞争力，没有抢占拳头产品很难战胜危机。

3. 始终坚持技术创新、产品创新

技术创新、产品创新是华为发展的不竭动力，更是提高业绩的重要支撑。要想提高科技的先进性，以及产品的质量和可靠性，必须建立一个完善的售后服务系统，以应对激烈的市场竞争。

4. 企业内部管理的优化变革

管理改革、苦练内功是应对危机、走出困境的重要因素。任正非对华为内部管理制度进行改革，重金聘请IBM顾问公司重新管控流程，创建一个先进、合理的管理系统。在成套改革的支持下，华为终于走出了危机。

5. 聚焦主业，力戒多元化

聚焦主业，力戒多元化。在产品战略与产业布局上，任正非始终围绕电信设备技术发展，不搞非主业多元化，集中资源、聚焦主业，最终才能战胜危机。

（资料来源：笔者根据多方资料整理而成）

本章小结

本章重点介绍了韧性在企业中的价值及表现形式。从组织韧性与组织柔性两个方面阐述了韧性对企业的价值，明确了组织韧性与组织柔性的联系与区别。通过对领导转型、赋能转型、纵深转型、文化转型的描述，提出了组织韧性的打造方式。组织内部的同心协力可以使其具备快速适应环境的能力，提高组织的市场竞争力，强化组织受损后的恢复能力，提高企业发展所需的创新力。组织韧性需要长时间、多方面的打磨，需要改变组织认知、优化行为方式，在实践中积累经验。

CHAPTER 3 | 第三章

经营韧性

面对复杂多变的外部环境和日趋激烈的市场竞争，企业的生存发展受到了一定挑战，而通过数字化转型增强企业经营韧性成为应对当前市场环境变化的一剂良药。经营韧性的提高需要从多渠道、多方面进行，既要在企业战略上统一部署，坚持协调性和一致性，保持战略定力，又要落实到具体的经营策略上。坚持科技创新引领，对商业模式进行创新升级，不断优化供应链管理，加强线上线下的融合发展，不断增加产品种类，为用户提供更优质的体验价值，同时使企业日常生产经营中的各种措施环环相扣，为企业经营韧性的提高筑牢发展根基。

数字化转型正在成为当下企业发展的必由之路，打造高韧性数治企业迫在眉睫。

——金蝶集团 CEO　徐少春

开篇案例

智联招聘：技术赋能开放共享平台，实现经营模式创新

一、企业简介

智联招聘成立于1994年，是国内最早、最专业的人力资源服务商之一，通过网络招聘、校园招聘、高端招聘等渠道为用户打造了适合他们发展的职场平台，提供“一站式”专业人力资源服务。智联招聘运用庞大的数据和先进的AI技术帮助用户精准、高效地发现了市场机会和优质的合作伙伴。2017—2022年，智联招聘上榜中国互联网协会发布的“2020年中国互联网综合实力前百家企业”名单，获得了“2020年全国工业App和信息消费大赛信息消费技术创新奖”等十多个奖项。

智联招聘运用数字化技术和高科技手段重新建立了人力资源服务系统，对各资源要素进行了重新调配与整合，行业整体服务水平和效率大幅提升，不断提高各方体验价值，用技术引领、数据驱动不断构建新的生态圈。通过数字搭建信息平台，智联招聘正式迈进数字化企业行列，携手广大用户进入新的招聘求职时代，迎来了人力资源服务提供商发展的新春天。

二、技术和数据驱动创新发展，搭建共享平台

1. 洞察新时代的市场变化，数字化转型抓住新的发展机遇

随着经济社会的不断发展，人口红利不断变弱，再加上受新冠疫情的影响，国内就业市场景气指数下降，就业市场存在的结构性错配现状使劳动力供给和需求同样紧张，人力资源领域面临着前所未有的变革。在数字经济、互联网技术不断发展的当下，传统招聘平台对求

职者和招聘者进行简单匹配，已经不能满足用户的需求。因此，无论是求职者还是招聘者，对人岗精准性、迅速性的要求都更高了，企业需要通过算法进行更深层次的匹配。

智联招聘精准捕捉市场变化，敏锐地察觉到人力资源服务方面改革创新的必要性，将线下业务场景拓展至线上，通过人工智能、大数据、区块链、云计算、VR和AR等技术赋能企业发展，用技术和数据驱动组织创新。作为行业数字化转型的先行者，智联招聘准确洞悉行业变化，依靠数字技术和数据赋能，顺利抓住新一轮市场发展机遇，并对组织结构进行调整，创新经营模式及管理方式，坚持合作共赢理念，构建新时代招聘求职生态圈，进而不断获取新的竞争优势，提高组织核心竞争力。

2. 数字技术与海量数据赋能开放、共享、合作的信息服务平台，搭建ACN合作网络（经纪人合作网络）

要想在竞争激烈的行业市场中始终保持竞争优势，必须以核心竞争力为支撑。智联招聘凭借大数据、人工智能等数字技术及拥有的海量数据，构建起基于开放、共享、合作理念的人力资源数据库，这也成为智联招聘快速发展的“撒手锏”和重要法宝。

智联招聘深耕人力资源服务行业数十年，积累了庞大的人力资源数据库。利用数据库，智联招聘不断优化自身产品及服务，通过进行实时动态数据的交互，衍生出更多的价值，促成了企业和人才的合作。多年来，智联招聘对其掌握的人力资源数据库中的行业数据进行了分析，撰写了多项国内领先的就业市场数据报告。智联招聘通过数据库研究及行业报告，成功地打破了企业与人才间的信息孤岛，促进了企业与人才间的协同与联动，提高了资源配置效率。

智联招聘构建的线上服务平台将求职者、招聘者等各参与要素紧密串联在一起，打破原有的信息孤岛，实现信息资源共享。同时通过制定相关规则，有助于实现统一联动与高效协同，使平台由单纯的

“交易”向服务过渡和转变，既提高了行业运行效率，又为求职者、招聘者等多方群体带来了更多的价值。

3. 搭建数字化平台系统，有效实现招聘者、求职者和求职平台三方的数字精细化运营

智联招聘利用大数据、人工智能等数字化技术，对目前招聘过程中存在的时间久、效率低等问题展开研究，并对此进行了产品升级，构建了线上视频面试平台，颠覆了传统的招聘模式。智联招聘将重点放在提高信息技术能力方面，建立了智联技术研发中心，专注于利用大数据和 AI 技术提高招聘效率，其研发出来的“AI 易面”视频面试产品解决了传统 HR 面试时间长、效率低等问题。智联招聘致力于技术研发，并且拥有一个庞大的信息数据库，通过用户画像、能力、行为数据的分析，对面试者的面部表情、动作行为、语义语气、声音语调及智力测试等进行全面分析，完成面试者的人岗匹配。尤其是在新冠疫情期间，“AI 易面”能很好地解决求职者面临的空间问题，无接触面试既能做到智能评分，还能做到批量淘汰，比传统面试的效率高出了一大截，降低了候选人的时间成本，缩减了 HR 的面试周期。

智联招聘精细化运营的核心与关键是人在运营中，通过数字技术在平台上精准获取求职者的用户画像，通过用户画像和企业需求信息交互的动态数据锁定求职者的求职偏好及需求，从而为求职者推荐更合适的职位，为招聘者实现高效匹配，更好地满足两者的个性化、多样化需求，大大提升了用户体验。

4. 不断创新经营模式，实现多渠道业务增收，提高抗风险能力

智联招聘不断创新经营模式，拓展新业务。目前，除网络招聘、校园招聘、高端招聘等基本业务外，智联招聘还在积极寻找新的业务范围，开展人才测评、智联教育、智联服务外包等业务，其所占总收入的比重在不断上涨。智联招聘通过收入渠道多元化，不断提高企业的抗风险能力，展现出企业强大的经营韧性。

同时，智联招聘还开发更多的经营模式以实现理想的收益。智联招聘突破传统的市场营销运营，通过举办一系列活动达到宣传效果，例如，与中央电视台《新闻 1+1》节目一起发起的“千校万岗·就业有位来”服务活动，以及 2016 年举办的“ On Fire 青春音乐奇妙夜”“Find Yourseif，乐活理想奇妙夜”“职达春天·大学生就业帮扶行动”等活动。随着抖音、哔哩哔哩等视频号的广泛使用，智联招聘相继推出了《乘风破浪的智联招聘》《职场新味》等视频，并且在开发的智联招聘 App 中建立超话和社区平台，对用户群体开放情感沟通环境。值得一提的是，智联招聘与中国科学院心理研究所建立了战略合作伙伴关系，通过专业的心理学知识对面临工作选择、就业前景迷茫、职业道路规划不清晰等问题的求职者进行心理指导，帮助求职者更好地找到自己的未来定位等。同时，智联招聘一直关注女性群体在职场中面临的问题，为此举办了“‘她世界·她力量’中国女性领导力高峰论坛”，帮助女性解决职场问题，为女性提供贴心的服务，帮助女性在职场中获得幸福感。

三、发展与总结

智联招聘通过技术和数据赋能平台发展，不断创新经营模式，在更大范围内寻求行业合作共赢的价值理念。智联招聘拥有很强的风险抗击能力及跨周期生长能力，在新时代下表现出强劲的经营韧性，得到了市场的广泛认可与用户的赞誉。

随着时代的发展，通过数字化转型对企业进行变革与创新已经成为一大趋势。企业要想在复杂多变且竞争日益激烈的市场中始终保持发展活力，不断拥有新的发展动能，必须对自身所处的行业有极深刻的洞察与理解，对市场保持敏锐的商业嗅觉。同时，要坚持战略定力，在最擅长的领域做到极致。敢于运用新技术、新思维打破组织对原有路径的依赖，打破组织思维惯性及结构僵化，重构组织内部结构。通过构建新的生态系统，优化流程体系，提高产品和服务水平，各要素有机统一与协同分工，提高资源配置效率。要对外部经营风险有更强的抵御能力，对市场环境有更强的适应能力，提高企业经营的灵活性、创新性，进而不断提高企业的整体绩效，进一步强化企业的经营韧性。

（资料来源：笔者根据多方资料整理而成）

数字化正在逐渐改变人们的生产生活方式，数字技术变革极大地提高了社会资源生产及配置效率，释放出了巨大的发展动能。在数字化转型浪潮前，谁能加快实现数字化转型，依靠数字技术赋能生产运营，提高自身的经营韧性，谁就能在新一轮市场竞争中抓住发展机遇，实现新的发展突破，凝聚核心竞争力，获得更大的发展空间，从而拥有市场的主动权和话语权。

第一节 经营创新

企业经营模式的创新发展对企业整体经营韧性的提高起到了极为关键的作用。而对企业经营模式及商业模式进行创新升级有多条选择路径，关键要依据企业自身特质、发展战略、经营现状等实际情况开展相关的经营创新活动，以下是企业常用的三种创新模式。

一、突破式创新模式

企业在数字化转型过程中，运用先进的数字技术对企业当前的产品和技术、组织结构、人力资源等进行全面的、颠覆式创新，坚持通过技术驱动组织内部重构，能够打破组织内部员工固有的思维方式，消除组织惯有惰性，打破组织内部结构僵化及对组织原有路径的过度依赖。只有通过突破式创新经营，不断提高对未来市场环境的适应性及对未来风险的承担能力，才能打开崭新的市场。同时，通过全面创新和探索企业未来经营发展的更多可能性，从而开拓新的发展领地，并获得新的成长空间，如此才能真正实现企业内部结构的数字化转型，抓住数字经济时代的红利。

企业在突破式创新过程中会受到内外部诸多因素的影响，如图 3-1 所示。

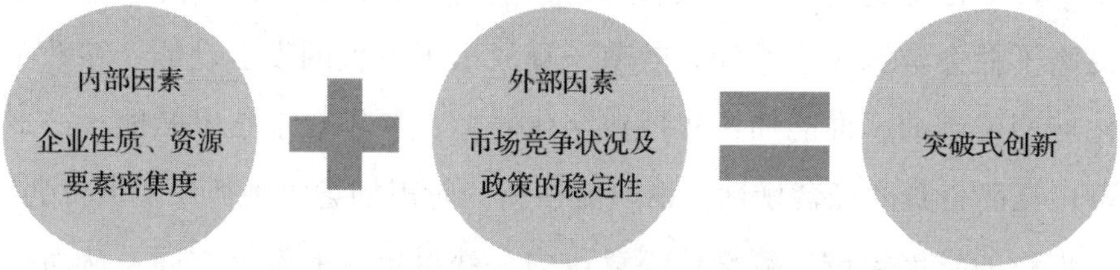

图 3-1　企业突破式创新的影响因素

1. 内部因素

企业内部特性对突破式创新模式的选择有重要的影响。按照企业资源要素密集度，一般将其大致划分为劳动密集型企业、技术密集型企业、资金密集型企业。

劳动密集型企业进行突破式创新的意愿及需求会更低，因为该类型企业一般只需要劳动力的简单投入，对于技术的要求不高。如电子零件组装厂、服装鞋帽生产企业，若要进行创新，需改进生产流程及提高工艺水平，颠覆式、根本性的创新对该类企业来讲实施难度及压力都较大。

技术密集型企业和资金密集型企业对技术和资金的依赖性更大，对实行突破式创新的意愿更强，往往通过根本性的创新让自身拥有核心竞争技术，进而获得竞争优势，提高市场竞争力。

2. 外部因素

企业所处的外部环境同样影响其突破式创新。企业在进行突破式创新时，需要外部宏观政策的有力支持，积极、稳定、鼓励性的政策对企业的创新具有重要的作用。

当前，数字化转型的浪潮已来，为了有序推进全社会各行业的数字化转型，从国家战略层面的相关政策支持，到地方政策的落地，整个宏观政策都对企业数字化转型及创新变革产生了重大利好。同时，市场竞争情况也同样影响企业突破式创新的推进。当市场竞争日趋激烈时，企业必须通过突破式创新对产品和技术进行颠覆式、全面性创新与改革，从而获取竞争优势，使企业在激烈的市场竞争中屹立不倒，并获取新的发展动能，保持新的发展活力。

面对日益复杂化、多变化的外部市场环境，企业需要有进行突破式创新的勇气和决心。要不断提高企业的创新性、主动性及风险承担的能力与水平，将企业的整体经营水平推到新的高度。在改革创新的过程中，始终保持战略定力，坚持长期主义，将眼光放得更加长远，在关注发展状况的同时，更要关注与思考未来的发展方向，不断寻求新的发展机遇，获取新的竞争优势。但是，突破式创新往往存在投入资本数量大、投资周期长、投资风险大等问题，因此企业应该根据自身的实际情况综合考量、谨慎实施。

二、双元创新模式

企业在数字化转型过程中有时会陷入两难境地，双元创新模式则帮助企业避免出现数字化转型中的两难选择，成为企业获取持续竞争优势的重要法宝，有助于企业经营韧性的提高。

1. 双元创新模式的作用机制

双元创新模式是指探索式创新与利用式创新并举。探索式创新也称为全面性、颠覆式创新，主要是指运用数字化技术手段对企业经营战略、商业模式进行全面性、突破式变革与创新，打破对原有路径的依赖，对企业的产品、渠道、促销等一系列生产经营活动进行彻底改革，让企业发生翻天覆地的变化，实现新的“造血”功能。企业通过探索式创新获取企业未来发展的更多可能性，开拓更广阔的市场，更好地应对未来环境变化及市场竞争的挑战。利用式创新一般从企业生产经营的局部入手，采用渐进的方式进行。面对目前的数字化转型浪潮，企业会针对生产经营中的某一环节、某一生产流程，运用数字化技术对其进行改进优化，如通过对生产流水线进行数字化升级，优化供应链系统等局部创新变革，进而提高劳动生产效率、降低生产运营成本，为企业带来更多的利润及发展空间，如图 3-2 所示。

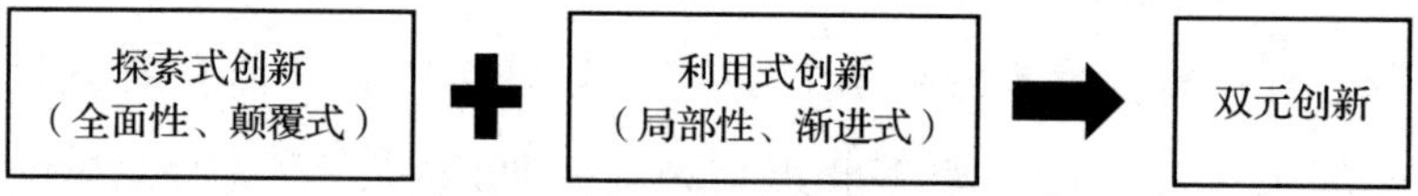

图 3-2　双元创新模式

2. 双元创新模式的考量因素

企业在进行双元创新过程中，要考虑多种影响因素，结合当前及未来的外部环境、市场行情进行分析与预判，对企业的实际情况进行审慎研判和综合考量，包括组织结构、组织领导者及管理者。企业组织结构是影响企业进行双元创新的重要因素，包括企业战略定位、价值导向、组织架构、企业文化、企业资本、组织学习能力等。同时，组织领导者和管理者通过企业领导力、领导风格、风险把控能力影响企业双元创新，如图 3-3 所示。

（1）组织结构。

在企业战略定位及价值导向方面，注重短期发展的企业更多会采用利用式创新，通过提高产品质量等获取利润，实现企业稳定发展。而对于坚持长期主义的企业来讲，探索式创新会受到更多企业青睐。

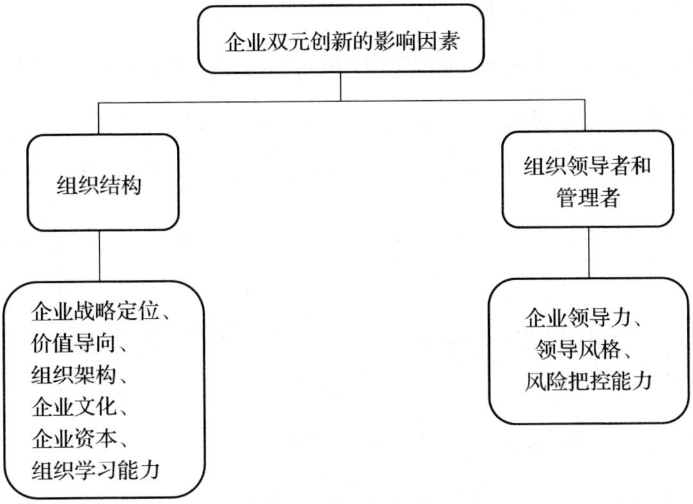

图 3-3 企业双元创新的影响因素

在组织架构方面，组织结构灵活、耦合度较高的企业更容易进行探索式创新，能够迅速整合企业资源，为新模式的运行提供稳定的组织基础。而机械化、程序化较高的组织则更适合采用利用式创新，那些具有多元组织结构的企业在进行探索式创新与利用式创新时更容易实现均衡，更有助于双元创新。

在企业文化方面，企业文化同样会影响双元创新，通常自由、开放、共享的多元文化氛围更有助于企业双元创新的开展。

在企业资本方面，企业在进行数字化转型、实现双元创新的过程中，必然离不开企业资金的支持。只有拥有雄厚的资本支持及充足的现金流量保障，才能持续加大资金投入与科技研发，进而推动企业进行双元创新。

在组织学习能力方面，组织学习能力的强弱将直接影响企业双元创新，学习能力强的企业能够不断接受新知识、新潮流，研发新产品、新技术，不断改进生产工艺及流程，创造出让消费者更加满意的产品，提高企业双元创新能力。

（2）组织领导者及管理者。

在企业领导力和风险把控能力方面，企业在推进双元创新过程中，组织领导者及管理者作为改革创新的直接参与者，表现出来的领导力、领导风格，以及对未来经营风险和市场发展走向的把握程度都会影响双元创新的节奏与步伐。具有高韧性的领导者通常具有极强的分析能力、预判能力及均衡思维，对未来各种不确定性因素和外部环境常怀敬畏之心，对风险能全面把控，在企业关键时期迸发出极强的感召能力、组织能力和强大的学习能力，能充分调动员工的积极性，带领企业走出危机、冲破迷雾，获得持续、稳健的发展。

在领导风格方面，思维保守型领导更倾向于利用式创新，稳中有进，循序渐进。而思想较为前卫，对未来有良好发展预期的领导会倾向于探索式创新，让企业实现突破式变革。

企业在进行双元创新过程中，还要根据企业目前所处的经营环境及企业的生产经营现状等情况，进行全面、系统、客观的分析与综合考量。

在数字技术飞速发展的当下，企业数字化转型已成为大势所趋，因此对于企业来讲，抓住数字化转型的机遇，依靠数字技术赋能，更加有助于双元创新的实施与开展，从而进一步提升企业的经营韧性。

对于具有雄厚的数字技术发展基础的企业来讲，将数字技术作为企业发展的基础性资源，创造更加开放、共享的经济平台，进一步完善企业与各利益相关者的关系，充分利用大数据、云计算、人工智能等数字技术获取、分析各类营销数据，对企业经营活动进行深挖精耕，能够不断拓展新的业务范围，提高企业的经营韧性。

对于数字技术较为薄弱的企业来说，可以通过购买相关的数字化服务，将数字技术融入企业的日常运营中，如零售业通过数字技术赋能，逐渐向新零售业务发展，将线上线下融合，促进仓储、物流等能力的整体提升。中小型餐饮企业可以通过入驻外卖平台、开发应用小程序等方式逐渐向数字化运营方向转型升级，进而提高企业的经营韧性。

3. 双元创新模式的长远意义

双元创新模式会对企业产生长远价值，通过开发新的工艺流程、研发新产品提高企业对未来环境的适应性，让企业获得更持久的竞争优势，具有更强的核心竞争力，进而更好地应对未来市场的变化及挑战。双元创新还体现在企业短期价值的实现上。通过技术引进，企业将现有生产方式进行优化改良，改进生产工艺，优化生产流程，提高产品质量，提升资源利用效率，降低生产成本，从而获取更大利润，进而在激烈的市场竞争中保持稳定发展。

总之，在数字化转型浪潮中，双元创新的实施与推进的关键是要对企业各项资源进行有效整合，用全面、系统的眼光看待探索式创新与利用式创新，并将二者进行完美融合，推动企业均衡发展，让企业在保证当前稳定发展的同时，加强应对未来市场环境的灵活性与适应性，实现组织适应性与灵活性的协调与统一。

三、价值链创新模式

随着经济社会的飞速发展及整个市场行情的快速变化，企业的整体经营战略逐渐由产品导向转变为服务导向，通过价值链的整合与创新，提高资源配置效率，从而提升价值链整体协同创新能力，使企业能够提供高质量的产品和细致、个性化的服务，为消费者提供更好的体验价值，满足消费者多元化、精细化的需求，进而强化品牌效应。企业价值链的创新则成为新时代下增强企业经营韧性的关键点。

1. 价值链创新模式的关注点

（1）要素整合。

实现价值链创新的关键在于对价值链上的各要素及各参与主体进行重新整合，将数字技术运用于企业全价值链创新中，从研发设计、生产到销售、服务等一系列环节和流程，对价值链各环节实现全面渗透，不断提高价值链全流程的数字化、智能化、网络化水平。在企业价值链创新中既要保证各元素的完整性，又要提高各主体的积极性和主动性，充分调动和发挥价值链各部分的作用和价值，打破“企业边界”，重新确定企业、供应商、用户等各利益相关者的关系，加强供需端的有序对接，通过数字技术赋能，不断提高价值链整体的协同与创新能力。

（2）加强与消费者的联系。

在价值链创新改革中，企业要加强与消费者的互动与联系，将需求端放到价值链创新的重要位置。在移动互联网时代，消费者的需求及消费方式发生了明显的变化，对产品和服务的消费需求更加多元化，更加追求个性化及精细化，消费方式和消费场景更多转移到线上，这一系列变化倒逼企业加快价值链创新。得益于移动互联网及社交自媒体平台的飞速发展，企业可以与消费者直接进行沟通与交流。同时，借助大数据、云计算、人工智能等数字技术对消费者用户画像进行精准描绘，深刻洞察消费者的心理，准确把握消费者需求特性，进而对消费者的需求做出及时响应。同时，通过与消费者保持沟通交流，可以更好地了解和掌握当前用户多元化、个性化需求，为企业价值链中的研发环节提供相应的市场行情资讯，使企业研发出的产品能够更好地满足消费者的实际需求。

2. 价值链创新模式的内容与路径

价值链创新模式的内容与路径主要包括创新设计、创新生产、创新销售和创新服务这几个方面，如图 3-4 所示。

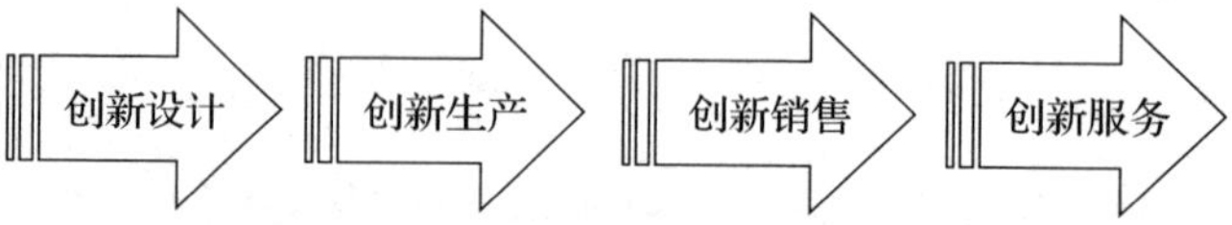

图 3-4 价值链创新模式的内容与路径

（1）创新设计。

位于企业价值链前端的研发设计环节，在整个价值链中具有极为重要的地位，企业只有设计出符合时代特征的产品，满足消费者需求，才能保障企业的生产经营活动有序推进。而好的产品设计，除了及时了解需求端的客观需求、洞悉产品的市场需求外，更要依靠企业的技术投入，不断为产品研发设计赋能。

首先，加大科研经费投入，提高研发投入在整个价值链中的资金比例，进一步提高产品质量，优化产品性能。

其次，加快企业数字化转型步伐，通过完善数字基础设施建设，提高企业产品研发的数字化水平。

最后，加强对科技人才的培养。研发离不开技术，更离不开高科技人才，尤其是既精通数字技术，又对产品和市场有着精准把握的高素质复合型人才。

总之，要用技术为企业研发赋能，坚持科技引领企业创新，不断运用智慧研发，设计出令消费者满意且符合市场发展需求的高质量产品，形成企业的核心竞争优势，为企业持续稳定发展保驾护航。

（2）创新生产和创新销售。

在企业价值链中，生产及销售环节作为链条中的关键要素，发挥着承前启后的作用。在企业全价值链创新过程中，通过对企业生产工艺及生产流程进行优化改进，通过数字技术赋能，实现柔性化生产，对企业资源进行合理划分和调配，充分提高资源利用效率，降低生产成本。同时，借助大数据、人工智能、云计算、区块链等数字技术，对生产情况实现全方位实时监测，加速企业生产向机械化、智能化、数字化方向转变。

另外，可根据消费者的个性化需求，实现大规模定制生产，提高精准化水平。在销售环节应更加注重人性化，关注用户需求，从消费者角度出发，单纯的“硬”推广已经很难获得消费者青睐，应全方位展现产品特点，给用户和消费者提供更多的产品价值和体验价值才是销售的王道。

无论是生产环节还是销售环节都离不开供应商、渠道商等相关者的参与。因此，建立共享共赢的价值理念，有助于更好地整合与各参与主体的关系，对各要素及资源进行高效配置、有效整合，充分发挥各参与主体的积极性和主动性。

（3）创新服务。

高效的服务是保证企业实现差异化的一条重要路径。消费者除了追求高质量的产品，还对企业提供的服务有更高的要求，因此提高服务水平、优化服务质量成为新时代下企业能够生存并持续保持发展活力的法宝。企业在提高服务水平的过程中，要善于通过大数据、人工智能、云计算等数字技术为企业增添新的发展动能，避免千篇一律及服务僵化。

经营韧性专栏 3-1

五菱宏光 MINI EV：用“小身材”掀起新能源汽车市场的“大波澜”

一、企业简介

五菱宏光 MINI EV 是上海五菱通用汽车公司自主研发并推向市场的新一代纯电动微型汽车。这款车长不足 3 米的新能源汽车，自 2020 年 7 月 24 日上市后，20 天内便卖掉了 1.5 万辆，其中单日最高销售量突破 2000 辆，单月销量突破 3 万辆，不断刷新新能源汽车市场的销量纪录，连续几个月稳居销量冠军。在 2022 年 1 月再次打破行业销量纪录，成为当之无愧的“国货之光”。五菱宏光 MINI EV

凭借自身的“小身材”在竞争日趋激烈的新能源汽车市场中掀起了“大波澜”。

二、坚持价值链创新，生产“人民的代步车”

五菱宏光 MINI EV 坚持价值链创新，对汽车的设计、生产、销售及服务各流程进行全面创新与升级，并凭借“低价格、高需求、潮文化”三板斧的差异化市场定位，成功切入新能源汽车市场，成为国内新能源汽车市场中的一匹“黑马”。面对竞争日趋激烈的新能源汽车市场，五菱宏光瞄准电动微型汽车这片蓝海领域，凭借高性价比及准确的市场定位，推出的五菱宏光 MINI EV 成为“人民的代步车”，解决用户 30 千米以内的市区出行问题。

1. 低价格、高需求

五菱宏光 MINI EV 的车型有 3 个版本，分别为轻松款，售价 2.88 万元；自在款，售价 3.28 万元；悦享款，售价 3.88 万元，充分满足了不同用户的需求。五菱宏光 MINI EV 的定价远低于市场同类车型，凭借高性价比充分满足了都市年轻人的代步需求。为了进一步降低生产成本，真正让利消费者，五菱宏光在汽车设计及生产过程中对汽车的配置进行了合理的精简，去除了冗杂的智能化、网联化和娱乐化配置，严格把控汽车供给端成本，将电池续航能力定为 120 千米和 170 千米，直接将电池成本控制在万元以内，低价格成功抓住了年轻消费者对灵活、实用的小型电动汽车的需求。

2. 潮文化

为了更好地满足消费者需求，真正成为“人民的代步车”，五菱宏光 MINI EV 对车型不断进行升级换新，推出的 MINI EV 马卡龙，无论是外观还是内饰与配置都不断优化，采用年轻女性喜爱的马卡龙色，外观颜色使用充满青春气息的牛油果绿、白桃粉、柠檬黄，营造出了时尚俏皮的少女感。

五菱宏光MINI EV作为年轻人的大玩具和饰品，被用户根据个人喜好进行个性化改装，一时间“改装热”成为五菱宏光新的营销热点。为了更好地满足用户的改装需求，五菱宏光4S店逐步推出专业的改装服务，为用户提供更好的消费体验与产品服务价值。

五菱宏光在价值链创新过程中也非常重视国潮文化营销，在抖音、小红书、微博等平台开设官方账号，在其产品营销过程中融合各类国潮文化，赋予产品更多文化印记与民族色彩。同时，五菱宏光积极进行跨界合作，进行各种联名宣传与创新，以此让消费者产生更多情感共鸣与品牌认同感，潮创文化成为五菱宏光MINI EV的一大亮点。

五菱宏光MINI EV的成功源于天时、地利、人和，但归根结底还是得益于企业的经营创新，从产品的设计、生产到销售与服务，其对全价值链进行了升级创新，真正生产出了一款让用户满意的代步车。

三、发展与总结

五菱宏光始终坚持以用户需求为产品生产设计的价值导向，通过对消费需求的把握更好地洞察市场变化，在企业发展的过程中重视用户价值共创理念，不断进行经营创新，对其价值链各流程进行创新升级，从而生产出顾客真正需要的产品，进而更好地满足用户需求。五菱宏光通过不断提升自身竞争力来更好地应对激烈的市场竞争，通过经营创新增强企业整体的经营韧性。

（资料来源：笔者根据多方资料整理而成）

第二节　经营措施

企业要想提高经营韧性，不仅要将长期主义贯穿始终，关注企业的未来发展，加强财务系统建设，减少资金危机，同时要加强组织文化建设，健全组织治理结构，加快实现数字化转型，坚持多管齐下。只有将各种经营措施落实好，才能真正全面增强企业的经营韧性。

一、坚持长期主义

随着外部环境的不断变化，市场竞争日益激烈，企业的生存发展受到了前所未有的挑战与冲击，词语“长期主义”再次被广泛提及。

1. 坚持长期主义的必要性

（1）让组织沉淀下来。

在移动互联网红利逐渐见顶的当下，企业单纯追求“唯快不破”的发展方式已经难以保证企业持续稳定发展；并且线下获客成本越来越高，线上利用网络平台和社交自媒体平台迅速赚取大流量与高曝光度的做法逐渐不被接受，加之现在的消费逐步回归理性，企业要想突破目前的发展瓶颈，冲出经营困境，就需要寻求更加长远的发展方式和路径，不断挖掘新的“蓝海”，以此获取新的竞争优势，持续保持核心竞争力。长期主义可以让企业放慢脚步，深入思考组织战略方向与定位，坚持做正确的事情，保持恒心与毅力，而不是一味地追求所谓的“快”。

（2）应对不确定风险及挑战。

在处于易变、复杂的外部环境下，企业面对的各种不确定性因素越来越多，稍有不慎就可能深陷困境，多种因素交织在一起，倒逼企业重新思考和注重长期主义发展，只有坚持战略定力，目标坚定，注重企业长期发展，才能更好地应对环境的不确定性。

（3）谋划长远未来。

目前，各种快消品如雨后春笋般出现在大众面前，人们追求实用主义，希望今天学到的知识明天就可以派上用场。很多企业亦是如此，希望今天引进新技术，明天就可以提高效率，实现利润的增长，这些都与长期主义理念背道而驰。对于企业经营来讲，长期主义像是一场马拉松，更像是一场接力赛，跨越周期较长，因此需要张弛有度、有快有慢，把握好节奏与速度，找准关键的发力点，只有坚持跑到终点才是真正的胜利者。

2. 长期主义与短期目标的关系

企业在坚持长期主义的同时也要兼顾短期目标的实现，平衡好短期生存与长期发展的关系，如图 3-5 所示。往往短期目标更具有现实性和迫切性，事关企业的生存大计，短期目标好比一场短跑比赛，追求的是“快”，快速发力，短时间内产生可观的经济效益，让企业绩效得以迅速提高，进而在市场竞争中得以顺利生存。企业追求短期目标的实现无可厚非，因为生存是基础，企业只有顺利生存下来，才能有机会和条件继续进行深入变革与创新。而长期主义则是未雨绸缪，提前做好战略储备，保证企业在后半场的比赛中可以持续发力，从而进一步让企业在未来的生存发展中可以始终保持鲜活的动力，不断获取发展新动能并持续拥有核心竞争力。

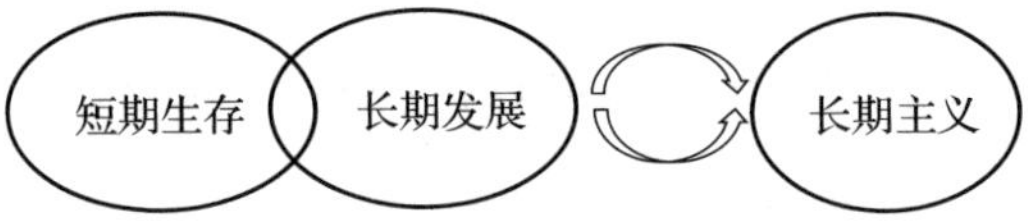

图 3-5　短期生存与长期发展的关系

3. 当前企业现状及解决方式

目前，各类新消费品牌、快消品牌等在借助移动互联网及社交自媒体等进行形式多样的网络营销，抢占大量流量之后获得迅猛发展，但是因为不能持久发力，企业后期整体表现欠佳。因此，企业在经营过程中要处理好短期目标的实现与长期主义的关系，将长期主义贯穿于企业发展的始终，目标坚定，保持战略定力，树立坚定的毅力与恒心，不忘初心，在自身最擅长的领域将产品和服务做到极致。

（1）建立后备方案。

面对这样的情况，企业要注重对未来发展趋势的预测与准确把握，建立好战略储备资源与后备方案，着眼于企业长期发展。

（2）培养强大的领导力。

企业在贯彻长期主义过程中，领导力发挥着重要作用。因为强大的领导力可以在思想上带领整个组织树立远大的发展目标与组织愿景，形成强大的感召力与感染力，进而凝聚全部组织力量让企业朝着共同发展目标而持续奋斗。

总之，要想让企业实现长远发展，需要组织凝心聚力，上下一心，需要企业领导者不断思考，并最终落实到实际行动中。综观社会发展，所有著名的品牌都是坚持长期主义的胜利者，在坚持长期主义发展中不断沉淀，铸就企业竞争的护城河，让竞争对手无法超越，进而持续锻造企业的经营韧性，展现出更好、更强的抵御风险能力，对未来发展展现出更多的灵活性和应变性。

二、应对资金危机

资金作为保障企业正常运转及应对危机事件的重要资源，对企业的生存发展具有极为关键的作用。企业经营韧性的铸造离不开稳健的资金支持，因此增强资金韧性也成为考验企业在面对风险及不确定因素时所表现出的灵活性与适应性，进而也成为企业经营中的重要事项及关键环节。企业需要高度重视并积极落实资金安全，防止因为资金链不稳定甚至断裂而出现“多米诺骨牌效应”，通过建立稳健的资金储备及资金安全机制，减少因资金危机而对企业造成的经营风险与利益损失，从而保障企业的生存及持续发展。

应对资金危机需要多措并举、合理布局。具体来说，企业可以从以下三个方面进行考虑，如图 3-6 所示。

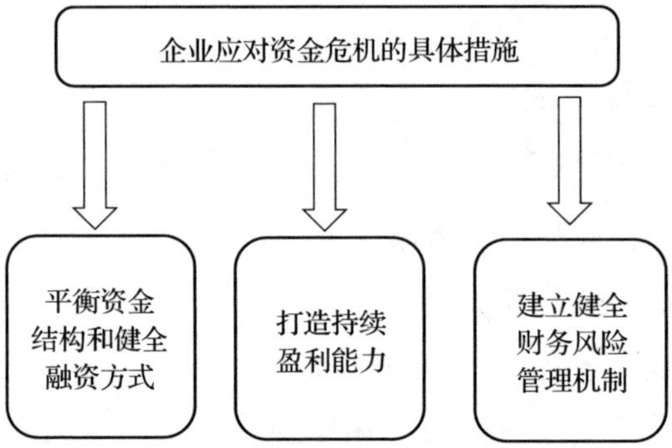

图 3-6　企业应对资金危机的具体措施

1. 平衡资金结构和健全融资方式

为应对资金危机，企业要平衡资金结构和健全融资方式。一般来讲，企业的融资方式主要为债券融资和股权融资。企业要想减少资金危机的发生及其带来的损失，需要平衡资金结构，避免因财务杠杆系数过高而导致经营风险。企业债券融资比例过大，会受制于外部环境影响，如国家宏观政策调控、金融银行机构贷款利率水平变动等，不但会影响企业的资金稳健性，甚至还会给企业带来致命打击。

2. 打造持续盈利能力

企业要有持续的盈利能力，实现稳定的“造血”“输血”功能，这是最核心和最关键的，也是企业应对资金危机最行之有效的途径。因此，企业在自己最擅长的领域深挖精耕，坚持战略定力，杜绝过度投资而造成不必要的经营风险。企业需要不断打磨产品，提升产品质量及服务水平，并通过数字化转型，加大技术创新，增强企业竞争力，形成企业独特的竞争优势，进而不断地为企业创造价值并产生可观的效益，形成源源不断的资金流入，这样才能获取持久、稳定的资金保障，减少资金危机的发生。

3. 建立健全财务风险管理机制

企业要强化资金风险意识，通过调整组织内部结构，加强资金安全管理与危机防范，建立健全现代财务管理制度，完善资金使用及预算体系，建立资金风险防范机制。企业通过资金制度的建立与完善，可以进一步对资金的使用与投资进行综合考虑，避免盲目投资、过度投资带来的经营风险。资金风险机制的建立不仅可以加强资金管控力度，还可以及时预警、干预与处理可能出现的资金风险，防止各类突发性资金危机事件的发生。另外，企业要建立现金储备管理制度，提高对储备现金的重视程度。

企业要根据自身的实际情况，在不影响正常资金运转的情况下，加强现金储备，做到未雨绸缪。因为一旦出现资金危机，企业可凭借充足的现金储备迅速应对，将资金投入企业经营最关键的环节中，增强企业抵御风险的能力，从而助力企业恢复生机，顺利渡过危机，进一步提升企业的经营韧性。

三、营造文化氛围

随着市场环境的不断变化，企业之间的竞争已经由单一的产品、价格竞争逐渐转向资源优势和核心技术的竞争，企业文化作为企业发展中的重要组成部分，在企业发展中起到了越来越关键的作用，企业文化建设也被放在了更突出的地位。企业实力的增强与企业改革创新不仅要从“硬件”的改革升级入手，而且需要将企业文化作为企业的“软件”，让其在企业数字化转型及长期发展过程中发挥重要作用。

文化如同企业的血液，将企业组织框架结构及各部门紧密串联，实现协同联动。浓厚的企业文化可以发挥正面导向作用，释放巨大的凝聚力，引导企业全员团结一致、凝心聚力，始终围绕组织目标及发展愿景而共同努力，进而推动企业向前发展。好的企业文化不仅能对组织成员发挥激励作用，也能够起到规范与约束作用，及时纠正不良风气及做法。企业应通过文化机制的确立，充分调动组织成员的积极性、主动性与创造性，真正实现个人价值与组织利益相统一，让组织成员有更多的参与感、获得感和幸福感，从而不断提高组织绩效。

文化有助于企业整体形象的塑造，可以让社会及公众对企业有更加全面的认识与了解，进而对企业品牌的塑造发挥重大的作用。因此，企业在数字化转型及塑造企业经营韧性的过程中，应对企业文化进行全面变革，注重文化氛围的营造。

营造良好的企业文化氛围，充分发挥企业文化的激励和引导作用，需要多效联动、统筹兼顾，将企业文化真正嵌入企业的管理中，将文化与企业管理及日常生产经营紧密结合，将文化建设及文化氛围的营造落到实处，如图 3-7 所示。

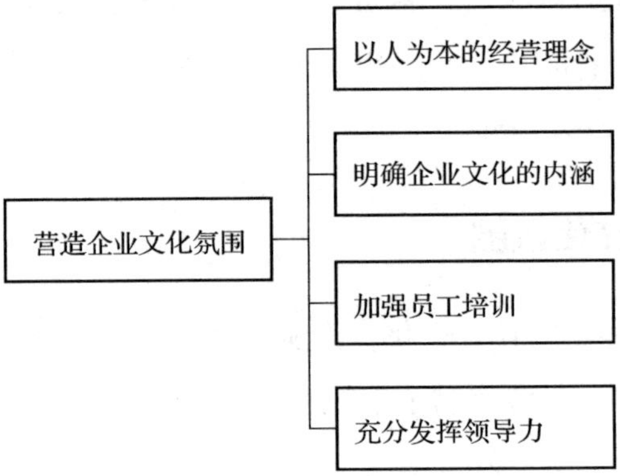

图 3-7　营造文化氛围的路径选择

1. 以人为本的经营理念

坚持以人为本的理念，摆正员工与企业的关系，以更加开放包容的态度尊重及重视员工的需求，将个人目标、价值与组织整体目标及价值紧密结合，相互促进、融合发展。

2. 明确企业文化的内涵

在营造文化氛围的过程中，需要明确企业文化内涵，既要传承，又要与时俱进。关键在于要对企业发展战略有清晰的定位，用相适宜的文化支撑企业战略目标的实现及未来的长期发展，因此企业文化建设要实事求是，避免形式主义和流于表面。这就需要建立相应的文化保障机制，将企业文化建设从口号落实到具体行动中。在企业数字化转型过程中，需要对企业内部情况有更加清晰、全面的认识，通过相应的数字技术建立员工个人信息台账；在日常的生产运营中，充分彰显企业人文关怀，不断创造文化氛围。

3. 加强员工培训

通过员工培训，让员工的观念及思想发生积极、正面的改变，保持行动上的协调统一，不断提高组织学习能力。

4. 充分发挥领导力

企业文化建设离不开各级领导者的以身作则与积极推动，充分发挥强大的领导力，彰显领导者的人格魅力，塑造积极向上的文化氛围，就能不断增强企业文化的影响力。

企业文化的建设是一个长期的过程，需要积累与沉淀，充分重视文化在企业发展中的重要作用，通过优化企业内部组织结构、增强文化氛围、提高组织健康度不断提高组织内驱力，使企业展现出更强的经营韧性。

经营韧性专栏 3-2

百度：独特的企业文化，不断滋养其发展壮大

企业文化作为企业发展中的一个重要部分，是企业软实力的有力体现。百度在线网络技术（北京）有限公司（以下简称百度）作为全球AI行业的领先企业，极为重视企业文化建设。企业文化贯穿于企业各个部门，将企业的各个环节及各生产要素紧密地连接在一起。百度独特的企业文化在其发展过程中展现出了巨大的激励与促进作用，不断滋养着企业的成长与发展壮大。

一、企业简介

百度成立于2000年，是全球范围内为数不多的提供AI芯片、软

件架构和应用程序等AI技术的公司之一，拥有全球最大的中文搜索引擎。百度拥有语音、图像、知识图谱等多项人工智能技术，始终坚持运用创新技术和培养科技型人才。

二、企业文化及战略

百度始终坚持以“用科技让复杂的世界更简单”为使命，以技术创新为公司注入原动力。在新时代下，互联网技术不断发展，百度坚持以AI技术为基准，以AI赋能，注重研发投入和研发团队的建设。

在未来的发展中，百度将致力于以AI技术为基础，提高技术发展水平，培养并完善战略领军型人物及高水平的工程师团队，完善组织架构，推动战略加速实施并保障战略落地不变形。

百度塑造了开放包容的企业文化，通过企业文化建设，为员工提供了轻松、开放的环境。

三、企业文化的滋养作用

百度依据企业战略，通过企业文化在精神层面上发挥的重要作用，让每一位员工都处于开放包容的文化氛围中，清晰理解企业文化的内涵，注重对员工的人文关怀与激励，并且加强对员工的培训，提高了员工的个人能力、综合能力和企业的整体实力。

1.开放包容的文化氛围

百度致力于营造开放包容的文化氛围，让每一位员工都能够拥有发言渠道。具体来说，百度建立了畅通的双向沟通机制，鼓励公开沟通，开通了多种沟通渠道，在轻松的氛围中完成企业内部的沟通。百度建立了员工反馈机制和投诉机制，使日常的争议问题得到了快速、高效的解决，获得了员工的广泛好评。

此外，百度定期对员工发放满意度调查问卷，开创了调查反馈的新渠道，即“简单小调研”工具，不仅加强了对匿名者的保护力度，也使员工的参与度及问题反馈的真实性得到了提高，进而为企业工作的改善提供了巨大的帮助。

2. 注重对员工的人文关怀与激励

2021年，百度更新了《百度薪酬管理规范》《百度休假管理说明》等相关规章制度，对薪酬机制、绩效机制等激励模式进行了完善，最大限度地解决了科技人才的后顾之忧。

（1）人文关怀。

百度为科技人才提供工作与生活的平衡、健康状况等方面的方案支持，为科技人才提供福利保障，体现了百度的人文关怀。例如，举办各类文体竞赛、大咖讲座，设置特色节日“度家有礼”，为女性生育员工提供额外福利及延长生育假等。

（2）激励措施。

百度实行的长期激励主要体现在股权激励计划上，短期激励主要体现在以科学绩效考核指标为依据的薪酬策略上，不仅针对不同的个人能力和成果发放不同的薪资，而且针对不同的岗位、职级设置不同的绩效工资。

3. 加强对员工的培训

百度建立了科学、规范的人才培养体系，建立了清晰的分级治理机制，人力资源委员会、人力资源部、业务领导者、业务体系负责人等部门与领导参与人才的治理，与企业整体战略有机结合，为员工和企业的未来发展指明了方向。

四、发展与总结

总之，百度始终坚持包容开放的企业文化，并将其作为企业发展的关键要素。在发展过程中形成独特的企业文化，在助力增强企业凝聚力、规范员工行为、激励员工积极性与创造性、帮助员工实现自我价值及提高组织绩效方面发挥了显著的积极作用，不断推动企业健康发展。因此，企业在发展过程中要高度重视企业文化建设，形成适应自身发展的行为准则，引导企业及员工朝着发展目标努力前进。

（资料来源：笔者根据多方资料整理而成）

四、完善治理结构

随着数字经济时代的到来，企业营销环境的复杂性、不确定性因素不断增强，给企业的生存发展带来了重大挑战，对企业结构治理提出了更高的要求，完善企业治理结构成为企业治理的重要内容与关键。

1. 完善治理结构的必要性

完善企业的治理结构不仅能够提高生产运营效率、获取发展动能、释放新的发展活力，不断增强市场竞争力，从而为企业长期发展保驾护航，而且能够创造更多的社会价值，助力社会经济稳定发展。

随着市场环境的不确定性增强、竞争的日益加剧及经济体制改革的深入推进，对企业治理结构的要求也越来越高，企业在治理结构中也暴露出了一系列突出问题，如企业股权过度集中或者过于分散，董事会独立性较弱、结构不合理，监事会监督力度不够、监督不到位等，这些问题的出现既影响企业长期发展，也不利于整个经济社会的健康稳定，因此，完善企业的治理结构对企业和整个社会发展均意义重大。

2. 完善治理结构的路径

完善企业的治理结构最核心和最关键的是要确立与完善公司法人治理结构，遵循新时代市场发展的规律与要求，全面梳理、确立企业与员工、用户、投资者等利益相关者的关系，实现所有权与经营管理权的有效分离，实现企业与各利益相关者价值最大化。

（1）股权的多元化发展。

完善企业股权结构，坚持股权多元化发展，避免股权过度集中或者过于分散，寻求合适的股权均衡点，是最大限度保障企业整体利益的具体体现。对此，企业要坚持整体意识，从全局出发。

（2）董事会的独立性。

增强董事会的独立性，坚持权责清晰与集体决策，防止出现个人独断专行的行为。

（3）监事会权力的有效发挥。

充分发挥监事会的监督权力与职责，对企业管理层等进行有效监督及权力约束，最大限度地保障企业稳定运转和长期发展。

（4）管理者职权的明晰。

厘清企业管理者尤其是企业高层管理者的职权责任，加强内部有效沟通，避免信息孤岛的产生，保障决策的科学性与有效性，实现企业科学治理，最大限度地保障企业利益与长期价值的实现。

（5）激励机制的完善。

健全企业内部激励政策，完善企业薪酬管理制度及绩效考核机制，形成良性竞争与合作的内部工作氛围。

（6）风险预警机制的完善。

企业还需要建立更加及时、灵活的风险预警机制，强化企业风险意识，不断践行社会责任，提高企业内部安全生产与运营管理水平，增强企业员工及用户的价值认同感，全方位提高企业形象。

企业要坚持多管齐下，不断完善企业的治理结构，从而不断提高经营实力与市场竞争力。

五、加快数字化转型的步伐

随着人工智能、大数据、物联网、区块链等数字技术的发展，新一代技术革命和产业革命已经到来，企业应积极应对，加快实现数字化转型。企业需要运用数字技术对自身的管理方式、经营模式、组织结构等进行调整与变革，通过数字化转型提高组织对外部市场环境的适应性，增强组织灵活性，获取核心竞争优势，实现长期发展。

1. 数字化转型面临的困境

从企业的实际情况来讲，许多企业在数字化转型过程中面临着诸多现实困境，尤其是中小企业的数字化基础薄弱，数字化转型难度较大、资金投入较高，在一定程度上会增加当前的运营成本，从而影响企业进行数字化转型的信心。数字化转型需要突破原有的组织惯性，打破现有的路径依赖，这对企业来讲也是巨大的挑战，需要组织战略的支持。可见，数字化转型并非一朝一夕便可实现，需要企业上下协调一致，高度配合、充分联动，坚定数字化转型的信心，抓住数字红利带来的新发展机遇，提高组织的灵活性与适应性，增强组织的经营韧性。

2. 数字化转型的路径

企业进行数字化转型需要多要素联动，真正将数字技术嵌入组织结构及生产运营的各个环节。具体来说，企业可以通过树立数字化思维与意识、调整组织架构、建设数字化平台以提高资源配置效率和组织绩效，如图 3-8 所示。

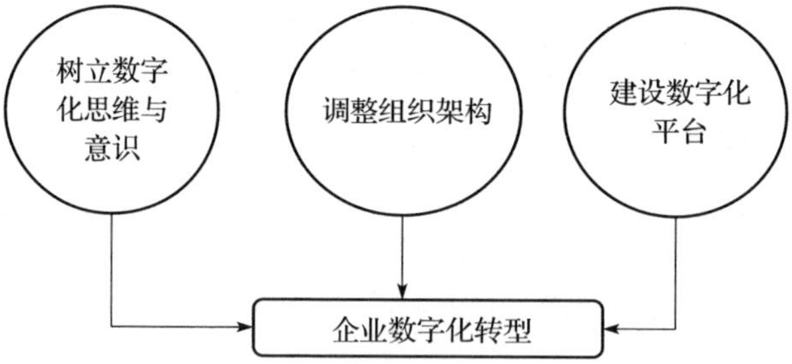

图 3-8　企业数字化转型的路径

（1）树立数字化思维与意识。

企业要树立数字化思维与意识，转变传统的经营理念与管理思路，运用数字化思维审视外部市场变化，重新界定与顾客、员工的关系，坚持价值共创理念，注重员工发展，坚持员工个人价值与企业价值的完美融合与统一。同时，坚持从用户角度出发，思考产品的迭代升级。

企业需要更加关注消费者多元化、个性化需求，加强与用户的沟通联系及互动，打破固有的思维定势。

（2）调整组织架构。

企业通过数字技术对组织架构进行调整，重新界定各利益相关者的关系，强化数字技术对各组织模块及部门的渗透率，打破数字信息孤岛及数字鸿沟，实现数据资源的共建、共享，提高数据的利用价值。

（3）建设数字化平台。

加大数字技术投入，加快数字化平台建设，对企业的经营模式、商业运营方式进行优化升级，对业务结构及板块进行重组，构建数字商业化新模式。通过数字技术优化企业供应链及价值链，企业能够实现新的价值创造，为消费者带来新的产品价值和服务体验价值，进而对市场变化做出更加灵活、及时的应对，提高企业经营的灵活性与适应性。

企业还需要注重培养与招募高素质的数字化技术人才，运用技术驱动创新，提高企业的内生力与创造力，实现企业内部要素资源的高效整合与协同创新驱动，提高企业资源利用效率，进而提高企业的市场竞争力。

面对 VUCA（易变性、不确定性、复杂性、模糊性）的外部市场环境，加快数字化转型成为企业更好应对市场新变化、新趋势，从而获取新一轮竞争优势的“撒手锏”。企业应坚持用技术驱动内部创新，构建数字化生态系统，不断获取核心竞争优势，在日益激烈的市场竞争中展现出更多的经营韧性，从而获得长期、稳定的发展。但是，企业在数字化转型过程中需要结合自身经济实力、技术基础、资源要素等实际情况，有针对性地展开数字化升级与变革，切忌盲目跟风、忽略自身实际，应坚持实事求是，科学、合理地运用数字技术，真正将数字技术融入企业发展中，全力推动企业绩效的提高。

企业韧性专栏 3-3

中科曙光：以数字技术赋能企业转型升级

一、企业简介

曙光信息产业股份有限公司（以下简称中科曙光）是国内高性能计算领域的领军企业，核心业务包括通用服务器、智能计算服务器、网络安全产品及各项解决方案等。中科曙光持续专注于核心技术研发，在国内多省市建立了分支机构，拥有七大研发中心。

把握新机遇，优化内部资源配置，加大研发投入，建立先进的计算产业生态圈，是中科曙光当前的重要战略方向。中科曙光贯彻其战略规划，以数字化赋能，有效提高了企业经营水平和盈利能力。

二、数字化转型助力行业降本增效，实现长远发展

多年前，中科曙光就已经意识到了行业数字化转型的重要性。在数字化意识的驱动下，中科曙光致力于研究高端算力工具，积极探索并不断进行数字化转型升级。经过多年的行业垂直深耕，目前中科曙光已经在大数据、人工智能、物联网等技术领域进行了成功实践。

1. 提高创新能力及技术水平

计算机技术具有更新换代快的特点，新技术、新理念层出不穷，企业的总体实力和发展前景与技术的改造升级有着密切联系。中科曙光只有不断提高创新能力及技术水平，才能稳住自身的发展态势，从而实现更加长远、高效的发展，对专业科技人才形成吸引力，弥补人才的不足。对此，中科曙光秉承开放合作的理念，加强企业的外部合作，如联合中国科学院人工智能产学研创新联盟发布新产品，同时大力推进智能制造及数字化生产，引入智能产业线。多年来，中科曙光稳居行业发展前列，与其技术投入及加快数字化转型密不可分，依靠

数字技术赋能，使科技成为其发展的重要驱动力与坚实的基础支撑和保障。

2. 注重技术投入，保障数字化赋能

一直以来，中科曙光都极为重视技术投入及科技研发，以科技研发和创新为核心，围绕其战略，持续加大研发投入，提高自主创新能力和水平。2021 年，中科曙光共实现研发投入 15.34 亿元。多年来，中科曙光保持高比例的研发投入，占据了核心技术制高点，提高了产品质量和市场竞争力。

3. 提高管理能力和决策的正确性

中科曙光建立了完善、规范的管理和专业双向发展通道，也就是通过专业发展通道和管理发展通道，选拔优秀的科技人才和专业管理人员，提高了企业内部的管理能力，增强了企业决策的准确性和精确度。同时，中科曙光发布了生态级解决方案，积极参与枢纽节点建设，积极推进数据中心项目在京津冀、成渝都市群及甘肃省等全国一体化算力网络枢纽节点落地，在为客户提供高质量服务与产品的同时，在很大程度上提升了企业自身的管理效率。

经过多年的发展与改造，中科曙光形成了一套较为完善、高效的研发、制造和质量管理体系，通过技术创新、模式创新等手段，为企业的管理决策提供了参考，致力于提高产品和服务的附加值，持续提高企业的盈利能力。

4. 行业持续稳健发展

经过多年的努力，中科曙光在高端计算机、存储等硬件领域已经成为国内市场主要供应商之一，树立起了良好的品牌形象，获得了领先的行业地位。中科曙光在实现技术转型升级之后，还积极致力于带动整个物流快递行业实现数字化转型。作为第三方，中科曙光积极为其他企业提供周到的供应链解决方案，不断通过技术赋能，提高整个行业运转效率，进而为整个行业持续稳健发展不断注入新的活力。

三、发展与总结

中科曙光作为国内核心信息基础设施的领军企业，通过数字化布局与转型，不但持续提高企业的创新能力和技术水平，加大技术研发投入，保证企业决策的正确性，而且加快实现企业向数字化、自动化转型的步伐。如今，行业内各企业加快进行数字技术转型已经成为大势所趋，需要依靠数字技术赋能企业及整个行业发展，重塑企业市场竞争力，从而获得竞争优势，在激烈的市场竞争中占据有利地位。

（资料来源：笔者根据多方资料整理而成）

第三节　经营发展

企业进行数字化转型要坚持将其落实到具体发展措施上，创新核心商业模式，用数字技术赋能新模式、新业态，不断获取核心竞争优势，提高企业核心竞争力。通过线上线下融合发展，实现优势互补及资源高效配置，不断拓展应用场景。通过技术创新，不断扩大产品服务类别，增加产品服务矩阵，为用户提供更多的体验价值，满足用户的多元化、精细化需求，进而提高企业的经营韧性。

一、创新核心商业模式

数字技术的深入应用已经逐渐从消费端向产业端转移，面对竞争日益激烈的外部市场大环境，复杂性、风险性及不确定性因素明显增加，企业的发展不断受到新的冲击与挑战。创新核心商业模式成为企业获取核心竞争优势、保持持续竞争力，进而获取新一轮发展红利的关键因素和重要途径。通过对企业核心资源进行编排与整合，为企业核心业务及商业活动提供坚实的资源与技术支撑，创新企业核心商业模式，打破传统运营思维。用数字化思维引领企业创新发展，不断构建新的价值主张，形成新的生态运营系统和多渠道盈利模式，不断提高企业的灵活性、适应性、抵御风险的能力及核心竞争力，促进企业长期稳定发展。

企业在进行核心商业模式创新过程中，其具体路径可分为以下四步，如图 3-9 所示。

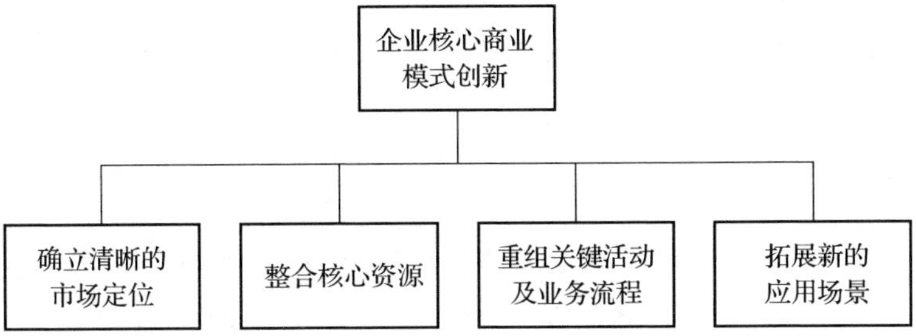

图 3-9　企业核心商业模式创新路径

1. 确立清晰的市场定位

企业需要对自身发展及商业模式进行清晰、准确的定位，形成新的价值主张，构建新的商业生态系统。在数字经济时代，企业面对更加复杂多变的外部市场环境和日益激烈的市场竞争，为了更好地迎接外部市场的挑战，抓住新的发展机遇，必须更加重视消费者的需求，始终以满足用户需求为出发点。企业通过数字技术赋能，创新核心商业模式，加强与用户的联系与互动，从用户需求的角度出发设计产品，通过提供更高品质的产品及更个性化的服务满足用户多元化、个性化的需求，增加用户的品牌黏性，进而获取竞争优势，为长期稳定发展注入新的活力与动力。

2. 整合核心资源

创新核心商业模式，要对企业核心资源进行整合，减少资源浪费，通过整合实现资源优势互补，提高资源利用效率，为企业商业模式创新及新业务拓展提供充足的资源支撑。

3. 重组关键活动及业务流程

企业要对企业关键业务活动及业务流程进行优化升级与改造。关键业务活动在企业的发展中具有重要作用，通过数字化转型，对关键活动及业务流程进行完善，提高供应链上下游参与者的协同能力，提高供应链的生产运营效率，进而实现精细化运营，提高企业的经济效益。

4. 拓展新的应用场景

企业在创新核心商业模式的过程中，要善于运用数字技术不断拓展新的应用场景，实现线上线下深度融合发展。企业要以核心业务为主进行多元化拓展与深度发展，实现多渠道盈利，提高自己的抗风险能力，并展现更多的灵活性和适应性。

总之，企业进行商业模式创新关键是要把握企业自身的核心优势及资源，始终把提高产品品质与服务水平作为企业发展的基石，以过硬的产品质量为企业发展的核心。企业在商业模式创新的过程中不能本末倒置，丢弃自身的核心优势，应更加凝神聚力，不断增强核心竞争优势，以点带面，构筑发展的“护城河”。企业在运用数字技术创新核心商业模式的过程中，还要坚持实事求是的原则，坚持数据化思维，真正将数字技术融入企业发展，坚持数据资源的深入整合与充分利用，实现业务数据化，切忌让商业模式创新停留于表面，杜绝形式主义及经验主义。

二、实现线上线下融合发展

随着市场竞争的不断加剧，行业面临着新的挑战，消费者的需求更加追求个性化、精细化，企业需要转变传统的经营观念，关注市场及消费者需求的变化，不断探索并推动商业模式的发展与创新，调整营销策略，寻求新的发展路径。在数字技术的赋能下，企业将线上线下融合发展作为其获取新的竞争优势、拥有核心竞争力的法宝，促使企业实现长期发展。

1. 线上线下融合发展的组成要素

线上线下融合发展需要技术、资金、人员等全方位、多渠道的相互协作与配合。企业需要加强与消费者的连接与沟通，更加关注消费者多元化、个性化的需求，重视消费者体验价值的实现与满足，通过数字技术搭建更多、更广泛的消费场景，真正打破“人、货、场”的界限与边界，实现线上流量与线下资源的优势互补与协同发展，以及线上线下的完美、深度融合，推动企业持续发展。企业若想实现线上线下融合发展，还需要加大数字技术的投入力度，整合资源和资金，拥有高素质的人力资源，如图 3-10 所示。

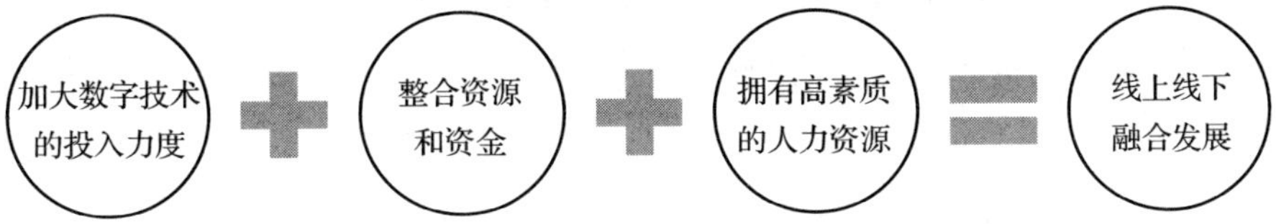

图 3-10　企业实现线上线下融合发展的组成要素

（1）加大数字技术的投入力度。

从技术层面来讲，实现线上线下融合发展需要对商业模式进行创新，加大技术投入力度，利用大数据、人工智能、物联网、区块链等数字技术赋能，提高企业的信息化管理水平。通过技术加持推进数字化平台建设，不断完善企业的销售模式及营销策略，实现数字化转型升级。

（2）整合资源和资金。

在资源整合层面，线上线下融合发展需要加大对企业资源的整合力度，对核心业务板块及生产运营流程进行优化升级，加强供应链管理，打造柔性供应链，实现定制化生产。同时，加快智能化、系统化的智慧物流建设，实现互通互联的全渠道销售网络，降低生产运营及流通成本，进一步增强企业核心竞争力。

另外，企业在实现线上线下融合发展时，进行商业模式创新并投入数字技术等均需要大量的资金注入，在一定程度上会产生资金压力，因此，企业需要根据自身情况，结合资金状况，有针对性地进行创新升级。但是，企业要清醒地认识到，只有进行前期必要的资金投入，才能为企业后期及长远发展提供可能性，应该秉承长期主义发展理念，坚定数字化转型的信心。

（3）拥有高素质的人力资源。

企业在实现线上线下融合发展的过程中，高素质人才必不可少。企业需要加强人才队伍建设，重视对高技能人才的激励，不断激发人才的活力及创新的积极性，为企业的发展转型提供坚实的人力支撑。

总之，企业线上线下融合发展是一项系统性工作，需要多管齐下、多效联动，整合核心资源，加大技术与资金投入，重视消费者的需求及体验价值，注重对高素质人才的培养，真正将企业数字化转型落到实处。

2. 线上线下融合发展的现实落地

线上线下融合发展需要多效联动，但是在推动线上线下融合发展的过程中需要根据企业所处的行业特点，并结合企业自身的情况，针对数字技术基础、资金状况等进行通盘考虑和精准把握。同时，要善于进行改革与创新，切忌一味效仿同行企业，以免出现资源浪费、经营混乱等不良事件。

企业线上线下融合发展成为新零售背景下企业重要的发展路径，融合程度越高越有助于企业实现资源优势互补，构建全渠道营销网络，推动企业实现精准营销。通过数字技术运营搭建更加智能化、多元化、数字化的购物消费场景，打破时间、空间及地域界限，实现去中心化运营，从而更好地满足消费者的多元化需求，为消费者提供更好的消费体验，不断增强消费者的黏性与信任度，提高企业整体形象及核心竞争力，有助于企业更好地面对复杂多变的市场环境，提高经营韧性。

经营韧性专栏 3-4

良品铺子：线上线下融合发展，打造高端零食王国

为消费者提供高端零食的良品铺子，在国内休闲零食行业拥有线上线下全渠道销售网络，实现线上销售渠道和线下实体门店的高度融合与协同发展，同时不断优化产业链，提高整体运营效率，推动生产运营创新，助力打造高端零食王国。

一、企业简介

成立于2006年的良品铺子，总部坐落于湖北省武汉市，其坚持以品质取胜，致力于为消费者提供高质量的产品和精致的服务。经过市场深耕与精心运营，年销售额突破百亿元大关。作为国货休闲零食高端品牌，其产品种类丰富，能够极大地满足消费者在不同场景下的零食需求，连续7年实现高端零食销量全国领先。

二、线上线下融合发展

良品铺子作为传统零食企业，不断加大数字技术投入力度，以线下门店为依托，融合线上渠道实现全网全渠道的新零售模式，为消费者构建了更加丰富的消费场景，提供更高品质的产品和服务，并不断为消费者带来更加多元化的消费体验，走出了一条线上线下融合发展的数字化转型之路。

1. 线下实体门店不断迭代升级，实施精准布局

自成立以来，良品铺子一直对线下实体门店及品牌形象进行迭代升级。目前，线下的实体门店已经升级为良品生活馆，进一步加强与消费者的互动与交流，极大地提升了消费者的体验价值。

（1）线下门店的精准定位。

为了更好地满足不同消费群体的多场景购物需求，良品铺子根据

不同商圈及用户需求对门店风格进行了精准细分，并设计了不同的门店装修风格。多场景门店消费体验极大地提高了消费者对品牌的认可度，提高了消费者的信任度，进而提高了复购率，增强了消费者黏性。良品铺子线下门店的迭代升级，顺利实现了消费者由单纯购物到全方位、多场景购物的体验价值。

（2）智慧门店的极致体验。

2017年，良品铺子与阿里巴巴达成合作，将线下所有门店升级为智慧门店，打通全线会员信息，实现全域数字化，推广线上下单、门店自提服务，实现了实体门店与线上手机淘宝的互通。通过智慧门店，消费者可以享受到更加方便、快捷的购物体验。良品铺子通过挖掘大数据可以进一步了解消费者喜好，实现良性互动与循环，进而实现线上线下无缝对接的沉浸式购物体验。在线上线下融合发展的过程中，实体门店承担了前置仓库、消费者服务体验、企业品牌及形象宣传、消费者情感寄托等重要责任，并与线上渠道实现了优势互补及资源共享，从而促进了良品铺子的长期发展。

2. 线上多渠道运营，打通用户多级消费触点

良品铺子通过信息化系统搭建了线上销售平台，开发了良品铺子App、微信小程序，同时入驻京东、淘宝、天猫、拼多多等线上购物平台，打造多场景线上销售渠道网络，并与美团、饿了么等本地生活服务类平台合作，开创了“门店+”全渠道模式。

同时，良品铺子利用微博、微信等开展社群营销，打造私域流量，增强消费者黏性，同时在抖音、快手开设了一系列矩阵账号，进行直播带货与营销宣传。良品铺子通过线下实体门店与线上营销渠道深度融合，打造了全新购物闭环模式，在信息触达、消费交易、产品服务、社交互动等方面环环相扣，为消费者打造了值得称赞的消费体验。

3. 加大数字技术投入，推动企业实现数字化转型升级

线上线下融合发展离不开信息流、供应链及物流仓储技术的支持，而高效的信息传递和智能物流则需要强大的数字技术赋能。良品铺子早在2008年就使用了当时最先进的门店信息管理系统，在2014年又与IBM、华为等达成战略合作，进一步推动线上数字化平台建设。通过多年持续的技术投入及数字化建设，良品铺子实现了核心业务数字化、信息化、智能化生产运营与管理，同时利用数字技术在用户管理、供应链升级、运营模式等方面进行了全面创新，极大地提高了资源利用率，提升了企业效益，并为消费者带来了更加全面的体验价值。

三、发展与总结

良品铺子作为传统零食企业，通过数字技术赋能实现了线上线下融合发展，不断为消费者提供高品质的产品和精细化服务，实现了消费者体验升级，进而让企业获得了持续竞争优势，不断增强经营韧性，在国内高端零食行业始终保持强劲的发展动能，推动企业长期稳定发展，为打造高端零食王国奠定了坚实的基础。

（资料来源：笔者根据多方资料整理而成）

三、扩大产品服务类别

在数字经济时代，消费者在企业生产运营过程中的地位更加突出，有更强烈的购买欲望与情感需求。企业应坚持以消费者为中心，基于满足消费者多元化、个性化需求进行产品的设计开发与生产销售，不断提高产品质量，严把产品质量关。高质量的产品和服务能够进一步满足消费者需求，提高消费者的体验价值，满足消费者深层次的情感需求，进而让消费者对企业与品牌有正面的评价与认知，增强消费者对企业产品的信任程度，强化品牌黏性，提高产品复购率，从而对企业长期发展产生积极的影响。

企业还应扩充产品矩阵，扩大产品服务类别，根据消费者的不同需求提供不同的产品与服务，从而为消费者提供更加丰富的产品。若企业只有单一的产品和服务，势必影响消费群体的受众面，在一定程度上会增加企业的经营风险，不利于企业持续稳定发展。因此，扩大产品服务类别，为消费者搭建更多的消费场景，通过丰富的产品和服务更好地满足不同消费者的精细化需求，是企业抵御经营风险，更好地应对市场的不确定性因素，增强市场竞争力的重要途径。

经营韧性专栏 3-5

美团：扩大服务品类，满足更多生活场景，实现“万物到家”

美团作为国内生活服务类综合平台，致力于为消费者提供更加方便、快捷与周到的产品与服务。美团不断扩大产品及服务品类，以此满足更多消费场景，进而更好地满足消费者多元化、个性化需求。

一、企业简介

美团作为国内最大的生活服务类电商平台之一，主营业务为美团外卖、到店酒旅等。为了进一步满足消费者的多元化需求，美团不断拓展更多消费场景，扩大产品服务类别，积极开拓新业务，通过平台业务范围的不断扩大，为消费者提供更加方便、快捷与周到的产品与服务，真正实现了“万物到家”。

二、满足更多生活场景

美团外卖作为美团的主营业务之一，于2013年11月正式上线。上线初期，美团外卖的主要业务为餐饮外卖。随着消费水平的不断提高及消费需求的不断升级，人们越发希望更加方便、快捷地获得生活中所需要的各种产品和服务。对此，美团外卖不断扩大产品和服务类别，产品及服务类别由单一的餐饮扩展到水果生鲜、超市便利等，逐渐实现了“万物到家”。

1. 满足消费者的多元化需求

面对消费者更加多元化的需求，美团外卖于2018年推出了美团闪购业务，为消费者搭建了一个快零售的消费和生活场景，涵盖生鲜果蔬、鲜花绿植等产品和服务类别，在同城范围内最快30分钟即可送达，同时推出了24小时不间断配送，更好地满足了人们的多样化需求。随后又推出了美团跑腿急送服务，可以帮买帮送，真正以“快”破局。

2. 搭建新的消费场景

美团坚持万物皆可外卖的原则，一直在不断扩展和搭建更多新的消费场景，不断升级用户体验，推出了美团买菜、美团跑腿、美团买药等同城帮买帮送服务。小米、华为等品牌已经与美团闪送业务达成合作，消费者在家轻松下单，最快30分钟美团闪送就可将产品送到消费者手中，满足了消费者“急、忙、宅”生活中的实际需求。

（1）不断优化产品及服务内容。

面对流量红利天花板逐渐触顶及消费者需求的不断升级，为了进一步拉动新用户增长，实现留存拉新，获取用户信赖，美团一直在积极布局和拓展新业务，加大技术投入力度，不断改进平台服务内容。2020年，美团开通美团优选服务，进军社区团购业务；2021年，美团进一步调整和优化营销战略，由“Food+Platform”向“零售＋科技”转型升级，将产品和服务类别进一步推向覆盖范围更为广泛的电商零售业。

（2）不断加大研发投入力度。

为了进一步扩展和搭建生活消费场景，同时给新业务板块注入更多发展动力，美团持续加大科技研发及技术投入力度，不断提高服务水平。例如，美团推出了无接触配送服务，在人群密集的小区、写字楼宇铺设智能取餐柜，为消费者提供更加多元化、人性化的服务。

近几年，为了更好地拓展业务范围，美团利用自身强大的数字技术能力，以及线上丰富的流量和资源优势，不断对其仓储物流及供应链系统进行优化升级，打造全新的生态系统，并对消费者、商家、骑手等多方参与者进行利益权衡，通过丰富的产品和优质的服务更好地满足市场需求，进而推动平台的长远发展。

三、发展与总结

作为生活服务类平台，美团利用技术赋能不断扩大产品和服务类别，并不断提高服务水平，为用户创造了更多消费场景，从外卖餐饮、水果生鲜、药品配送，到美团跑腿、美团闪购、美团买菜等新业务的推出，再到踏入美团优选、新电商零售领域，美团的产品和服务范围在不断扩大，真正实现了“万物到家”，不断提升用户体验价值，让消费者可以更加方便、快捷地获得生活所需。

（资料来源：笔者根据多方资料整理而成）

四、贴近用户体验价值

在数字经济时代，用技术赋能企业经营创新与改革，进行数字化转型，成为新的时代浪潮。在这一过程中，企业越来越关注用户需求的满足，并把满足用户需求放在首位。与此同时，用户的自我意识不断增强，用户具有更多的主动性，愿意参与产品和服务的提升过程，从而对产品和服务提出了更高的体验要求。用户除了关注产品的质量及企业提供的服务品质之外，开始更加关注产品和服务所带来的体验感，如身心的愉悦感、被尊重感等一系列体验与满足。面对用户更加多元化、个性化的体验需求，为用户提供更加多元的体验价值将成为企业获取新一轮市场竞争力的关键，也成为企业长期发展的战略高地。

1. 用户体验价值的内涵

用户体验价值不仅包括对产品和服务的整体感知与认识，还包括更为具象的产品和服务体验感，如对品牌信息的感知，对产品外观、功能、使用方法及使用效果等的具体体验。

用户体验价值往往贯穿于产品和服务的整个使用过程，包含售前（使用前）、售中（使用中）、售后（使用后），各环节环环相扣，整体影响用户体验价值的实现与满足。

因此，企业在生产运营的过程中、在为用户提供产品和服务时，除了满足用户的基本需求外，需要提供更深层次及全方位的体验与感受，更加贴近用户体验价值。

2. 贴近用户体验价值的必要性

为用户提供过硬的产品和优良的服务是实现用户体验价值的基石，必须放在首要位置。

（1）对产品和服务的反馈。

用户使用产品和享受服务后会做出及时反馈，产生即时体验，这往往是用户体验价值的第一个层次，而即时体验的程度往往受到产品和服务质量的重要影响。

（2）品牌印象的形成。

随着用户体验价值深度和广度的不断提升，用户会对企业提供的产品和服务形成一定的印象与认知，包括品牌形象、企业价值认同感等，而该印象的形成会影响用户对品牌的好感度和信任度，进而影响消费者黏性及复购率，这些均会对企业的长期发展产生重要影响。

（3）社群营销的塑造。

用户的体验价值可以转换成用户对产品和服务的使用经历，用户可以自发地为企业做口碑宣传，产生社群营销，进而有助于企业不断获取竞争动力，迸发出新的发展活力。

总之，企业为了能够更好地贴近用户体验价值，从产品的设计、生产、销售到服务等全过程需要以用户需求为出发点和落脚点，为用户提供沉浸式体验。用户的需求水平与层次在不断提高，所以企业需要进一步提高产品质量和服务水平，进一步拓展用户体验价值的广度和深度，为用户带来更加多元化、个性化的消费体验，进而满足用户深层次的消费需求，助力企业在日益激烈的市场竞争中获得强劲的经营韧性，在行业市场内占据有利地位，获得长期稳定的发展。

章末案例

林清轩：全方位进军国内高端护肤品市场，彰显经营韧性

一、企业简介

成立于2003年的林清轩，致力于以中国草本植物为原料，为消费者生产并提供纯天然安全无害的护肤品。经过十几年的行业发展与沉淀，作为山茶花护肤品的开拓者，林清轩研发的山茶花润肤油作为明星主打产品，已经成功进军国内高端护肤品行列，成为国内高端护肤品龙头品牌之一。目前，林清轩在全国各大主流城市拥有几百家线下直营门店，为消费者提供专业的护肤指导、产品销售及服务体验。林清轩积极开展数字化全链路营销，创新销售模式，实现线上线下全渠道融合发展，依靠数字技术赋能企业发展，为企业长期稳定发展提供了坚实的基础与保障。

二、全方位进行数字化转型升级，成为国内高端护肤品领军品牌

林清轩的发展可以大致划分为两个阶段：第一个阶段是自成立以来至2020年春节以前；第二个阶段是2020年春节后。林清轩通过数字化全链路营销改革创新，成功让企业转危为安，实现逆势突围，促进企业持续稳定发展。

自2003年成立以来，林清轩坚持以线下实体直营门店作为其核心

竞争优势。林清轩采用传统护肤品零售模式，即消费者进行产品试用、选购商品等一系列消费活动均在线下实体门店完成。林清轩凭借其高品质的产品和服务，获得了消费者信赖，赢得了市场口碑。

1. 重视科技研发与技术创新，打造高品质产品

林清轩坚持用品质打动消费者，只有高质量的产品才能最终赢得消费者的喜爱与信赖。林清轩每年用于科技研发的投入占营业收入的比例均在 4% 左右，目前林清轩已经拥有多项专利。在科技研发的助力下，林清轩的护肤品销量一直居国内护肤品前列。2017 年，林清轩山茶花润肤油的销量已经超过了 35 万瓶，而且近几年的销量持续攀升，热度高居不下。

再好的宣传与营销都离不开过硬的产品品质。因此，林清轩在原材料选用、新产品研发及技术投入上都下足了功夫，对每一个生产环节严格把关，真正为消费者提供天然、安全的护肤品。林清轩每次在新品正式上市前都会进行面部测试，确保产品的安全、有效，真正为用户解决面部肌肤问题。林清轩在原材料的选择与使用上极为谨慎，所选的山茶花均出自全国山茶花质量较好的浙江省和江西省。林清轩与当地合作建立了山茶花培育基地，并聘请知名的植物学家、生物学家、皮肤医学家等投入产品的研发中，并以此获得了多项国际、国内科技认证及技术奖项。

经过多年的技术投入及产品质量深耕，林清轩在 2020 年“双十一”期间，全网销售额突破了 1.5 亿元，再次印证了林清轩在消费者心中的好口碑。

2. 持续深耕，集中优势资源

林清轩深刻认识到，要想在变化多端的市场中站稳脚跟，不仅需要集中优势资源，对主要产品进行深耕，形成企业独具特色的主打产品，同时也要形成产品矩阵，实施差异化策略，满足消费者的差异化需求。

（1）产品聚焦。

面对激烈的市场竞争，要想占据有利的市场地位，获得竞争优势，必须要进行产品聚焦，形成自己独有的产品特色并不断打造核心产品。林清轩很好地践行了这一点，其集中企业优势资源和技术进行产品聚焦，专注于山茶花护肤品领域。2017年，林清轩发布了第二代山茶花润肤油，在整个护肤品市场表现出强劲的发展势头；2018年，林清轩凭借山茶花润肤油成功进入国内高端护肤品行业第一梯队；随后，林清轩在2020年推出了第三代山茶花润肤油。产品的聚焦与迭代升级，让林清轩赢得了消费者的信赖。

（2）产品矩阵。

林清轩在打造核心特色单品的同时，凭借掌握的核心技术配方——清轩萃，不断扩大和丰富产品矩阵，形成了以洁面、柔肤水、精华液、面霜等为一体的山茶花家族产品，以及多系列产品矩阵，如明星产品系列、亮彩系列、时光系列、奢宠系列，极大地满足了消费者全方位、多元化、个性化的护肤需求。

林清轩集中优势资源，形成自己的核心竞争优势，在市场竞争中展现出了强劲的经营实力，为企业长期发展奠定了坚实的基础。

三、临危不乱，实现自救

从成立之初到2020年春节，坚持走直营门店发展路线的林清轩凭借过硬的产品品质，使线下实体门店数量不断增加，员工队伍不断扩大，市场份额稳步提升，突如其来的新冠疫情却将这一切无情打破。

1. 鼓舞士气，实现自救

在新冠疫情期间，林清轩的管理者更加关心和包容员工，全员上下共进退、同生死。林清轩齐心拧成一股绳，极大地振奋了士气，让员工更加积极地投入工作中，共同度过了这个关键时期。

2. 积极创新销售模式，融合线上线下方式

林清轩通过线上转型升级，实现线上线下融合发展。在2020年之前，林清轩75%的营业收入来自线下实体门店，但是受新冠疫情影响，许多门店被迫关闭，这让长期以来以直营门店为核心竞争力的林清轩有些手忙脚乱。为了最大限度地保证现金流量，林清轩鼓励全员进行直播，同时聘请专业直播团队为全体员工进行专业的直播培训，并与淘宝直播、蘑菇云、抖音、快手、哔哩哔哩等平台展开深度合作。

从高层领导、总监、各部门经理到各门店普通员工，都积极投入线上业务转型中，企业各层领导都开通了微信小程序，且每月均有任务量需要完成并考核。为了更好地开展直播等线上业务，林清轩还成立了专门的内容创作部门，所有线上视频的脚本编写、视频拍摄、剪辑、创作均由企业内部员工完成，既充分调动了员工的积极性与创作性，又对企业资源进行了进一步的优化。

3. 调整组织结构，加快数字化转型步伐

为了更好地开展线上业务及在线办公，林清轩对其原有的组织框架结构进行了调整，从原来重视层级分布的科层制变为项目制。林清轩成立了35个项目部，实现跨层级、跨部门连接与合作。在全员进行线上办公期间，为了让企业高层管理者能够更快、更充分地洞悉和掌握市场变化、了解员工工作状态及销售情况，林清轩对企业管理层与员工的连接方式进行了重大调整，将之前层层递进的直线式连接方式，变为更加高效、便捷的网格状连接方式，让信息传达的效率大大提升，也给企业领导做出及时、有效的决策提供了信息基础。

林清轩还建立了快速反馈机制，在线上转型的过程中，尤其是在直播带货中，一旦发现好的经验和案例，就会及时在钉钉群进行经验分享与传播，降低企业的时间成本，减少线上直播的试错成本，并不断优化企业资源，进一步提高组织快速响应市场变化的能力，提高组织的敏捷性、灵活性和适应性。

4. 加大数字建设，依靠数字技术赋能

依靠数字技术赋能，林清轩真正实现了“穿新鞋、走新路”，进行线上线下的融合发展，形成了在传统护肤品行业中的两栖发展模式。林清轩在成立之初的几年害怕线上业务扰乱线下实体门店，影响品牌发展。而随着业务的不断发展及外部市场的变化，2011—2016 年林清轩开始尝试数字化建设。这一时期林清轩购买源代码开发软件，但多年的资金投入却没有为企业带来绩效的提升，反倒造成了企业内部信息孤岛的出现，影响企业整体资源配置和利用效率。这一时期“闭门造车”式的数字建设，让林清轩交了足够多的学费。随后，林清轩与百胜展开业务合作。百胜为林清轩量身定做了一套数字化智能系统，百胜联手阿里巴巴集团为林清轩建设数据业务中台。正是由于前期不断地进行数字投入与建设，让林清轩在面对突如其来的外部市场变动时有了突破创新的勇气与信心。

目前，林清轩线下门店超过 300 家，线上销售渠道有微信小程序、天猫旗舰店、抖音、小红书等平台。通过数字技术搭建的业务中台，林清轩将线下门店的销售情况、会员信息、订单库存与线上流量等全部数据实现联通，所有数据均存储在业务中台，实现了信息的统一管理，打破了企业内部的信息孤岛。同时，林清轩利用数字技术赋能，对人、货、场进行资源要素重组，通过数字化系统对企业财务、成本核算、供应链管理、物流配送等进行优化升级，进一步提高资源调配与使用效率。林清轩根据用户多元化需求创建了更多消费场景，不断拓展销售渠道，从而促进企业绩效的不断提升，让林清轩在面对突发事件时能够迅速做出反应，及时应对严峻的挑战，提高了抗击风险的能力，实现了破局式增长。

5. 维护新老用户，多渠道打造与提升品牌竞争力

林清轩致力于加强与用户联系，实现留存拉新，不断提高企业的经营韧性，增强企业的“免疫力”。一直以来，林清轩极为重视品牌竞争力的打造与提高。其以产品的高品质而著称，通过打造山茶花润肤油等一系列产品成功进军国内高端护肤品行业。林清轩深知企业要想获得长久发展，不仅要让更多消费者了解品牌，拥有一定的品牌传播力及影响力，更重要的则是拥有强大的市场竞争力。为了进一步提高品牌竞争力，林清轩与分众传媒展开了品牌宣传合作，在电梯广告、楼宇广告等方面加大了宣传力度。同时，与各头部主播展开直播带货合作，让林清轩拥有更多用户。

为了进一步加强与用户的关系，避免老用户的流失，林清轩加强消费者的黏性，积极引导用户由线下消费向线上迁移。林清轩积极挖掘、开发新用户，通过自媒体平台推介、试用装小样的发放、线上直播等方式开发新用户，并通过社群运营构建私域流量。

四、发展与总结

林清轩作为本土护肤品牌，始终把为用户提供安全、有效的护肤品作为发展使命，在发展过程中不断注入中国文化，坚持技术投入与科技创新，将产品核心技术牢牢掌握在自己手中，对产品品质精雕细琢，对服务精益求精，进而打造出了以山茶花润肤油为核心的多梯队护肤产品矩阵，凭借高品质的产品和服务赢得了消费者信赖，成功进军国内高端护肤品头部梯队行列。经过多年的稳健发展，林清轩已经成功实现了数字化转型升级，形成了线上线下深度融合的两栖发展模式，实现了数字化全链路发展转型。这得益于林清轩审时度势进行数字化转型，使其能够在面对突发事件时及时应对，迅速做出战略调整，实现逆势破局增长，充分彰显了企业的灵活性、适应性及强大的经营韧性，成为行业发展典范。

（资料来源：笔者根据多方资料整理而成）

本章小结

数字化转型作为新一轮时代发展浪潮，已经成为企业持续获取竞争优势、增强竞争力，从而实现长期稳定发展的重要武器与法宝。企业经营韧性的提高被提到了前所未有的高度。但是，经营韧性的提高是一项全面、复杂的长期工程，需要企业多管齐下。创新企业经营模式，对企业的具体经营措施进行优化与变革，坚持长期主义，完善企业的治理结构，加强企业文化建设，坚持线上线下融合发展，提高企业抗击风险及处理突发事件的能力，才能不断构筑企业经营的“护城河”，强化竞争优势，提高整体竞争实力，提高企业的经营韧性。

CHAPTER 4 | 第四章

管理韧性

数字化转型核心理念中的最后一大韧性是管理韧性。在企业进行数字化转型的过程中，解决“人”的问题是一个重点。管理就是要处理好企业与员工的关系。管理既能治本，将管理细则落实到每一位员工身上，管理更能治标，通过组织、数字智能提高效率，推动企业数字化转型，为企业带来更多的红利。

管理就像长江一样，我们修好堤坝，让水在里面自由地流动，管它晚上流、白天流。晚上我睡觉，但水还在自动流。水流到海里，蒸发成空气，雪落在喜马拉雅山上，又化成水，流到长江里，长江又流到海里，海水又蒸发。这样循环搞多了，它就忘了一个还在岸上喊“逝者如斯夫”的人，即一个“圣者”。它忘了这个“圣者”，只管自己流。这个“圣者”是谁？就是企业家。

——华为集团创始人 任正非

开篇案例

浪潮软件：IT 行业数字化管理的模板

在互联网与信息化的浪潮中，信息经济的发展已经成为衡量一个国家整体实力的重要标志。互联网、大数据等是现在非常流行的词语。浪潮软件是国内顶尖的大型 IT 企业之一，在电子政务领域更是具备“领头羊”企业的实力。浪潮集团有限公司是中国云计算和大数据领域的领军企业，浪潮软件作为浪潮集团旗下的上市公司之一，自然备受瞩目。

一、企业简介

浪潮软件的历史最早可追溯至 1969 年，是我国最早一批 IT 企业之一。在 20 世纪后期，浪潮软件制造出了我国第一台自动磁芯检测设备、第一台个人计算机。在 20 世纪 90 年代末，我国掀起因特网时代的浪潮后，浪潮软件生产出了第一台完全由我国拥有自主知识产权的服务器及第一台关键应用计算机。由此可见，浪潮软件可谓是我国 IT 行业的引路人与佼佼者。如此尖端的科技自然离不开精英的研发团队，浪潮软件多次荣获国家进步奖，成立了面向企业与海外的自主研发中心与博士后流动站，掌握自主核心技术。浪潮软件在 1996 年于上海证券交易所成功上市。近年来，浪潮软件大力推动集团的数字化转型，赢得了国内外业界的高度赞誉，未来发展前景广阔。

2021 年，浪潮软件实现营业收入约 18.3 亿元，同比增长 37.72%。长期以来，浪潮软件坚持技术创新，践行大数据发展战略，持续做深做强行业，为地方政府及中大型企业提供智慧发展方案。浪潮软件在组织管理方面积极进行数字化转型，加强组织的精细化管理，不断完善人才发展体制机制，增强企业竞争力。

浪潮软件作为数字信息化领域内的领军企业，在其领域内深耕多年，积累了大量的经验，拥有成熟、完备的推动数字化转型的能力，持续引领行业发展。

二、数字化管理

在发展的过程中，浪潮软件不但在面临危难之际实施管理转型，在事业发展的成功时期也同样注重管理模式革新。浪潮软件针对每一项改革措施均提供了战略性的指导方针和基本思路：在这种变化的背后，蕴藏着企业居安思危的危机意识。浪潮软件用危机意识强化了自身的变革思维，从长计议、居安思危的意识早已深入企业每位员工的心中。

浪潮软件数字化转型的迅速推进，离不开其对信息系统的重视。浪潮软件通过对信息系统的全面建设，使其在企业管理多个方面的实践中充分发挥了效用。

1. 科研创新助发展

浪潮软件最早是制造电脑的。20 世纪 80 年代，由于经营上的失误，浪潮软件一度面临破产清算的局面，但时任董事长的孙丕恕并不甘于失败，决定从美国购买一批服务器。当时，美国为防止我国拆解，在服务器上安装了报警系统。美国这一“卡脖子”的行径激发了“浪潮人”的斗志，浪潮软件决定将主营业务从电脑制造业转型至服务器研发。目前，浪潮软件的科技攻关水平已经达到了较高水平，在全国多个城市均设有研发中心。2021 年浪潮软件的研发投入较 2020 年增加了 30% 以上。截至目前，浪潮软件已经获得了超过 7500 项专利，其中自主知识产权的占比达 80% 以上。

2. 隐性信息的转化者

信息系统扮演着转化者的角色，使工作人员可以在应用信息系统的过程中展示自身掌握的隐性信息，促进企业隐性信息显性化，丰富企业的知识信息。浪潮软件不断加大对公共平台、信息系统的研发，通过对个别员工数据信息的收集，提高工作效率。

浪潮软件还高度重视员工的培训工作，致力于建立学习型组织，通过完善课程体系、创新学习工具与技术、加强讲师队伍建设、保证培训内容的时效性等方式，提高培训效率，有助于个别信息在企业中的传播，让老员工把熟悉的隐性东西通过信息系统表现出来，让新员工能够迅速掌握，从而大大缩短员工探索新知识的时间。

3. 高效沟通与交流

信息系统及知识共享可以为团队人员简单、有效地共享信息带来巨大帮助，同时增强其共享和吸收信息的愿望。由于企业大部分业务流程的运作都是跨部门、跨事业部的，通过信息系统则可以打通员工与事业部之间的隔阂，使各个部门的人员能够高效沟通，从而产生大量的创新思想与方法。

三、智能技术赋能各行业

浪潮软件利用云计算、大数据等技术，不断完善其行业数字化转型解决方案，向地方政府及大型行业客户提供系统集成服务，有效赋能各行业。

1. Wi-Fi 6 赋能智慧医疗

2020 年，突如其来的新冠疫情给我们的生活带来了巨大的冲击，但同时也给智慧医疗带来了巨大的契机。当室内网络通信体量大幅度增长时，Wi-Fi 就显得尤为重要。Wi-Fi 6 低功耗、低时延、高速率的特点自然成为发展无线网络的首选。在抗击新冠疫情的“战役”中，Wi-Fi 6 及物联网 IoT（Internet of Things）成为智慧医疗的“润滑剂”，在极端的应用场景下发挥了不可或缺的作用。例如，在隔离病房，Wi-Fi 6+IoT 组合在充分保障医护人员安全的前提下，大大提高了工作效率，推进了全球的抗疫工作。在近乎严苛的时间、空间的要求下，浪潮软件出色地完成了任务，为国内外多家医疗机构提供了无线网络及远程智慧医疗解决方案。

随着智慧医疗概念的逐渐普及，浪潮软件也在此领域做出了卓越贡献，例如，传统的医院网络搭建涉及烦琐的 AP 架设，而浪潮软件提供的产品及解决方案在一定程度上解决了这些传统问题，极大地减少了因网络原因带来的分诊、治疗等问题。

另外，随着“分级诊疗”政策的逐渐推行，国内各大医疗机构都面临着基础设施更新换代、网络重新升级等问题。针对该应用场景，浪潮软件专门为其定制了 Wi-Fi 6 产品及解决方案，如在医院安装吸顶式、壁挂式等多种形态的无线网络接入点，可以在一定程度上满足医疗机构的网络需求。

2. 推动教育数字化发展

浪潮软件深耕教育行业，持续推动教育的数字化发展。浪潮软件云中心网络 SC 9600 系列交换机是业界领先的框式核心交换机，能够为学校提供高效的业务管理工作，为学校打造一系列数字化解决方案，如智能数据中心、网络教室、虚拟课堂、高速校园网络、移动学习、平安校园等。

3. 数字政府建设

浪潮软件顺应数字政府的发展趋势，不断完善数字政府产品体系，推动地方政府的数字化转型迅速进行。对此，浪潮软件发布了浪潮软件政府数字化转型能力矩阵响应，推出了七大方法、七大模型、十大应用工具及两大数字化平台，充分发挥数据工具的作用，帮助政府管理向智能化、数字化方向持续迈进。

四、发展与总结

在数字化时代下，浪潮软件始终致力于成为数字化转型的优秀服务商。在数字化管理方面，浪潮软件坚持业务融合与技术创新，坚持以科研创新促进企业长远发展，加大平台、软件的研发投入，扮演隐性信息转化者的角色，并通过高效的沟通与交流，强化企业内部的信息共享，打造高素质、高质量团队。浪潮软件以数字技术赋能各行各业，不断丰富、完善行业解决方案。

（资料来源：笔者根据多方资料整理而成）

第一节　个人管理

企业要进行数字化转型，起点在个人。企业管理中的要素就是人，对企业中个体的引导主要分为个人身份认同、个人自我进化、个人融入激活、个人战力提升四个阶段。

一、个人身份认同

1. 个人身份的内涵

对于个人身份而言，在此处我们重点探讨的某个人在企业中的身份地位，是指这个人在企业中具有的种种条件，而这种条件主要由他在企业中的权力、责任与义务等构成。

2. 个人身份的困境

在企业中拥有某种正式身份可以更容易获得接纳与认同，更容易被区分。一些企业的管理者也通过强化身份认同来保持自己在企业的特殊性与自我优越感。但是，我们提醒管理者，如果盲目地强化企业的身份制度，也会使企业面临一定的困境。

（1）难以客观、真实地评估个人。

由于对身份制度的依赖，人们可能无法对个人进行客观、真实的评估。已经具备身份的个人往往能够获得与身份相适应的价值评价。而现实是，对个人价值的评估要有更多的因素，如所完成的任务、个人的技能等。

（2）阻碍员工发展。

在一些企业中，身份制度影响了企业成员的成长。如果企业过于强调个人身份，部分成员就会形成一种自我维护的小团队，拒绝给其他人员提供取得正式身份的机会。

（3）身份层级固化。

身份制度还会引发另一种让人担心的情形：一些人在获得高职位时是胜任的，但是市场的情况、企业的业务和战略是不断变化的，这时他们可能会不再胜任自己的工作，但由于身份制度的确立，占据较高的职位的人就会缺乏主动退让的意识，下级成员也没有担当大任的想法，从而导致企业的整体水平下降。

企业在进行数字化转型时，强化身份制度不可取，真正需要强化的是企业的每位员工对自身身份的认同。

3. 如何激活身份认同

凡是有组织的地方，都存在身份认同问题。从企业的角度来看，应赋予企业成员一种身份，或者说管理层要给大家发出这样一个信号——这是你的 ×××，这是大家的 ×××。

身份认同也有助于建立企业的共同价值观，从而建立对企业的整体认同。企业应当克服身份制度的消极影响，借助身份认同激发企业前进的力量。要想实现身份认同，可从以下四个方面着手，如图 4-1 所示。

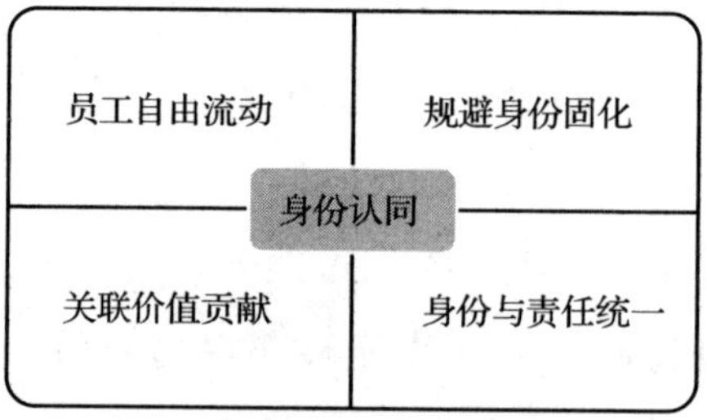

图 4-1　实现身份认同的四个方面

（1）员工自由流动。

建立人员之间自由流动的通道，使企业成员获得与能力相适应的身份，如设定轮岗制度、展开竞聘等，都是为了使企业成员有机会调整自己，并在团队中更有效地发挥作用。

（2）规避身份固化。

避免出现阶层固化、地位固化的情况，防止组织机构过分地维护身份，高级管理人员更要有自我突破的魄力。

（3）关联价值贡献。

激励机制是与个人对企业的贡献联系在一起的。因此，激发员工的身份认同感，需要关联的是个人的价值贡献，而不是个人在企业中的身份。

（4）身份与责任统一。

身份的确立必须和责任、价值观的树立相一致。不同的身份享受着不同的权利，但更重要的是不同的身份也肩负着不同的责任。所以，培养员工的责任心和忠诚度对身份管理至关重要。

管理韧性专栏4-1

华熙生物：企业文化引领身份认同

一、企业简介

华熙生物科技股份有限公司（以下简称华熙生物）成立于2000年1月3日，是一家高新技术企业，致力于打造微生物发酵和交联两大技术平台，以透明质酸微生物发酵生产技术为核心。华熙生物建立了从上游原料到下游产品的全产业链业务体系，产品销往美国、日本等40多个国家和地区，服务于全球各地的制药企业、化妆品企业、食品制造企业、医疗机构和终端用户。自成立以来，华熙生物一直在生物科技领域深耕，积累了大量关于生物科技及相关产品的生产经验。在诸多成就的背后，华熙生物的企业文化同样值得深入研究。

二、企业文化与人才管理引领身份认同

1. 组织业务的灵活性

华熙生物组织业务的灵活性为企业带来了开放、包容的文化氛围，员工能够规避身份固化所带来的问题，提高员工的认同感和工作效率。

华熙生物以玻尿酸原料为基础，形成了医美和护肤品双轮驱动增长的业务布局。华熙生物的护肤品销售模式是线上线下相结合。具体来说，通过天猫平台出售的占六成，通过自有平台及其他线上渠道出售的占两成，剩余的两成则是通过线下销售的形式出售。显而易见，对于华熙生物来说，线上销售占比最高。在新冠疫情期间，华熙生物通过与“顶流”主播合作，充分利用当下热门的流量平台宣传自己的产品，提高了品牌知名度。

2. 领导力的引领作用

华熙生物的领导人赵燕是一位商业嗅觉灵敏、有野心、有魄力且对新生事物接受程度高的优秀企业家。赵燕起初是在海南省以服装业和房地产业起家的，后来发现了软黄金一般的玻尿酸，于是果断收购了福瑞达创建的华熙生物，并一步步地发展到如今的规模。

2008 年华熙生物就已经在中国香港上市，但是中国香港市场对华熙生物的估值较低，于是华熙生物果断从港股退市，在科创板重新上市，使华熙生物发挥出了应有的水平。谈及对新生事物的接受程度，华熙生物用故宫口红、直播平台带货等给予了回答，赵燕更是通过发布股权激励方案、招揽优质人才来表态。健康的企业文化将华熙生物带向了更高的平台。

3. 人才管理

华熙生物在人才管理方面，极其重视对员工的激励，构建了科学、

长效、多样化的激励机制，以激发人才活力，增强其身份认同。

（1）股权激励。

一直以来，华熙生物都积极开展股权激励计划。2021年，华熙生物实施股权激励计划，激励对象共206人，占员工总数的9.6%，主要包括董事、高级管理人员、核心技术人员、其他核心骨干等。在竞争激烈的医美市场，华熙生物此次推出股权激励计划，在同业竞争中迈出了重要一步，对外部人才的吸引力得到显著的提升，同时在企业内部员工之中形成了有效的长期激励机制，员工工作的积极性、主动性得到了明显提高。

（2）成长激励。

华熙生物不仅依靠物质激励的方式激励员工，而且还采取“内化于心”的方式从根本上提高员工工作的主动性。华熙生物致力于对员工的培养，以个人成长为目标，促使员工进行主动学习、自主学习。对此，华熙生物极其重视并开展了员工的专业化培训，建立并使用了华熙管理高研所，让不同类型的人才得到了专业的培养，激发了员工的工作潜力和创新价值。

三、发展与总结

拥有一支有温度的团队，才会创造出更多有温度、有社会责任的产品，这家企业才会走得更远。至于华熙生物的长远发展，除去其本身的经营模式与定位外，更核心的就是其高管人员掌握着企业运营的基础——人，而人的核心就是身份认同。

（资料来源：笔者根据多方资料整理而成）

二、个人自我进化

个人自我进化，换言之便是提高个人的综合素质。提高个人的综合素质，实现企业与个人自我进化，就必须从企业内部与员工自身两个角度努力。企业内部固然要支持人才发展，但最关键的还是个人必须懂得自主学习，并积极主动地抓住发展机遇，持续地提高自身的综合素养。

1. 企业支持

在员工自我发展中，企业所承担的主要角色就是提供平台，而企业也是员工生长发芽的土地，在发展中，优秀的员工将会回报企业，从而促进企业的迅速发展与进步。企业应从以下两个方面推动个人自我进化，如图 4-2 所示。

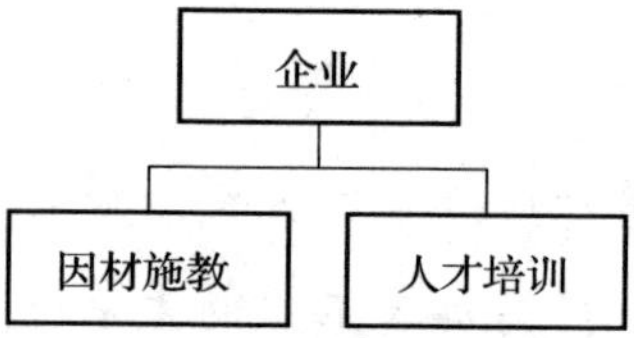

图 4-2　企业推动个人自我进化的两个方面

（1）因材施教。

受多方面因素的影响，人常常无法真实地了解自我，无法正确地评价自己的实际才能。所以，需要企业的相关部门对员工进行全方位的考评，经过专业知识技能、品德考核等的测试后，再量才用人、适才定岗，把适合的人放在最恰当的职位上，让其更好地发挥自己的作用。

（2）人才培训。

企业的教育及培训为员工的成长创造了一个机遇，使员工有时间提高自己的综合素养。企业培训是提高员工专业知识最直接的方法，学习的目的不仅是提高员工的专业技术水平，最主要的是培养员工的奋斗精神，培养员工学以致用、触类旁通的意识，使其更好地为企业服务。

2. 个人自主进化

当然，企业为员工提供的只是推动个人自主进化的外部条件，员工自身的努力才是决定性因素。员工的自主进化是多方面的，自我管理需要进化，能力也需要进化，员工的心态更需要进化。员工应全面地发展自己，提高自身的综合素质。个人实现自主进化主要有以下三条路径，如图 4-3 所示。

图 4-3　个人实现自主进化的三条路径

（1）挖掘潜能。

员工唯有懂得充分挖掘自己的潜能，才能不断地提升自我，增强自信心。员工参加一些感兴趣的项目，愉快的氛围更利于其潜力的释放。员工在工作的过程中，要独立完成自身肩负的使命，在独立思考的过程中能够进一步挖掘自己的潜能。

（2）自我调节。

自我调节是指个人根据自己的思维、心态和行动等情况，加以自我控制、自我调节，最终实现奋斗目标的过程。员工除了要树立自我调节意识，更重要的是认同企业文化及企业的人文氛围，形成与企业一致的价值观。员工要培养积极的心态，时刻保持愉快的心情，无论在工作中遇到多大的挫折，都要想到好的方面，时刻进行自我激励，对未来充满自信。企业要重视人的努力而非环境的约束。当危机到来时，要重视人的作用，关注人的主观努力，而不是环境的制约。唯有如此，才能够真正地和不确定性环境共处，在企业数字化转型的变革中发挥应有的作用。

（3）进化心态。

心态的进化就是员工自身情商与逆商的提升。而提升情商和逆商的方式大致有以下三种。

第一，调高目标。很多人之所以达不成自己的人生目标，是因为他们的主要任务范围太小，而且总体目标很模糊，让其缺乏主动性。所以，真正能鼓舞自己奋起前进的是制订一个既宏大又具体的目标。

第二，离开舒适区。主动寻找新挑战，鼓励自己，并提示自己不能躺在舒适区内。

第三，把握好心态。人们在高兴的同时，身体会出现奇妙的变化，并由此得到动力与能量。让自己高兴的事情并不在别处，而在于自己，找到自己的热情激发期可以用来持续地鼓舞自己。

三、个人融入激活

随着企业数字化转型的步伐逐渐加快，所涉及的业务领域和细分区块必将进行明显的调整。此时一些员工可能会因为数字化转型逐渐失去职业进取心，进入工作倦怠期。对于员工而言，无法融入新团体和新环境就几乎为员工在该企业的职业生涯判了死刑；对于企业而言，员工无法适应数字化转型的新趋势将严重阻碍企业的这一进程。因此，融入新的团体和环境是员工和企业的共同诉求。本节同样将从个人和企业两个层面探讨如何让个人融入企业的数字化转型当中，最大限度地激活每一位员工的积极性。

1. 个人层面

个人可以从以下三个方面入手，帮助自身尽快融入新的团队和环境，如图 4-4 所示。

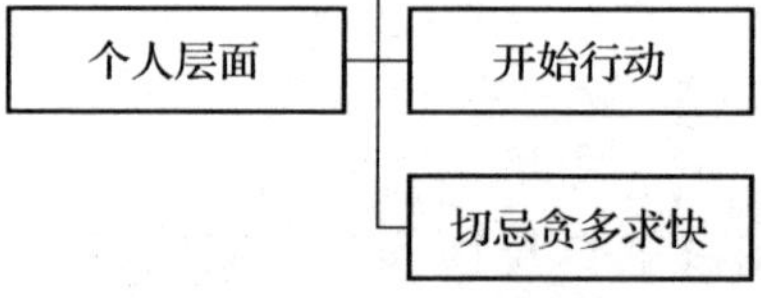

图 4-4　个人融入新的团体和环境

（1）多交流。

面对变化环境的不只是一个人，员工之间相互交流经验与感受有利于其更快地融入新的团队和环境。

（2）开始行动。

与其抱怨，不如行动。没有十全十美的环境，在数字化转型中发现的不足，其实是员工进步和晋升的机会。

（3）切忌贪多求快。

转型之时不要贪多求快，要专注把每一件事情做好。

2. 企业层面

在企业层面，由于企业需要进行内部人员的合理流动与优化配置，因此帮助内部人员融入环境、激发战斗力也就变得十分重要。企业可以从以下两个方面入手，如图 4-5 所示。

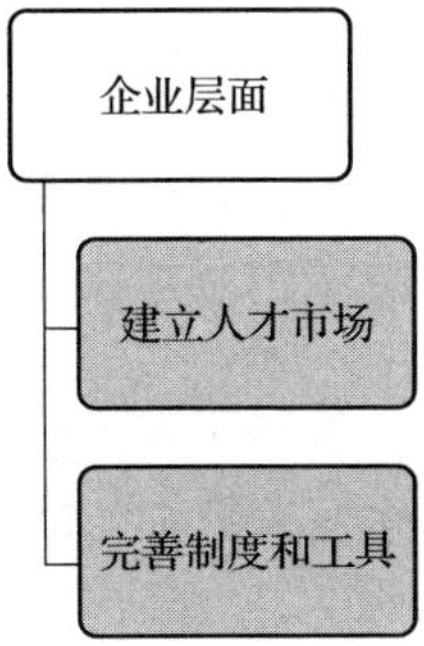

图 4-5　企业层面的两个方面

（1）建立人才市场。

企业可以通过对高层领导的培训，帮助管理者转变经营思路，由原来的管理控制思维转变为以企业大局为着眼点的社会主义市场化思维。由上及下，呼吁企业管理者转变思想，支持在企业内部建立人才市场。

企业应不断地发布面向全员的人才流动操作指导与执行策略，讲解内部人员招募的过程、方法、具体步骤与注意事项，帮助员工更好地在企业数字化转型的过程中挑选职位、和上司交流、适应新职位等，进而帮助员工树立自信，吸引优秀员工融入新形势、新业态。

（2）完善制度和工具。

在进行文化建设和宣传的同时，企业还可以完善关于企业内部人才换岗、转岗的制度和机制规定，为内部人才流动提供更广阔、便捷的平台。

企业在建立有利于员工发展的文化和制度的基础上，还需要不断完善内部人才市场的平台和工具建设。内部人才流动重在建立公开、透明的双向选择机制，除了接受面试和评价外，员工还需要对新岗位、新团队和新形势进行深入了解，不能盲目地转岗。这样，在企业内部，有人才招聘需求的团队或新业务单元，能够通过企业搭建的平台对其业务或产品进行宣讲，宣传业务亮点和未来的发展趋势、发展空间及成长前景，吸引内部员工加入团队。通过内部宣传平台的建立，让新的岗位不再只是简单的一页工作描述，而是变为一幅更加立体的、真实的画像，使员工加强对岗位的了解，避免员工转岗后出现“水土不服”的情况。

企业在数字化转型的过程中，通过这两项举措，既可以促进内部员工流动、满足业务发展的需要，集中优势力量，完成重点业务、产品的推进和开发，又能够利用此次契机拓宽员工的职业发展通道，消解员工对新形势的焦虑，最大限度地发挥员工的能力。

管理韧性专栏 4-2

科大讯飞：最好地融入与激活

一、公司简介

科大讯飞股份有限公司（以下简称科大讯飞）的总部位于合肥市，是一家智能语音和人工智能企业，也是国家级骨干软件企业。长期以来，科大讯飞致力于智能语音及语音技术、自然语言理解、计算机视觉等核心技术的研究开发及应用，拥有国际前沿的科技水平。科大讯飞秉持“成就客户，一切围绕为客户创造价值”的核心价值理念，始终坚持技术创新，并荣获多项荣誉。

二、对数字化人才的培养

在数字化时代下，科大讯飞不仅帮助员工融入了新的业态和环境，还在数字化转型初期就开展了数字化人才培养。科大讯飞主要从AI赋能人力资源管理、公平公正的绩效考核制度、基于人才发展的培养计划三个方面促使员工融入数字化转型后的企业，激活员工的数字化潜能。

1.AI赋能人力资源管理

基于强大的人工智能技术优势，科大讯飞以AI赋能，创新企业内部人员管理方式，使企业内部管理实现技术参与的常态化、体系化，推动企业内部管理的规范化运作。具体来说，科大讯飞利用讯飞听见进行线上会议及沟通，保存会前、会中、会后的全流程记录，打破会议固定空间的局限，为科研人员提供长期有效的参考，提高工作效率；也能够运用人工智能技术，高效收集来自企业内部不同部门的信息数据，科学分析企业业务需求及运行情况，制订合理的招聘计划等各项战略措施。

2. 公平公正的绩效考核制度

科大讯飞关注员工的绩效考核，建立并完善其绩效考核机制，形成了双方评价、公平透明的绩效考核制度，有利于员工更好地融入其中。

（1）双方评价。

科大讯飞定期对科技人员进行绩效评估，制定了一套组织评价和员工评价相结合的绩效评价机制。一方面，科大讯飞的组织评价通过组织绩效来体现，将组织绩效与科技人员的绩效工资联系起来，保障组织绩效目标的完成，激励科技人员促成其科技研究成果；另一方面，科大讯飞建立了上下级沟通反馈、员工相互评价的绩效考核机制，将上下级评价、员工的评价作为一个绩效考核指标。

（2）公平透明。

科大讯飞将组织评价与员工评价相结合，建立了完整的绩效考核评价体系，实现绩效考核的公平性。同时，科大讯飞对绩效考核指标、过程、结果等信息进行公示，并采用内部审计方式，实现绩效考核全流程的公开性、透明性，在融入数字化的过程中起到促进作用。

3. 基于人才发展的培养计划

科大讯飞秉持其核心价值理念和人力资源规划，将科技人员的培养作为人力资源管理的核心工作，从职业发展路径、学习培训体系两个方面完善其培养计划，实现科技人才的发展。

（1）职业发展路径。

科大讯飞建立了纵向和横向的员工发展通道，优化任职资格体系。科技人员不仅可以不断提高其在该领域内的专业能力，实现不断向上的发展升级，也可以进行轮岗或项目历练，培养个人全方位、多领域的综合能力，成为复合型人才。

（2）学习培训体系。

科大讯飞按不同角色构建人才培训模式，开展领导力、专业力、通用力等不同内容的人才培训项目。针对科技人员，主要涉及专业力培训及通用力培训。专业力培训根据业务发展需要，为科技人员提供相关技术经验；通用力培训是向科技人员灌输组织文化，传授提高工作效率的方法。此外，科大讯飞还从外部引入了优质学习资源，供科技人员学习。

三、发展与总结

科大讯飞在管理方式、制度、培养多个方面引导员工融入数字化新业态。在员工适应数字化新形势的过程中，科大讯飞主要扮演着引领者的角色，引领员工提高或重塑数字化能力，不断地鼓励员工进行突破。

（资料来源：笔者根据多方资料整理而成）

四、个人战力提升

事实上，传统企业培养的人才大多难以满足数字化时代的发展需求。数字化和传统行业的深入融合，以及新模式、新行业、新场景要求企业管理者和员工有更高的数字化素质。

1. 对管理者和员工数字化素质的要求

（1）数字化思维。

员工要养成数字化的思维方式，不能简单地以传统的思维方式分析和看待问题。要提高对数据的敏感性，不仅要非常熟悉企业中的数据，更要对数据的变化迅速产生反应，只有这样才能及时应对突发情况。

（2）强大的工作能力。

个人要对所处领域的工作有强大的执行能力，要对所做的工作有强烈的责任感，对企业的运行有明确的认识和思考。

（3）超前的预测和规划。

成为数字化人才，需要在充分掌握数据和熟悉体系的同时，做出超前的预测和规划。例如，在企业的稳定发展时期，要充分利用所掌握的数据帮助企业做好明确的规划。不受旧思想观念的限制，做好企业数字化创新。

2. 提高数字化素质的路径

数字化人才的培养是企业数字化转型的关键，更是每一个从业者的重要关注点。因此，可以从四个方面提高员工的数字化素质。

（1）培养量化思维能力。

数字化转型需要企业管理者具备量化思维能力，能够在计划制订、工作安排及成果考核中养成量化习惯，形成量化管理能力，在企业的经营过程中才能做到可视、可管、可控。这样，任务执行者就可以按照预定计划执行，同事之间也能够更好地协同配合，管理者也可以随时查看工作进展，做到早发现、早干预、早解决问题。因此，在数字化转型过程中，量化管理能力是企业经营管理的核心和基础，能够提高员工工作效率，同时大大降低经营风险。

（2）培养从企业经营角度思考和解决问题的习惯。

企业经营角度其实就是总经理或首席执行官角度，也是成本效益角度，应该审视所做的事情是否符合企业发展战略、是否能提高收入、是否能降低成本、是否符合监管要求等。当然，在企业内部所处的层次越高，需要考虑的因素就越多。反之，则更关注执行效率和绩效情况。

企业在数字化转型中往往容易犯为了数字化转型而数字化转型的错误，认为只要进行数字化转型了，所有的问题就都解决了，其实这是一种错误的认识。比如，企业花费了 200 万元建立数字化系统，所带来的效益提升只有 100 万元，那么，这样的数字化转型是没有必要的。因此，数字化转型只是一种手段，目标还是降本增效、增加收入、提高治理能力。

（3）培养复合型人才。

数字化转型战略的成功落地实施，关键还要靠一批有素质、有能力的人才队伍。当然，对于一线人员来说，还是需要专业化分工，保证执行的效率。具体来说，可以通过轮岗制度，培养既懂业务又懂技术和管理的复合型人才。

（4）培养适应数字化环境的能力。

员工为应对企业的最新科技环境变革，应快速掌握相关技能，以适应企业开发、生产、制造等各个环节的工作需要。随着企业数字化转型的不断深化与推动，越来越需要科研人员深入数字化环境，促进数字科技与行业的深入融合，并进行快速学习与思考。

第二节　组织管理

若说企业数字化转型的起点在个人，那么组织在数字化转型过程中则起到了统筹全局的作用。组织将个人的能量汇聚起来，统筹发挥作用，以具体场景赋能企业整体战力，以标准化流程提高平台、组织的效能。

一、场景赋能战力

1. 场景的内涵

如果说功能是产品和服务的骨架，内容是血肉，那么场景就是灵魂。场景是指某种需求产生的某种条件，这个条件包括但不限于环境、时间、地点、空间等，只有满足条件，这个需求才能成立。举一个最简单的例子，电梯里的广告牌——电梯里人来人往，大家在电梯里的时候往往不知道做什么，那么此时在电梯里挂一块广告牌，就能很快地吸引大家的目光。如果挂在电梯外的某个位置，就没有这样的效果了，这就是很简单的一个场景。

2. 场景的分类

场景主要有以下三种类型，分别是需求场景、使用场景、业务场景，如图 4-6 所示。

（1）需求场景。

需求是一切商业的起点，一个完整的需求包括目标用户、情景及出现的问题。其中，情景就是目标用户需求情景，也指这个人的需求形成的条件。

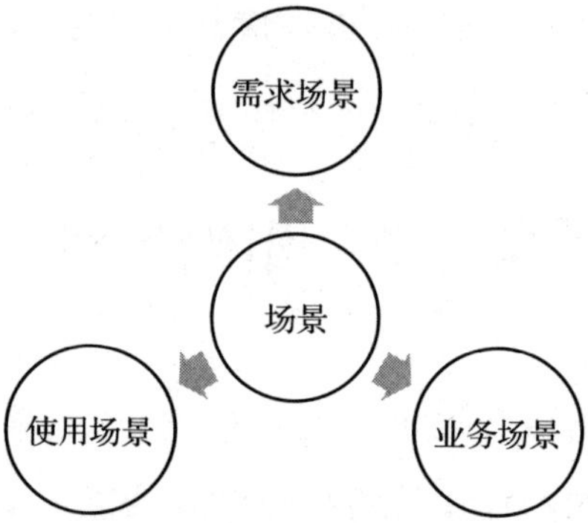

图 4-6 场景的三种类型

需求场景在某种程度上意味着这个需求的本质，其本身就一直存在，只不过是我们能不能发现，把场景搞清楚了，这个需求的本质也就搞清楚了。搞清楚用户需求场景，是分析需求时要做的最重要的事情之一。通过多问为什么，不断地挖掘需求的本质，对需求场景自然而然就清楚了。

（2）使用场景。

顾名思义，使用场景就是用户在什么条件下会使用企业的产品。企业就要针对这个条件设计产品的功能，通常在确定用户需求后，进入产品设计阶段时进行考虑。

在实际工作中，使用场景会非常多，而且与产品、服务的功能是密切结合的。产品是否具有某个功能，在某种程度上取决于有没有对应的使用场景。与需求场景一样，使用场景本身就客观存在，在设计产品时，需要根据用户或客户的行为、习惯等进行分析。

（3）业务场景。

业务场景通常是从流程的完整性上考虑的，是指为了能使业务顺利地走出来实现闭环所需要的条件，通常是针对业务而言的。不同于需求情景和使用场景，业务场景是允许人们自主构建的。

3. 场景赋能

赋能即给予员工一定的权力，提高员工的工作技能，促进员工的成长，激发员工的工作积极性，进而提高组织运转效率。而且在赋能员工、帮助员工成长的过程中，可以提高员工的凝聚力、对领导的认可度，降低管理风险和离职率。所以，赋能员工是实实在在的、有效的管理方法。

在组织管理层面，场景赋能高低也是评判一家企业管理状态的一项很关键的衡量标准。因为在越来越多的企业中，影响人员去留的因素开始从关心薪酬、待遇和升职机遇，转变为关心是否能获得学习机会、新技能。因此，对于企业而言，最重要的就是学会如何赋能。利用场景更好地激活人才，提升组织战力，还需要具备以下特征的场景，如图 4-7 所示。

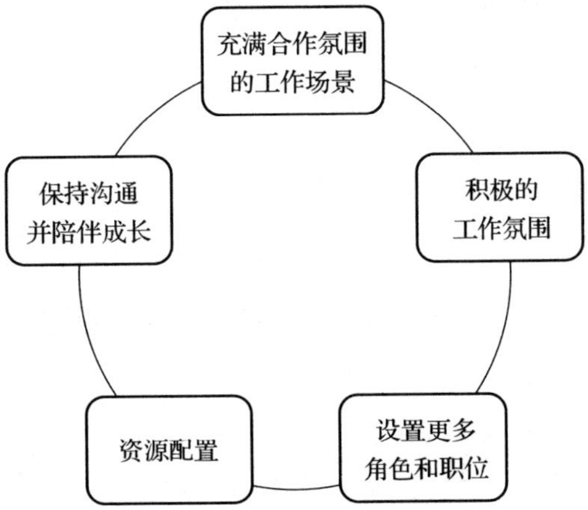

图 4-7　场景赋能的特征

（1）充满合作氛围的工作场景。

在充满合作氛围的工作场景中，每位员工都乐于协助他人，由于相互信赖，人们能够更容易地进行协作并获得成绩。在良性的合作氛围中，员工更乐于尝试新鲜事物，并从中释放出更大的个人潜能。

（2）积极的工作氛围。

积极的工作氛围可以提升员工的工作效率，使工作效果得到明显的改善。

（3）设置更多角色和职位。

设置更多角色和职位需要管理团队突破传统层级架构，开放组织平台，重新设置角色和职位，并建立不同的晋升体系和考评系统，使管理人员更轻松地找到适合自己的新职位或角色，给员工以更多的发展机会和实现人生价值的可能性。

（4）资源配置。

在实际工作中，如果不进行资源配置，员工就不能发挥作用并获得效益。有时候，大家都以为赋能就是培养员工的学习能力或对其进行辅导，但实际上这只不过是很小的一部分。而真正好的赋能就是信任授权、匹配人才，使员工得到具体帮助，这样员工才会释放出最大的潜能，从而取得良好的成绩。

（5）保持沟通并陪伴成长。

曾有管理者问过这样一个问题：为什么授权并为员工匹配资源却未取得好效果？原因是在授权之后，企业管理人员就不再和员工保持交流，反而任其自生自灭。赋能的正确做法是保持沟通并陪伴成长。

总之，企业需要不懈地努力，以协助成员和团队实现与时俱进，这也就是赋能场景要肩负的重要责任。

二、流程效能平台

流程管理是企业最基础的管理，企业所有管理系统解决方案的研究和设计都必须以流程管理为基础。特别是企业在实施数字化转型阶段，流程管理体系将有助于企业进一步规范流程、优化制造流程和再造过程，使企业内部的管理体系更加合理和易于执行。

数字化时代的流程管理都是基于数字化模型展开的。在此基础上，数字化流程与平台的关系也随之浮出水面：企业进行数字化转型，随之必然会诞生属于企业的数字化办公系统，也就是所谓的平台。而建立一个企业办公平台的基础是拥有一套完备的企业流程，只有打通企业流程，才能让流程效能平台发挥最大的作用。对于企业平台而言，流程具有以下三个方面的内容。

1. 提升平台聚焦业务的能力及平台的效率

数字化转型，本质就是以业务为主导的管理变革，流程管理的要点之一就是把目标对准业务价值的实现。以往的管理方法偏向于让企业平台适应行业，这在企业发展初期行业种类较少的情形下也是行得通的。但是，随着企业规模的日益扩大，独立营业单位日益增加，企业平台仍然强行去满足不同的行业单位，将会降低自身的效能。而企业数字化流程管理模式可以抛弃闭门造车的经验主义，围绕经营目标，总结数字化的经验，主动转变模式与流程，让业务单元适应平台，用平台支撑业务流程变革和管理的改进。

2. 企业平台的全局视角

以流程管理驱动的数字化转型始终强调以终为始，实现“以客户为中心”的流程数字化建设。流程管理要对准客户，坚持“从客户中来，到客户中去”的整体最优化原则，强调以业务的一线需求为起点，从一线往回梳理，而在此过程中业务的改进必须要有明确的客户价值和业务收益。流程管理能够打破企业的管理壁垒，从业务整体价值链角度出发，为平台的进入提供了绝佳的机会，使企业平台能够基于整体的业务流程审视数字化支撑问题，并加以改进。平台得以沿着主航道进行端到端的流程化和数字化。打通价值链上的流程断点、系统断点、数据断点，从关注局部利益转变为关注整体利益和价值创造能力。

3. 流程不是一次性工程

流程具有长期性和复杂性的特点，这与企业平台寻求持久地对企业进行高效管理的设计愿景不谋而合。建立完善的流程管理与流程运营体系，能够促进企业业绩持续有效地得到提升。因此，企业需要逐步构建起长效运作的流程管理机制，为企业平台的建设与完善提供底层逻辑，从而提升企业的运营能力。

三、平台动能组织

构建企业的数字化平台架构，建立新的企业平台动能组织，是当前企业亟待解决的问题。

1. 企业数字化平台架构

根据我国中小企业数字化转型需要和新技术的发展趋势，我国中小企业数字化平台架构的核心是依托云计算、大数据分析、人工智能等数字化新技术，建立技术前台，沉淀数据中台，继而在技术前台和数据中台的基础上进一步发展和完善企业业务后台，如图 4-8 所示。

图 4-8　企业数字化平台架构

（1）技术前台。

技术前台为企业数字化转型奠定了技术层面的基础条件，如灵活的技术操作、弹性的资源调配、安全的链路运营监控、统一的业务整合信息管理等。

（2）数据中台。

数据中台依托于企业的存储技术，已形成了全面的跨行业多部门的资产系统，并完成了对企业管理层的数据驱动和对外部商业市场的大数据服务，已成为企业数字化发展的重要基础。

（3）业务后台。

业务后台为企业提供其内部能力建设的支撑体系，促进企业运营和持续发展，帮助企业进行业务评价、制度制定等，并促进企业的结构转型。

2. 企业数字化平台对企业的作用

传统企业的痛点在于很多企业没有专门的系统策划与研究，大规模的系统反复研发、重复构建，造成重复使用率很低、工作效率低下、产研资源严重浪费、使用体验不统一。或是在早期的行业发展过程中，企业想要处理一些当下的行业问题，基础体系之间耦合得太深了，再加上缺乏规划，而横向体系内部、上下游体系内部的交叉问题又非常多，使企业在新行业、新市场的开拓过程中，其基础体系往往无法复用，甚至无法快速地进行迭代。企业数字化平台对企业的作用如图 4-9 所示。

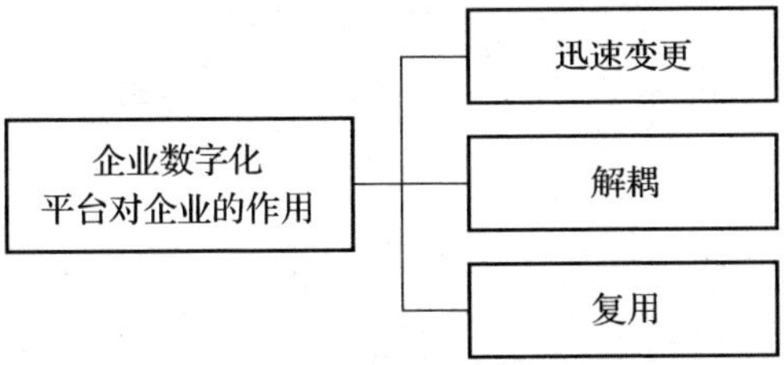

图 4-9 企业数字化平台对企业的作用

（1）迅速变更。

一些企业的业务需求变化很快，变更以天甚至更短的频率计算。企业在发展过程中，一旦缺乏网络平台，进行单一部门的变更就会显得更加艰难。而网络平台则可以把大型企业变成许多小型企业，大大增加了企业的灵活性，使其能够适应外部环境的迅速变更。

（2）解耦。

随着企业的发展与壮大，企业的业务单元越来越多，也越来越复杂，所以企业中各个业务单元的交互关系通常会显得更加复杂。一个业务单元的修改可能对组织中许多个业务单元产生影响。而平台的存在可以使企业中需要大量交互的业务单元相互独立，这也使整个团队的耦合度大大降低。

（3）复用。

平台的另一大功能是能够对企业中的资源等进行重复利用。通过复用公共资源等，可以大大提高企业的效率，避免重复建设，也可以使数据和流程在企业中得到集中管理和优化。

管理韧性专栏 4-3

热风：零售业的数字化管理攻略

一、企业简介

热风（hotwind）1996年创立于上海市，隶属于上海热风时尚企业发展有限公司。热风是一个集设计、精选、销售为一体的时尚零售连锁品牌，其主要产品包括服饰、箱包、鞋品、配饰等。热风不仅是一个商品品牌，更是一个时尚购物的商业品牌，它始终关注消费者的需求，为顾客提供真诚、朴实、人性化的服务，时尚、品质优良的商品，自然、休闲、亲和的购物环境。面对不断变化的外部环境，热风意识到仅靠传统线下门店作为销售渠道不足以支撑企业快速、健康、可持续发展。为此，热风开启了数字化转型之路。

二、平台化运营

1. 在技术前台方面

热风在意识到不能仅依靠线下渠道后，就启动了门店信息化管理建设，上线了门店信息化管理系统，实现了所有门店在商品、价格、订单上的统一管理。此后，热风完成了ERP（企业资源计划）系统建设，创建了整个供应链信息化体系。

2. 在数据中台方面

热风率先搭建了用户管理平台。

（1）私域流量的积累及效用。

热风与微盟进行合作，致力于私域流量新基建，打通公私域全触点引流，快速积累规模化私域用户，再通过企微社群、小程序商城多维度协同实现产品种草、直播带货的营销目标。

一方面，热风通过会员平台，与自己拥有的运营渠道（平台电商、门店、App、小程序等）的消费者数据、行为数据等加以匹配整合，从而建立自身的大数据价值。另一方面，热风借助会员中台，通过对消费行为的洞察和大数据分析，对用户实施产品生命周期管理，也可以通过开展多样化产品服务提高消费者的活跃度，从而提升用户价值。

（2）用户画像的精细化。

会员中台体系对原来的用户画像的操作方式进行了很大的调整，由原来的手动贴标签转为机器自动为用户画像，各个通道间信息的整合也使用户标签成倍增加，用户画像越来越精细化。

（3）品质管理体系的建立。

热风还打造了基于生产经营全过程、全链条的品质管理体系，在产品制造、库存、运输等各个环节进行信息提取和即时监测，从而做到了商品生命周期的信息化和透明化。

3. 在业务后台方面

（1）线上线下沟通交流。

过去，热风缺少系统的网络平台和管理系统，企业内部交流大多采用邮件形式，后来引进钉钉作为交流软件，做到了在线沟通与线下交流相结合。热风的业务系统都在钉钉端完成了相关的工作输出。并且，通过钉钉的盘点按钮，所有店铺的工作人员都能够在现场领取盘点工作，用手机进行商品扫码、分组盘点，提高了盘点效率。

（2）在线化业务。

对于热风而言，会员是最重要的财富之一，过去的会员对业务开展的支持作用不甚理想。由于其是按照渠道划分，会出现线上线下彼此割裂的情况，所以热风针对自己的经营特色，将会员、宣传、产品、仓储、订单、渠道、物流等融为一体，持续推进业务在线化。

三、发展与总结

热风通过数字化转型，根据消费升级的时代趋势及企业发展的需求，重新确定了品牌定位。显而易见，热风并非单纯地以服饰产品为主，而是要顺利地开创出一个全新的零售业态，并力求发展成为世界领先的依靠数字化经营的高科技服饰企业。

（资料来源：笔者根据多方资料整理而成）

四、运营聚能价值

在数字化转型中组织管理最关键的一点就是运营，转型的大背景也就是数字化运营。

1. 数字化运营的内涵

关于数字化运营，借用普华永道的定义，数字化运营就是着眼于整个组织的数字化和垂直整合流程，从产品开发和采购到制造、物流和服务。运营生态系统的有效规划与实施至关重要，这是由于它能够使供应链运行（包括生产和补货）与真实的顾客需求保持一致，从而在整个经济生态系统中推动企业可持续发展。

2. 数字化转型中企业面临的挑战

在数字化转型中，企业面临着用户连接断层、组织协同断层、数据链路断层三大挑战，如图 4-10 所示。

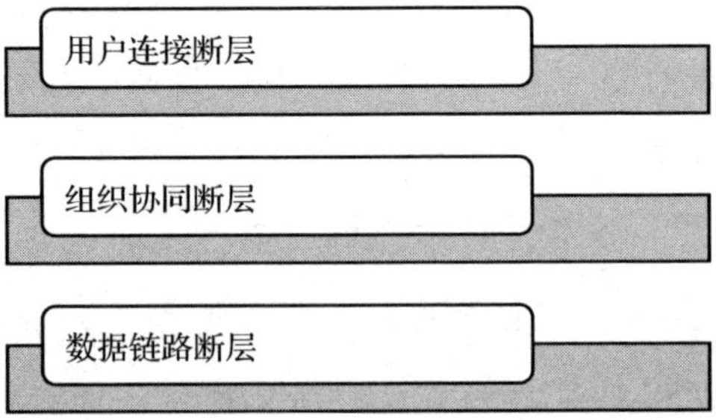

图 4-10　数字化转型中企业面临的三大挑战

（1）用户连接断层。

传统服务在从以线下交易为中心到以线上服务为中心的转型过程中存在用户连接断层的问题，在用户触点的精细化管理这一环节中存在缺失，难以与线上运营协同联动。

（2）组织协同断层。

传统经营在以产品为中心到以客户为中心的转型过程中存在组织协同断层的问题，总部各部门、经营部门的数字化人才和数字化经营文化缺失，难以形成总分支联动。

（3）数据链路断层。

传统企业发展在以信息化为驱动力到以数智化为驱动力的转型过程中存在数据链路断层的问题，对用户触点的数据缺乏分析管理和有效使用，难以真正驱动业务增长。

3. 数字化运营汇聚价值

传统企业最难做到的是组织协同，如一家大型的传统企业推行数据中台战略，在推行了一年多之后，因为主要领导的调离，项目推进变得举步维艰。因此，在传统企业中，快速产生结果就显得尤为重要。在此基础上，传统企业可以用“小步快跑，快速试错”的方式推行数字化运营。企业数字化运营由数据、标准、范围、总体目标、战略五个部分构成，如图 4-11 所示。

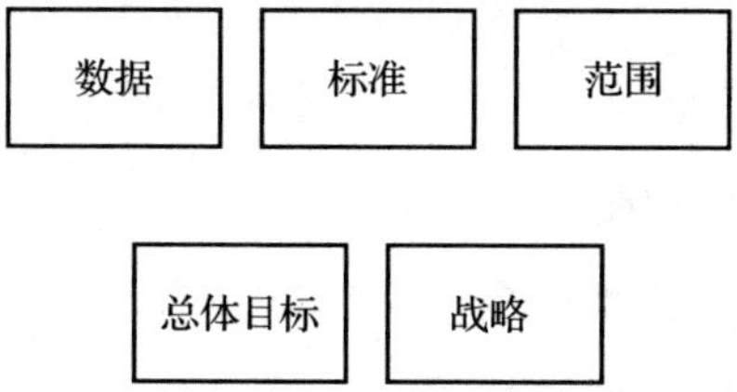

图 4-11　组成企业数字化运营的五个部分

（1）数据。

企业需要具备准确、完备的数据，只有充足的数据才能打通企业与用户间的壁垒及线上线下的运营通道，从而实现协同联动，这是所有企业进行数字化运营管理的基础。

（2）标准。

企业应当有完善的体系化、量化规范。一旦企业无法系统地评估经营管理，数字化运营管理就可能是单点式的，给企业创造的价值也很有限，无法达到总分支联动及组织协同的效果。

（3）范围。

企业的数字化包括广度和深度两个方面。对此，企业不但要重视经营成果、分析经营结构，还要让数字化覆盖管理的所有过程和关键环节，强调将经营理念和方式应用于管理各环节中。

（4）总体目标。

清晰的总体目标能够使企业达到降本增效的效果。不但降低了传统线下营销中双重人工、非标模式带来的影响，而且提高了企业线上直接营销的能力，实现了降本增效，达到了提高企业经济效益的目的。

（5）战略。

企业将数字化技术直接与制度、策略挂钩。由于数字化营销系统对外可以涵盖用户整个生命周期的管理过程，对内也可涵盖服务的整个过程，如通过优化审批流程、提高决策速度，从而提高运营效率。所以，应高度重视制度和策略，将策略提高到战略高度，让数字化营销的核心理念更容易落地，进而释放品牌价值。

4. 数字化管理的价值

运用数字化管理能够对企业运作的过程、结果以标准化的方式进行衡量，从而对企业行为进行量化管理，更能够通过数据的方式看清问题、说清事实、预测未来。通常我们会对生产运营类数据进行分析，从而知道如何提高效率、降低成本和提高质量等，同时也会发现新的产品或服务，为企业创造新的价值增长点。企业开展数字化管理的价值主要包括以下三点。

（1）客观评价。

数字化管理是一种量化管理的手段，它能客观地评价整个企业运营管理的质量。当今很多企业并没有设置数字化管理部门或岗位，但是很多数字化的管理手段和考核机制都融入了企业的日常管理。随着数字化管理水平的提高，其带来的价值是显著的。

（2）提高效率。

数字化管理可以带动数字化转型企业提高效率和产品质量，节约开发成本、管理成本和交易成本等。

（3）创造价值点。

数字化管理能够从数据层面挖掘和分析企业乃至整个生态圈的发展趋势，为企业创造更多的服务延伸价值点或衍生品，预测新产品的市场份额，创造新的价值点和增长点。

管理韧性专栏 4-4

孚能科技："软包之王"的数字化运营体系

一、企业简介

孚能科技成立于2009年，于2020年7月17日在上海证券交易所科创板上市。孚能科技重点研发新能源汽车的电池系统和储能系统，其生产的三元软包动力电池在国际市场有着重要的地位。孚能科技对新能源电池的研究取得了多项荣誉，入选国家高新技术企业、国家企业技术中心、国家智能制造试点示范企业、国家技术创新示范企业等，在行业内具有"软包之王"的称号。

二、数字化运营体系

在数字化时代下，企业还需跟上时代发展的脚步，做好企业内部的经营与管理，以数字技术赋能企业。孚能科技在数字化转型的过程中合理运用数字技术，重塑了整体运营体系，具体表现在数字化流程、数字化运营和数字化管理三个方面。

1. 数字化流程

数字技术使企业的协同特征由线形逐步转变为网状，使工厂、基地的生产流程更加自动化、智能化。孚能科技极为重视技术创新及发展，以技术优势来加强企业的协同优势及作用，共同打造数字化流程。

2. 数字化运营

孚能科技将数字化技术、互联网手段应用于企业业务中，有效提高了企业的运营效率，获得了更加专业化、数字化的运营方案及模式。

（1）数字化官网建设。

孚能科技利用数字技术对其官网页面进行了改造，实现了数字化官网建设，并取得了较好的效果。具体来说，孚能科技对官网的数字化改造，核心思想就是使企业的对外品牌形象从视觉上达到一致化、形象化，将企业的发展规划、长期短期目标等相关信息清晰地在官网首页呈现出来，提高用户对企业的辨识度。

（2）加强与客户的线上互动。

通过数字化营销手段，孚能科技不断加强企业与客户之间的互动，同时还积极探索以线上化、集中化的经营管理模式对客户开展有效管理，使企业的效率大大提高，并且节约了运营成本。

3. 数字化管理

企业管理者对孚能科技的技术团队发展与管理转型有了全新的需求。于是，孚能科技开始了对其内部管理的数字化变革。孚能科技搭建集成仿真技术平台，实现技术解耦，进行业务模块化、产品化，从产品底层打通了整个产品体系。同时打造信息中台，把信息视为核心资源，打通企业内部信息，完善大数据处理系统。通过数字化平台建设，能够有效促进孚能科技的自身改进。

三、发展与总结

孚能科技在新能源电池领域追求数字化转型发展，助力企业成长。在电池生产中，孚能科技打造了集数字化流程、数字化运营和数字化管理于一体的数字化运营体系，使其在不确定、不稳定的时代洪流的冲击下茁壮成长。为此，孚能科技旗帜鲜明地提出建设数字化运营体系，将探索数字化运营管理模式作为企业的长期发展策略。

（资料来源：笔者根据多方资料整理而成）

第三节 数智管理

在数字化时代下，数智管理成为众多企业的选择。具体来说，企业在利用数字化技术赋能时，致力于创新管理模式，重视企业知识管理，实现企业的高效运营。

一、企业数字化转型

企业数字化转型是数智管理的必经之路，也与企业在当前时代下的整体发展密切相关。企业使用数字化技术，通过制定战略、统一认知、分解目标和数字化管理，实现整体的数字化转型。

1. 数字化转型的内涵

数字化转型属于企业战略的一部分，或者说数字化转型服务于企业战略，具体来说就是战略性地使用 IT 和数据支撑企业战略目标的实现。

当企业发展到一定程度时，其发展速度就会放缓甚至停滞。这时，企业就需要寻找新的增长点，以求持续增长。数字化时代的来临让企业认识到数字化能够突破发展瓶颈，实现持续增长，甚至重塑商业模式，发现裂变增长的契机。因此，数字化转型战略或数字化战略并不是孤立存在的，它本身就是企业战略的一部分，是为了实现企业战略目标的一系列计划和行动的组合。

（1）数字化转型就是战略性使用IT。

战略性使用IT，就是要改变IT的现状，重塑IT，切实提升企业的生产力、竞争力。

（2）数字化转型就是战略性使用数据。

战略性使用数据并不意味着传统企业不重视数据，也不是说传统企业没有可用的数据，而是大多传统企业不会用数据，有的企业甚至不清楚自己到底有哪些数据。烟囱式的系统架构和各自为政的系统建设，导致传统企业产生了大量的“数据孤岛”。战略性使用数据就是要改变数据使用的现状，将数据真正作为企业的生产要素去管理和使用。这并不是某一个部门、某一些人员的事情，而是需要企业全员对“数据”“数字化”建立统一认知，具备“用数据说话、用数据决策”的思维模式，培养并逐步形成企业的数据文化。

2. 企业数字化转型的路径

当前，大多数企业致力于数字化转型，探索数字化转型的路径，通常企业进行数字化转型需要以下四个步骤，如图4-12所示。

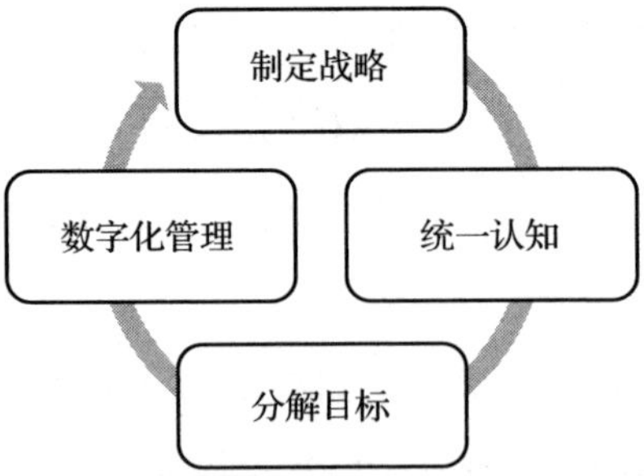

图4-12　企业进行数字化转型的四个步骤

（1）制定战略。

数字化转型战略的制定一定不能脱离业务目标，要与企业战略目标对齐，具体包括解读企业战略、分析业务需求和目标、分析内外部环境、分析行业的领先实践和案例等一系列措施，并最终确定数字化转型的战略目标。

（2）统一认知。

数字化转型需要的是企业全员的共同参与和努力，这建立在全员对企业数字化战略的共同认知基础上。战略共识的达成需要不断沟通，而不只是行政命令或文件的简单传递。

（3）分解目标。

数字化转型不是一次性活动，而是一个持续的过程，在这个过程中需要每个部门、每位员工共同发力。首先，企业需要对数字化转型战略目标进行分解，将转型的大目标分阶段、分批次拆解为多个可执行的小目标。其次，将这些小目标分配给对应的部门、团队和个人。最后，企业需要一个个地完成和攻克这些小目标。在这个过程中，随着时间的推移、业务的变化、技术的更新，企业转型的目标也需要进行及时的调整。

（4）数字化管理。

企业在确立了关于数字化的发展战略，全体成员就数字化发展达成共识，并确立了多个转型的小目标后，最后一步也是最重要的一步就是企业管理模式的转变——数字化管理。

二、企业数字化管理

1. 数字化管理的内涵

总的来说，现代数字化管理工作是指运用计算机技术、通信、互联网、人工智能等现代信息，完成规划、信息管理、沟通、服务、创造价值等功能的管理工作活动和管理工作技术的统称。

数字化管理技术有两个基本含义：一是整个企业管理工作都是通过网络进行的，即企业所有的知识资料、信息和财产都可以进行数字化管理；二是企业运用数字化管理信息处理企业的管理问题，即管理模式的可计算性。

数字化管理随着网络的出现而诞生。网络将完全改变信息与数据的产生、处理、传播方式，带来了信息与数据的社会与文化革命。网络信息技术的发展带来了数字化变革，企业的管理模式也会因此彻底改变。

2. 数字化管理的特点

数字化管理不仅是企业数字化转型的关键步骤，而且给企业的管理模式、与顾客的关系带来深刻的改变。在企业转型的具体实践中，可以总结得出数字化管理具有定量化、智能化、综合性、集成性、系统性和动态开发性六个特点，如图 4-13 所示。

（1）定量化。

定量化表现为数字化管理，是指通过使用模型化和定量化的管理技术解决企业在数字化转型中所遇到的问题。

（2）智能化。

数字化管理工作综合运用了多种高技术手段和方法，并由此使电子化的管理工作具备了解析和模拟人脑数据处理过程的功能，即人工智能。

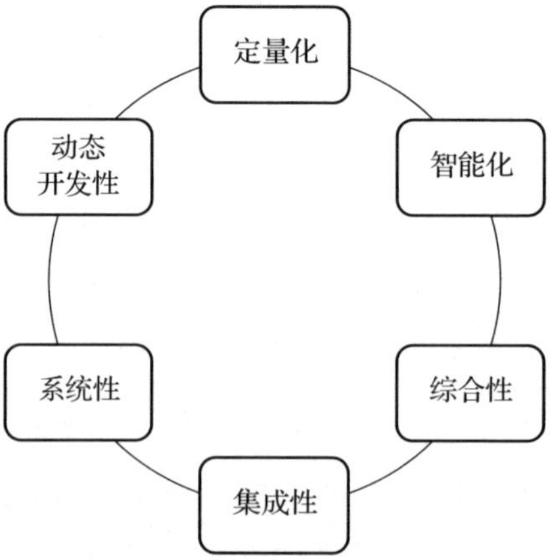

图 4-13　数智管理的特点

（3）综合性。

综合性体现了在数字化管理中企业运用多个专业的技术。除管理学、经济学、数学、统计学等计算机专业基础知识之外，根据业务涉及的范围还应掌握行为科学、社会学、会计学、物理、化工、过程控制论等各类专业的基础知识。

（4）集成性。

集成性是指把某种管理方式最成功的地方、最精髓的部分整合到一起，并融入管理创新的思想，以达到管理的功能整合与技能融入。

（5）系统性。

系统性是指数字化管理通过信息系统形成具有一定秩序、层次分明的整体。

（6）动态开发性。

动态开发性要求企业管理人员在数字化管理的过程中，根据内部环境的具体情况，不断地增补和调整数字化内容的输入方式，以寻求新的信息及数字化的最佳信息、内容等。

3. 数字化管理的实现路径

（1）将数字化管理作为企业经营策略。

数字化管理规划是一项在整个企业范围内推行的综合性规划，数字化管理对企业的长远发展和增强竞争力必不可少，应不遗余力地实施。

（2）形成有效支持企业数字化管理工作的组织体制。

要实现企业的数字化管理工作并取得一定成效，就必须形成一种有效的组织体制。在这一体制中，一是要有专门负责企业数字化管理工作的领导者，并制定企业数字化管理工作的规划与策略；二是组建更加专业化的管理组织，以共同完成与数字化管理活动相关的各项任务；三是建设支持数字化管理活动的基础建设。此外，与数字化管理相适应的组织形态是扁平式架构，不同于原有的金字塔式架构。

（3）增加对数字化管理的投入。

人们往往认为如果用某种全新的管理方式取代现有的管理模式，会增加资金投入，所以通常不愿意从管理上加以投入。但是，在数字化时代下，企业数字化转型的紧迫性要求企业增加对数字化管理的投入。

（4）研发支持数字化经营的信息技术与管理软件。

计算机软硬件技术、信息通信技术及人工智能技术都是数字化控制的外部基础手段，而这些技术为信息的辨识、收集、传递和使用提供了强大的工具，便于企业更好地进行数字化管理。

（5）创建针对数字化管理的企业文化。

促进数字化管理成功的企业文化包含员工高尚的道德、企业荣誉感和团队精神等。另外，对企业领导层的支持也是数字化管理系统取得成功的重要保障。

三、创新管理模式

企业进行数字化转型，推行数字化管理，还需要在整体上审视其新变化，坚持以人为本的理念，创新管理模式。

1. 新变化

数字化对企业最显著的影响是对人的改变，以及员工对企业价值贡献方式的改变。

（1）人的改变。

数字化造成了人的改变。企业管理最主要的对象是人，因此当人变了，企业管理的模式就得跟着变。在数字化转型过程中，企业中与人相关的重要改变有三个——人才生态、员工自我价值定位及组织活动核心。

第一，人才生态的变化。当下的新生代员工是“数字原住民”，拥有丰富的数字体验。另外，在当下的企业组织绩效中有很大一部分绩效是由机器人和人工智能完成的，特别是一些可衡量、可程序化、可量化的工作。

第二，员工自我价值定位的变化。在新的组织秩序下，年轻人工作的目的不再是单纯赚钱，他们对工作的意义和使命感有更高的要求。

第三，组织活动核心的变化。随着数字化技术下商业活动的改变，员工与组织、客户的关系及组织与外部的关系被重塑。优秀的企业管理者的核心能力是可以赋能个体、团队、企业和外部组织的，通过激活各个主体，让他们协同创造价值。

（2）员工对企业价值贡献方式的改变。

在数字化时代下，员工对企业的价值贡献方式改变了。当新生代员工出现，也就是当“个体价值崛起”时，组织的管理模式首先从“服务—指导式”变为“激活—赋能式”。这种管理模式要求企业以员工为中心，管理者必须处于“无我”的状态。当管理者把激活员工、赋能员工成长作为最主要的追求后，组织的活力和个体的创造力就会被释放出来。

2. 以人为本

目前，企业有多种聘用方法，包括兼职人员、临时工、劳动派遣人员等。员工的需求也更加多元，除福利和薪资需求外，还有弹性工作时间、移动办公、健身设施、员工援助计划等。同样，在当下企业对员工能力的要求中，排名靠前的是技术能力、社交能力、认知能力和感知能力，这与以往的要求有明显的不同。企业需要为员工赋能、重新制定组织的要求，其重点较以往也发生了非常大的变化。

因此，企业需要从以企业为中心转到以人为中心。以人为中心，就要考虑创新企业管理模式，使企业为价值创造发挥真正的作用。

相应地，战略经理在企业内承担的战略的合作伙伴、管理的顾问、组织的支持者和改革的倡导者四个最主要的职责被重塑了。企业进行改革时，这四个角色的基本职责发生了较大的调整，因为企业主体已经变成多主体，包括个体、组织、顾客、产业伙伴和共生伙伴。企业要让这几个主体一起给企业带来价值，这就是我们所说的共生价值。当多主体创造价值时，就更需要企业具备战略导向，能够真正为多主体赋能，建立起契约联结机制，让多主体拥有合作的基础，同时以价值创造为标准进行评价和分配。

总之，企业需要一些新模式帮助企业和数字个体回到商业活动的价值创造中，并形成有价值的闭环。企业管理新模式的关键是激发员工的价值创造力。

3.OKR 管理模式

如今，在企业管理领域有一个很热的词——目标与关键结果（Objectives and Key Results，OKR）。OKR 指的是在团队中对工作目标与工作成果的设计、协调与执行的系统化方式。每一个目标 OKR 都包括维度指标、维度目标、关键结论和结论目标四个变量。OKR 的核心就是总体目标和重要研究成果。在总体目标方面，需要简洁、定性、具备执行力的独立表达，并对自己将要完成的工作做到心中有数。在重要研究成果方面，则需要具备可衡量性。有清晰、准确的判断，对主要目标与具体产出都有确定的实现途径，并且总体目标必须是在确定后才能实现的。

（1）OKR 与 KPI。

OKR 和 KPI（关键绩效指标）有显著的区别。KPI 是指在目标和任务是明确的、环境是相对稳定的情况下，可以用 KPI 对员工进行考核。但是，数字化环境是充满不确定性的，企业不得不转用新的考核方式——OKR，重点关注个人怎样实现目标、怎样衡量关键结果，以此让组织能够时刻响应外部的变化。所以，OKR 最大的优势是能够与外部互动，让员工集中精力为共同目标做出非常明确的贡献。

（2）OKR 的效果。

在企业团队方面，OKR 可以使内部交流更加清晰，通过透明化的方式帮助团队清楚部门目标、优先事件及每个人的工作；可以使合作过程变得更加顺畅，通过采用共享成功准则，让团队关系更加融洽；可以使团队获得更大的自主权，有充分的自由度，可以通过自身方法灵活调节；可以使工作方法更加灵活，更好地应对变革，降低企业在应对数字化冲击时需要承受的风险。

在企业目标方面，OKR 可以让服务更加专注，在目标上的重点着眼于服务结果，而不是工作流程。

在企业员工方面，OKR 可以使员工拥有更强的主人翁意识，鼓励每个人都行动起来，为各自的目标奋斗；可以使工作目标制订得更具有挑战性，引导团队成员走出舒适区，并重新思索应如何工作。

四、数据化知识管理

在不确定因素越来越多、市场瞬息万变的数字化时代，知识资产往往是企业脱颖而出的关键。因此，一些人把数字化时代又称为知识时代。

1. 知识管理的内涵

知识产权管理体系的基本概念是，在组织中建立一种高度量化和质化的体系，将组织中的信息和经验通过获取、创新、共享、集成、记忆、储存、更新、再创新等流程，持续地反馈到整个体系内，在企业组织中形成管理和应用的智力资产，从而帮助企业做出合理的经营决策，以应对市场的变化。因此，可以总结为：知识管理就是给知识库、经验提供流程及对知识库的使用过程加以计划和管理的活动。

21 世纪，企业的经营绩效将越来越取决于其所掌握的知识的质量，运用所掌握的专业知识可以为企业带来竞争优势，但维持竞争优势对企业而言仍然是一种挑战。

2. 知识管理的现状

人们的知识可以粗略地分成两种：一种是显性知识，是指可以用正常的话语表达明白的东西，这类知识公开且便于流传；另一种是隐性知识，是指无法用正式语言表达明白，扎根于个人经验中的个人认识，包括无形要素，如个人信仰、政治观点和价值观等。

企业是由一群人组成的，使用的是员工的技能和知识，就是所谓的显性知识，而这只是员工个人知识的一小部分。也就是说，员工的大部分隐性知识并没有得到有效运用。在一个只有不确定性的经营环境中，企业保持竞争优势的另一种确定性的源泉就是对知识的管理和创造，而现今大多企业的知识管理及创新机制不成体系，难以发挥出知识的价值。

3. 推进数据化知识管理的路径

推进数据化知识管理是当前企业的必然选择，具体来说，其实施路径有四个，如图 4-14 所示。

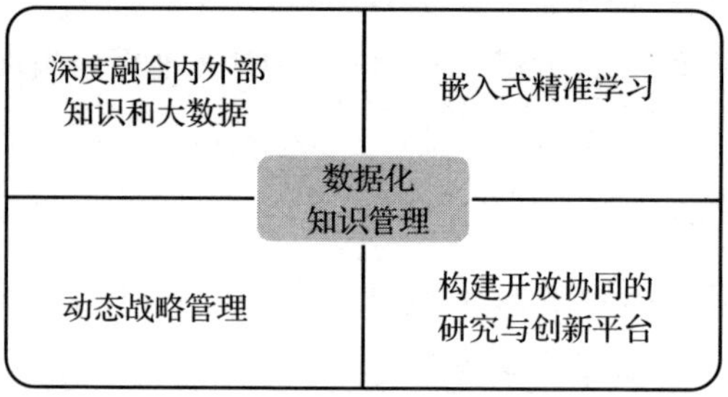

图 4-14　推进数据化知识管理的四个路径

（1）深度融合内外部知识和大数据。

通过融入大量知识与大数据分析，企业在内部形成了完整的知识库系统，可以全面集成、融通企业内部的专业知识资源，内容涵盖市场情报、科技前沿、技术创新成果、企业网络资源、企业经营管理与生产的基本知识、企业内部沉淀的经验、专家头脑中的隐性知识、技术创新流程数据分析等，突破企业的“数据信息孤岛”，形成企业大数据中心。在此基础上，利用全范畴认知标记和知识矩阵，对知识和信息资源实行深层次标引，从企业的经营管理体系、岗位体系、产品制度、技术管理体系、生产管理体系、提问主体等入手，从 5W2H 模式（What/Why/When/Where/Who/How about/How to do）的七个层面入手，实现智能化自动标引，建立多维度的、完整的知识库系统，以及面对具体问题的知识矩阵，根据维度和提问主体可以迅速发现精确的知识点。

（2）嵌入式精准学习。

企业通过嵌入想法产生、创新落地（研发）全过程，打造最关键、最精确的知识服务。各个阶段的技术创新来源都离不开企业管理层知识的积淀和工作团队对专业知识的了解，在技术创新落地的过程中，各环节得到了有效的技术知识服务，同时也把经验和知识积累下来，从而促进了二次创新和渐进式发展。在构建企业大数据中心的基础上，为企业服务创新、管理者行为研究等领域提供了基于环境认知的人工智能学习服务，以及针对企业实际问题的嵌入式系统精准学习服务，将学习服务和知识服务植入企业研发与管理流程，把正确的信息在恰当的时机传递给正确的用户，从而进行全过程自动学习管理与生产过程信息的沉淀。

（3）构建开放协同的研究与创新平台。

企业要主动构建开放协同的研究与创新平台，激活“小核心 + 大外围”的专家智慧。通过大数据分析研发范式和协作研发范式，为科技攻关人员和研发队伍、项目管理队伍搭建了协作技术创新网络平台，为创新团队开发了协作研发、协调创意、网络视频会议、研发流程管控、任务管理和时间管控等多种灵活有效的工具，辅佐团队实现跨事业部、跨应用领域、多专业的技术创新。企业将知识库管理模式嵌入其技术创新全过程，在有效共享的同时，通过提炼团队成员隐性知识库经验，挖掘企业“内外脑”的专家经验和创新知识，将其纳入企业知识库，有效支持企业的智慧开发与技术创新。

（4）动态战略管理。

企业要根据动态战略管理模式，打造集决策、开发、营销于一体的智能协同“驾驶舱”与“企业大脑”，建立支持企业动态战略管控的知识库管理体系，实现企业市场资讯、专业知识、生产数据、科研数据等资源智能互联，建立支持决策、研究和营销管理的立体化数据知识库网络，为企业各层次管理者打造可视化“飞行舱”。企业通过认知、洞察、研究、传递动态知识，对大数据中心的资源进行充分挖掘利用，并围绕企业核心问题实现层级协作研究，迅速达成共识，实现对企业战略分解、制定、执行的管理过程。

4. 知识管理与创新

知识管理与创新这两种职能在企业中往往各自独立。随着市场环境的变化，企业也越来越有必要让这两者“合璧”，挖掘额外的商业价值。

无论从哪种角度来看，知识管理与创新都是相辅相成的。从更高的层面来看，知识管理的重点是创造和维护有效利用知识的渠道。创新的重点是以新的方式产生和整合知识，推动企业的发展。两者都直接或间接地支持另一个职能部门完成任务。新想法需要从许多渠道获取信息后才有可能产生，想要进一步实施需要跨越多种职能。知识管理通常需要增强对知识的共享来推动整个组织的创新。

知识管理与创新面临的挑战也是互补的。许多创新举措应争取高层领导者的支持。知识管理虽然与领导层的目标保持一致，但往往难以让员工更广泛地参与。在这种情况下，知识管理与创新自然就存在合作的可能，其利益、挑战和工具都存在共通之处。

将这两种职能整合有以下两大好处。第一，通过协作机制使共享的方案更容易实施。整合可以消除冗余，加快决策过程。第二，整合之后可以优化分工。

创新的关键优势在于激励和引出新的想法，而知识管理的关键优势在于开发和维护有效的渠道。考虑到这一点，创新团队可以负责大范围征集创意想法，在知识收集方面发挥更大的作用。知识管理团队可以设法协调关键的利益相关者和专业领域，从而掌握各方案的情况。

五、流程化高效运营

企业的运行机制是由企业的高层管理者根据个人经验来决定的，运营管理体系也是靠管理经验建立的。所以，当企业的规模越来越大时，经营中出现的问题也越来越多，于是造成了企业的运营混乱无序，高层管理者焦头烂额，企业管理陷入一片混乱。因此，流程管理和效率管理已是当前企业管理的迫切需求。

1. 流程化运营的内涵

流程化运营是指在进行流程投资控制、流程审计分析、流程优化控制、流程知识控制等方面对企业进行全方位的流程控制。这是一个可以将终端进行规范化的商业过程体系，是一种基于内部和外部环境变化的可操作的定位方法。

与常规的管理不同，流程化运营更多是从企业管理的全局考虑，既包括企业的总体经营管理，又包括企业过程管理的策划、组织、实施。流程化运营针对企业的机构进行内部改革，解决企业内部重复、中心层级过多、业务流程不流通等现实问题，将所有业务流程从头到尾都归同一部门管理，从而实现了组织不交叉、行业不重叠，达到了降本增效的目的。然而，在企业信息化程度不断提高的今天，流程化运营对企业管理越来越重要，其运作模式已经渗透到企业的各个方面。

2. 流程化运营的思路架构

从根本上讲，以流程为基础的运营体系的构建，使企业从经验操作与管理向制度化运营与管理过渡，这可以从以下两个方面着手。

（1）系统架构的思路。

构建系统架构就是要构建一个系统化的思维模式，即以整体的经营策略与运营模式为基础，并通过对各个模式的整体互动进行考量和评判，从而达到整体的体系制度设计与分配的有效性。

在企业管理体系的建设中，首先要具备一定的专业管理知识。一般的企业管理者都具备一定的管理经验，但缺乏相应的管理体系架构，同时又受自身管理实践的限制，因此，建立一个企业的管理体系架构往往要借助外部的力量，如顾问公司。基于顾问公司的管理体系的逻辑思维和基本理论架构，在进行了有效的沟通、训练、探讨后，结合自身的经营实践，最终形成符合企业现实状况和发展需要的组织体系架构。

（2）梳理流程的思路。

从整体上讲，业务流程可以涵盖所有商业和经营工作，每个企业都有自己的程序，其中既有书面的规则，也有不成文的规则。本书描述的以组织业务流程为基础的思维方式的转变，其目的在于打破传统的组织边界，把多层的、垂直的经营方式转变成单一的、水平的组织结构。

在对业务行为进行系统化整理后，根据企业的实际行为需求，在业务活动中加入一些管理和支撑需求，这样就可以完成多个不同的工作任务，由此产生不同部门之间的协同需求，并进一步满足企业的需求。

3. 企业进行流程化运营的具体措施

在构建了流程化运营的基本思路后，要将流程化运营落到实处还有一些细节需要企业格外留意，如图 4-15 所示。

（1）系统架构方面。

推进企业文化的变革。企业文化和价值观的转变是改革进程中的一个重要任务。据调查，很多企业之所以在流程性的改革中失利，一个主要因素是企业文化落后，固有的企业价值观、企业文化和现有的流程体系不匹配，甚至发生冲突，造成改革的失利。

（2）业务操作方面。

推动 IT 系统业务流程的固化与支撑。当企业向流程化管理模式转变时，IT 系统将肩负关键信息传输与固化过程的任务，甚至成为企业业务流程革新的重要推动力。所以，要把推进 IT 体系的建立与完善当作一个基础性工作。比如，通过建设跨部门的电子工单响应体系可以实现电子工单的流动，亦或通过建设企业知识库体系进行专业经验或方法的获取。

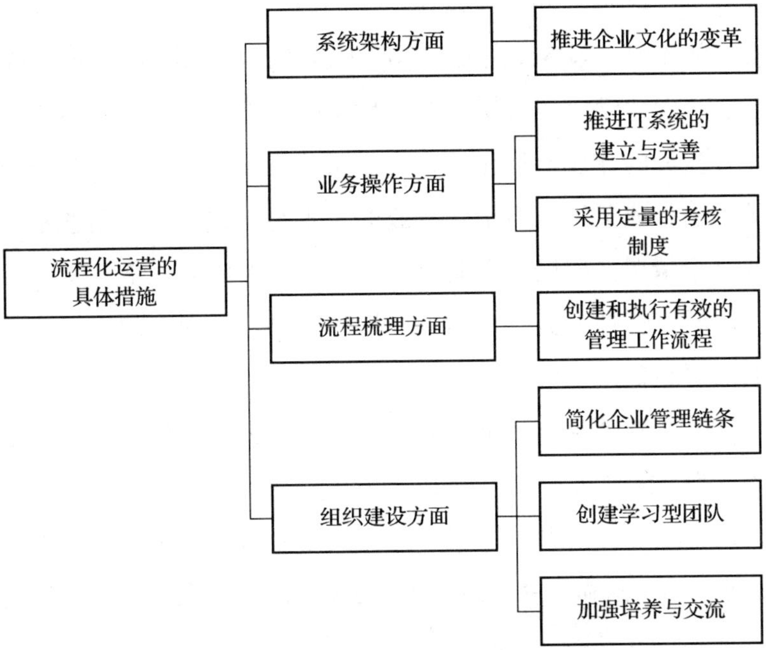

图 4-15　企业进行流程化运营的具体措施

采用定量的考核制度。企业总体目标要在内部加以合理细化、分解，以便让大家更加重视企业的共同目标，尽力量化技术指标，以确保可测性、有效控制。企业薪酬激励机制也要和绩效的贡献直接相关，而并非由上级领导决定。

（3）流程梳理方面。

创建和执行有效的管理工作流程。流程化管理的关键是形成一个跨部门的、全系统的、有效运转的工作流程系统。企业要利用科学的工作流程设计理论，创建和执行有效的管理工作流程。通常形成这样一种全新的体系要经历问题诊断、程序设计、执行、评价、优化完善五大阶段，各个阶段都有一整套科学、合理的管理方法。

（4）组织建设方面。

第一，简化企业管理链条。要实行流程化管理，简化企业管理链条，就必须减少过多的管理层级，形成扁平化的组织架构，通常都应该限制在四级之内，并合理授权。而部门、职位的设定也必须坚持精简、有效的原则，因事设岗而不是因人设岗，以确定合适的管辖幅度。

第二，创建学习型团队。在流程化模式下，虚拟团队的建立与运营、业务流程的建设与优化等，都对团队成员提出了远高于职能化模式下的需求，成员不但要了解专业的技术与知识，还要熟悉整个业务流程的基本情况。所以，企业应当创建学习型团队，培养员工的专业技能。同时，管理人员应该具备分析和解决实际问题的能力，不能单纯地把问题上交。

第三，加强培养与交流。企业正处在从职能化管理向流程化管理转型的过程，需要进一步加强培养与交流，包括流程训练、理论训练、专业技能训练等，以引导管理人员积极地参与公司业务流程的探讨与设计，通过边学边做，在实践中进一步提高自己的能力。

章末案例

平安集团：数字化管理模式

一、企业简介

中国平安保险集团股份有限公司（以下简称平安集团）成立于1988年，总部位于广东省深圳市。平安集团是中国第一家股份制保险企业。2019年，平安集团位列福布斯排行榜全球500强第七名，蝉联全球多元保险企业第一，在中国众多入围企业中排名第五，在全球金融企业中排名第六。平安集团在数字化推进下已经发展成为集金融保险、银行、投资等金融业务为一体的整合、紧密、多元的综合金融服务集团，是我国极具价值的金融行业上市公司。

二、企业管理

平安集团意欲加速数字化转型，早已开始进行顶层设计。2018 年，平安集团设立了“联席 CEO+ 职能执行官”的管理模式。2021 年，平安集团继续深化组织制度改革。此外，平安集团继续以“用最优秀的人做最优秀的事”，大刀阔斧改革中高层管理团队，要求“年轻化、专业化、梯队化、国际化”。在寿险改革中，平安人寿要求依靠数字化能力，打造高质量、高产能、高收入的代理人队伍，要彻底从“人力密集型”模式转向“科技赋能下的高产能”模式。

1. 数字化人才培养模式

作为国内较早进行数字化转型的企业，平安集团进行了大量数据收集、业务整合等工作。在这一过程中，平安集团发现传统的人才培养模式与数字化时代下新的业务逻辑和业务形态之间不兼容。于是，平安集团开始重新构建数字化人才的培养模式。

（1）数字化培训。

平安集团整合集团内部资源，推出了知鸟移动学习平台，对企业员工进行数字化培训。平安集团为了提高员工的数字化转型意识，缩短员工能力与企业转型大战略需求的差距，针对数字化转型采用了新的培训形式和培训内容，提高了对员工个人成长晋升的关注度。

（2）量化评估指标和监控手段。

由于数字化人才培养就是处在一边实践、一边试验的情景当中，平安集团建立了一套针对企业培训效果的量化评估指标和监控手段。平安集团在数字化转型过程中，会进行很多营销策略的调整，知鸟移动学习平台利用数字化技术优势，把各种培训的功能拆解到企业整个的业务管理流程中，做一些更精准的提升或训练。

（3）关注问题解决。

平安集团聚焦员工在数字化业务场景中所遇到的困难，为员工提供支持，最大限度地将员工的培训成果落到产能和业绩增长上。

2. 管理文化建设

平安集团在管理文化上则继续强调以绩效为导向、危机感与包容文化。在数字化转型过程中，危机无处不在，一不留神就会落后于人。但正是因为极具危机感，平安集团才强调以绩效为导向，能者上、庸者下、劣者汰。如今，平安集团贯彻的“刚柔并济”思维成为其在数字化转型阶段人才管理的核心要义。

通过市场经济的洗涤，中国企业向更高、更大的发展平台迈进。平安集团把以前提出的建设“国际一流”企业的目标改成了打造“国际领先的科技型个人金融生活服务集团”。平安集团提出，在文化建设中需要补充两个字——“引领”，要让崇尚“引领”嵌入所有平安人的DNA，将“引领”精神内化为平安集团文化的组成部分。

三、数字化运营

此前，平安集团更多是在集团内部与各子公司内部进行数字化变革，实现产品数字化与管理运营数字化等。如今，平安集团正加速向更高维度的数字化水平迈进，引领了多个产业的数字化转型，开始用技术重塑金融保险、平安智慧城市、大健康医疗等领域的运营法则。

1. 金融保险领域

（1）在金融与保险领域的实践。

平安银行通过AI、大数据等底层技术手段，分析旗下新车信贷、二手车放贷。目前，平安银行已成为亚洲顶级的数字商业银行。在汽车保险领域，平安车险通过AI学习，识别了6万种车辆、2400万个零部件的图片，保证客户最快只需要 3 步、133 秒就能完成索赔全过程，比传统的索赔平均时长缩短了 34%，彻底颠覆了传统车险的理赔流程。在保险后端营销业务方面，中国平安张江后援中心这个曾经全国最强的电话客户服务中枢，正在慢慢地用机器取代了人工。

（2）“1+3”战略。

实践是认识的来源与发展动力。在认知层面，以科技为起点，平安集团掀起了一场生态革命。在经营策略上，平安集团采取“1+3”战略：一家公司，一个账户多个业务，一条龙业务。拆解来说，就是以金融业务为核心，以医疗、汽车、金融科技等多个场景为协同，为客户提供多维度、有温度的生活服务；同时，发挥综合金融优势，实现金融与生态间的互相协同，以生态反哺金融。

平安集团的数字化变革落到保险业务即从“代理人运营”向“电子化运营”蝶变，推动寿险营销革命。这一轮的平安寿险变革采用“通道 + 产品销售”的双轮驱动战略，继续围绕产品销售、通道、数据化运营三大方向发展，构建长远可持续的健康发展平台。在产品销售领域方面，从顾客角度，平安集团构建了产品销售 + 医药保健、卫生医疗保健、教育咨询服务等情景，以更好地满足顾客的个性化、多情景的需要；在服务渠道领域方面，通过科学赋能代理人，从短线专注于“增员 + 增产”，长远建设成一个高能力、高收入、高质量的业务代理商队伍；在数据化技术方面，通过提高技术应用能力，推动业务目标的实现。

（3）新冠疫情下的数字化变革。

新冠疫情加快了数字化变革的进度，平安集团在前台、中台和底层技术等方面已经做出了许多数字化转型变革。

平安集团通过构建线上线下融合的营销前台，使顾客增加了人均购买件数。传统的保险营销理念认为，聘请代理商就是取得客源，保险依赖代理商获客。平安寿险在数字化转型过程中转变经营模式，通过加强客户经营，助力代理人提高人均购买件数。

平安集团数字化转型的另一个主线是构建数字化大中台体系，把大数据分析信息技术运用到保险企业的运营管理和管控过程中，一面构建“先知、先觉、先行”的总行直控网络平台，一面在全域范围内形成更高效的营销作业模型和细致化的活动量管理系统。

2. 平安智慧城市

在新冠疫情防控时期，平安智慧城市借助“i 深圳”App 迅速打造疫情防控平台，同时上线“深 i 您”“深 i 企”等面向居民、中小企业的精准业务，帮助深圳市政府共派发 2100 万只口罩，受益超 770 万人次，引导超过 80 万居民使用相关 App 服务并获益。

（1）智慧城市面临的困难。

过去，智慧城市发展中面临的主要困难为缺少体系和完整的顶层规划设计，体现为以下两个方面。

一方面，信息孤岛过大，基础信息不通。智慧城市发展的核心是数据资产的构建与集成。一个企业要想实现智慧城市目标，首先必须对处在不同区域、不同产业、不同技术水平、各种数据格式间的大量资源进行整合与互用，产生有效支撑行动的数据源。

另一方面，在都市城乡建设过程中缺乏具体规划。智慧城市建设的目的之一是提高市民生活品质，要从城市居民的现实情况出发，全面掌握城乡居民的主体要求，并根据所在城市的群众基础，寻找本市建设发展的突破口，从而做出比较完善的城市规划。

（2）平安集团的智慧城市策略。

平安集团推出的智慧城市策略，大致经过了以下三个阶段：一是通过依托于平安集团的服务场景，协助地方政府部门提高城市建设管理和民生服务的管理水平；二是把各个独立的服务产品平台化，并在特定领域内相对独立地制定问题解决策略；三是通过制定完整的、体系化的智慧城市云方案，形成一体化的城市治理策略，提高各级政府部门城市建设管理和服务的能力。

“i深圳”App是平安智慧城市计划第三阶段着力打造的样本产品，破解了大数据孤岛问题。在大数据分析管理集成领域，“i深圳”App在“集约化”上下了大功夫，携手深圳市政务服务数据分析管理机构，顺利融合了大量证照数据资源。深圳市政务服务数据分析管理机构综合了包含政务服务管理工作、网络安全与大数据管理内容的若干个行政职能。平安集团可以根据用户线上的需要，将线下的行政资源进行整合、互通。平安智慧城市将聚拢财经、政务、医药、教学、环境、城市交通、日常生活、信息技术八个智慧城市情景，从顶层建筑设计到具体落地打造出了各种情景下的方案，并以“i深圳”为载体，将脉络连接成全新的智慧城市雏形。

深圳市早已被看作智慧城市的样板，而平安集团成为智慧城市跑道上的冲刺者，为数字中国做出了榜样。

3. 大健康医疗

在数字化转型进程中，平安集团始终致力于构建一个大医药健康生态圈，也就是由“分兵突围”向“连横合纵”的业务闭环蜕变。

平安集团从网络医院切入，打通线上线下，将业务扩展至政府端、付费端，涵盖医保技术、智能医药、平安寿险、平安养老险、平安健康险等12家专业公司，形成了大医药健康生态圈。平安集团的大医药健康生态圈策略与过去在团队顶层设计下的“分兵突围”不同，更注重“合进与闭环”，以协同推动生态圈的构建。从具体实施措施来看，平安大医药健康生态圈的实施一般从横向和纵向两个方向着手。

（1）横向打通。

平安集团从用户侧着手把握客户流动情况，在付费侧进行长臂管理，从而赋能医院业务方，实现价值最大化。

在服务端，平安好大夫App除了拥有国内较强的自建医师业务群外，还搭建起了强大的线下服务网络。除了服务于个人用户外，还将为小公司用户建立专业、便利的企业医务室服务，已在交易端覆盖了500家以上的公司。由于我国允许将网络医疗服务引入医保交易，将大大利于网络医院的建设，使平安好大夫App终于打破了交易端，建立了自己的小闭环。另外，平安集团将通过从医保技术切入，牢牢把握“医保控费”这个产业痛点。

（2）纵向打通。

在纵向打通方面，平安集团借助服务于政府，撬动医院、大夫、中药师核心资源，并以技术为抓手，赋能产业生态圈成员，共同构建竞争壁垒。

在落地流程中，平安智能医院为政府监管机关和公立医院生态提出了终端方案，依靠金融服务金融机构、服务医师、监管病人、监管用药驱动赋能政务端，纵向打通业务。

具体来说，依靠智能医院内核操作系统，帮助公立医院全方位提高管理质量；赋能医师，构建医学研究应用领域的智库组织AskBob，在医院临床治疗、研发等应用领域全面协助医师；赋能公共卫生体系，以应对重大流行疫病暴发状况，赋能慢病管理体系以提高国民健康素质。

借助健康医疗生态圈，平安集团可以提供更多的服务，从而增加用户黏性。平安集团在健康端强劲的技术优势，也有利于提高健康保险的服务质量。平安集团通过数字化转型，形成健康生态业务闭环，以及强有力的科技与信息壁垒，从而创造更多的价值。

四、发展与总结

尽管目前平安集团在实现数字化运营管理、全面推动“智慧经营”方面还有上升空间，但其在这一道路上取得的阶段性成果是毋庸置疑的，对于业内外的其他数字化转型的同行具有广泛的借鉴意义。未来，平安集团将继续依靠数字化技术，建立更有效、优质、规范的运营管控系统，由里及外，促进企业数字化转型，帮助企业高效成长。

（资料来源：笔者根据多方资料整理而成）

本章小结

本章就企业韧性在管理层面展开了深入探究，从个人管理、组织管理、企业管理三个维度阐述了企业提高管理韧性的路径。在个人层面，侧重于分析个人身份认同、个人自我进化、个人融入激活和个人战力提升四个阶段。在组织管理层面，侧重于解读场景、流程、平台、运营四个要素在企业管理中发挥作用的机制和路径。在数智管理层面，主要介绍了流程化、数据化等结合数字技术的数字化管理模式，对于正在或未来进行数字化转型的企业具有重要的借鉴意义。

CHAPTER 5 | 第五章

价值共创

2021 年是“十四五”规划开局之年，也是第二个百年奋斗目标新征程的开启之年。经过多年的发展，我国社会经济环境正发生着深刻的变革：经济迈向高质量发展阶段、科技创新能力显著提升、人口红利逐渐转变为人才红利、碳中和提上日程、能源结构发生改变。在科技创新时代的大环境下，企业的生存和发展面临着全新的挑战，需要更多创新要素的输入。与此同时，投资机构也在不断探索助力企业发展的方式方法，正在同企业逐步形成价值共创共同体，推动产业转型升级。

一个有效的生态系统既包括产业链生态，也包括服务和跨行业的生态，后者正变得愈加重要。我们将致力于同企业和社会共创适宜中国科创产业发展需求的生态价值共同体。

——垠坤集团执行总裁 沈萌萌

开篇案例

慧心心理：基于价值共创的企业发展

一、企业简介

深圳慧心心理教育服务有限公司（以下简称慧心心理）于2017年成立于广东省深圳市，是以心理测评为内核做心理服务行业SaaS平台的高新技术企业。慧心心理签约超百名专业心理咨询师，汇集北京师范大学、北京大学、清华大学、中南大学湘雅医院等知名高校及医院的心理学、临床心理科、精神科专家，搭建身心健康服务平台，研发先进的身心服务产品，其核心业务包括为行业定制心理普查服务，为心理咨询行业搭建SaaS平台，致力于为教育、政务、企业和医疗系统提供心理咨询行业整体解决方案。

慧心心理始终坚持创新驱动、多元发展的理念，已为教育、政法、司法、卫生等逾百个政府部门、学校、企事业单位提供心理健康服务和综合解决方案，为社会大众提供公益心理健康服务，为特需人群提供个性化、精准化的心理健康服务。

慧心心理独立策划并实施了深圳市妇女联合会“家庭积极心理环境创设”、“家庭幸福角”、隔离酒店“暖心服务”等品牌项目，成为领域内区级（心和工程）、省级（心访工程）、国家级（安心工程）标杆及示范项目。如今，慧心心理已树立多个项目品牌，获得了客户的高度认可。

二、慧心心理扬起价值共创的新帆

近年来，互联网技术及数字技术得到了广泛应用，VUCA（易变性、不确定性、复杂性、模糊性）时代的特征日趋显现，孤军奋战已经成为“过去式”。如今，实现协同发展、做好价值共创共享才是时代主流。在当前的市场环境下，慧心心理若想抢占市场，得到长期稳定发展，还需要在不断发展的过程中实现价值共创，充分发挥共创共享的作用，享受其带来的红利。

1. 针对痛点实现价值共创

随着经济的不断发展，人们的健康问题日益受到重视，尤其是心理健康问题。世界卫生组织的一项全球性调查表明，世界上处于健康状态的人群只占到5%，20%的人群患有疾病，75%的人群处于亚健康状态，如图5-1所示。其中，由于城市生活节奏的加快，焦虑症、抑郁症等心理疾病极大地困扰着大部分人群。

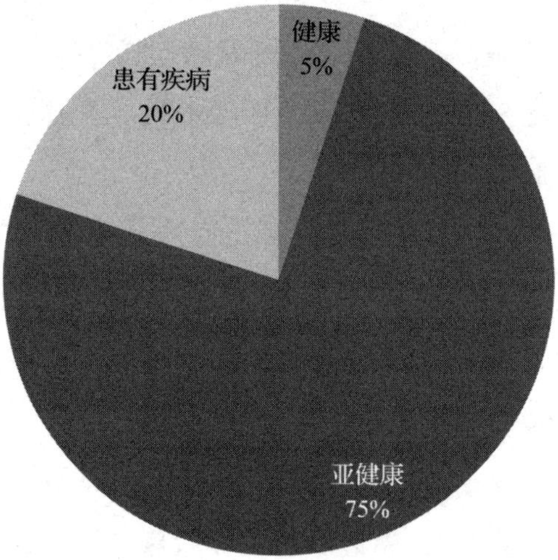

图 5-1　人类健康状况

具体而言，在企业中，七成以上的员工会因工作被不良情绪所困扰，进而出现失眠、抑郁、焦虑、注意力难以集中等不同状况，存在较为严重的心理问题。对此，无论是企业还是员工个人，都需重视心理健康状况。此外，在教育领域，学生面临考试、升学等压力，加之学生心理、身体等方面的发展尚不成熟，还需要各方更加重视学生的心理问题，提供相应的帮助。

目前，无论是职场人士还是学生都更重视自身的心理健康问题，主动寻求心理咨询。从心理咨询的途径来看，在遇到无法调节的心理问题时，更多的人会选择向朋友倾诉。相比于线下心理咨询来说，人们对线上心理咨询的接受程度更高。

慧心心理针对目前的市场需求状况，搭建SaaS平台，赋能第三方，通过大数据分析、AI技术等，为各行各业的人群提供心理测评、远程咨询等服务，致力于为社会大众提供公益心理健康服务，为特需人群提供个性化、精准化的心理健康服务，在不断发展的过程中实现价值共创与企业的长期可持续发展。

2. 企业成长共创内生价值

慧心心理在市场环境不断变化发展的过程中逐步改进并完善自身，致力于以企业文化的引领、专业成长的塑造，创造新的价值，降低内部成本，共创企业内生价值。

（1）企业文化。

慧心心理长期秉持“让人们都洋溢欢声笑语”的企业使命，遵循“敬天、爱人、平和”的企业文化，以及“至简、高效、极速”的工作作风，致力于成为心理行业SaaS服务领导者，形成了企业文化及完整的价值观体系。

慧心心理成熟的企业文化及价值观体系融入了经营、管理的各个方面，在平台开发、心理咨询等方面为客户提供了规范化、高效化、简洁化的产品及服务，形成了独有的产品及服务风格，在行业市场内建立起了自己的品牌标识，具有较高的辨识度。慧心心理以文化为引导，将文化渗透于企业运转的各个方面，做出符合团体价值观、利益的决策，不断创新、完善各项规章制度，在高度认同中实现团队协同，在团结互助中创造企业的内生价值。

（2）专业成长。

慧心心理致力于打造其内部实力，实现专业成长，从而为企业优化成本模式，创造出新的价值。

慧心心理极为关注内部员工的成长，通过培训、督导及心理治疗师考试等形式，不断提高员工的专业能力。慧心心理还会在内部开展讲师训练营活动，严格采用“专业知识讲解＋专业技能传授＋演练督导”模式从老员工中选拔讲师，并对其进行培训，以提高企业内部员工的专业能力。

同时，慧心心理联合各高校，签约诸多专业学者，打造其完备的专家团队和内部团队，致力于以专业人才塑造专业产品及服务，以高站位策划和高质量服务优化内部成本，实现更高的价值创造。

3. 多元化产品共创外生价值

慧心心理针对心理测评及心理咨询领域，打造多元化产品及服务，创立心理行业 SaaS 平台，提供心理行业解决方案及行业综合测评解决方案，在不断变化的环境中与员工、客户共创价值，实现了企业外生价值的创造与提升。

（1）心理行业 SaaS 平台。

慧心心理打造完善的心理测评、咨询服务平台。心理咨询服务 App 涵盖了心理体检、心关怀、心理保健等多个模块，不仅包括多个心理测试量表，以视频形式向广大群众普及心理学的基础知识，而且还能够线上预约咨询师，为人们提供线上一系列的心理健康服务，致力于为人们解决心理健康问题。为了进一步提高便捷性，慧心心理还开通了微信小程序。此外，慧心心理开发的云心理测评系统除收录了国内外通用的、具有权威性的量表外，还有独家授权使用的量表，如《儿少心理健康量表》《家庭教养方式量表》等，并且对单个心理咨询师授权使用，数据独立、管理方便，实现了企业与客户之间的价值共创。

（2）心理行业解决方案。

慧心心理为心理行业提供解决方案，主要是以 AI 赋能心理测评与智能心理设备，通过心评估、心保健、心讲台、心关怀等七大标准化服务，以及心理测评系统、课程管理系统、AI 咨询系统等六大系统为客户提供个性化服务，与客户共创外生价值。

具体来说，慧心心理开发了心理评估、心理咨询、认知训练、艺术疗愈、运动宣泄等多个心理产品及服务，如采用华文认知能力量表、远程咨询精灵（心知谷精灵）、心理康复机器人、认知训练系统、智能钢琴等，为客户提供全方位的心理产品、疗愈的解决方案，创造企业的外生价值。

（3）行业综合测评解决方案。

慧心心理通过AI测评，赋能教育及其他行业，测评学生、教师、企业员工的心理状态，为学生改善身心健康提供了重要依据。

在教育行业，慧心心理恪守“让每个孩子都洋溢着欢声笑语”的初心使命，凭借其专业知识，打造积极的心理健康教育模式，开发云心理测评，力图从本质上解决在校学生的心理健康问题。慧心心理还通过心理普查、心理咨询、心理热线、培训讲座、危机干预等一系列措施，不断提高教师的职业幸福感，促进教师团队心理健康水平的提高。

在企业方面，慧心心理为企业提供专业的人才心理测评方案，如《心理胜任力》项目方案。这项方案以企业员工为主体，针对其认知能力水平、心理健康状态、积极心理资本等方面，利用大数据分析手段进行分析，从而对企业的选人、用人、育人提供重要的参考依据，实现了与行业合作伙伴的价值共创，为慧心心理带来外生价值。

三、发展与总结

慧心心理致力于赋能行业，以SaaS平台、项目服务池为依托，为公众提供学校服务、企业服务、社会心理、公共工具及家庭教育五大类产品及服务。在当前不断变化的市场环境中，慧心心理抓住痛点实现价值创造，在企业的不断成长中提高内生价值，以多元化产品创造外生价值，最终实现共创、共享、共赢。

（资料来源：笔者根据多方资料整理而成）

第一节 价值共享的觉悟

数字化时代下的企业战略逻辑是共存而非竞争。当前，企业面对的最大改变就是把“工业时代的发展逻辑”转向“数字化时代的发展逻辑”。数据、协同、智能等要素的碰撞，使企业重建结构，是非连续、不可预测、非线性思维。随着网络时代的发展，企业应建立价值分享体系，同时也要实现真正的组织活化。

一、迎接变化

随着数字化转型的加速和数字技术的不断发展，企业与顾客的价值关系从产品导向逻辑逐渐向服务导向逻辑转变，二者之间的价值关系越来越紧密。目前，价值共创主要研究数字化、网络化、智能化的数字技术变化等方面，将从以产品性价比为典型的产品主导逻辑向以提供全套服务解决方案为典型的服务主导逻辑转变。怎样利用战略认识从普通产品供应商向数字化逐步转换，获取新的竞争优势，成为数字化转型所面临的问题。在数字经济时代，创新企业原有的技术优势不再起决定性作用。

为了适应这一变动，企业必须做出以下三个方面的转变。

1. 业务观念的转变

企业要从产品的业务观念转变为客户的业务观念，从而获取数字资源，以此打破资源的限制，利用前瞻性认知、适应性重构、创造性寻找连接迭代过程。如行业、技术、政策、市场现状和发展趋势，企业从中洞察转型机遇，拓宽容错边界，调整体制和文化导向，并通过拓展业务范围，建立内部数字化体系，获取前沿知识，优化现有知识，基于机遇重构企业内部规则，创造性地寻找数字化资源。

2. 突破优势选择的转变

企业突破优势选择，采用数字资源能力的聚集、数字产业链的衍射、新迭代数字生态共生过程的赋能三种方式，是企业关注的重点。例如，企业要跳出现有技术的“舒适圈”，从满足顾客的需要向挖掘顾客的需要转变，通过引进关键数字化人才、整合服务能力、横向布局运营平台、拓展数据范围、与客户共建数字化平台等方式，拓展产业链条，解决当前产业的售前难题。

3. 数字化的转变

企业要建立数字化平台，形成数字化生态，实现数字化资源的重建。企业要为员工搭建一个内部平台，推动其将所拥有的知识和企业的成就相互补充，与顾客共同开发科学技术工具。

二、信息通畅

互联网带来的最大变化是信息基础结构的变化，信息是否畅通体现在信息的流动性和对信息的分析上。在互联网技术的影响下，信息的流动从原本的不方便变成以纳秒为计量单位的速度流动，从原来的定向流动变成不定向流动。信息本身就是现代社会中商业活动的基础性元素，当信息流动加速的时候，就必然会出现许多意想不到的变化，如图 5-2 所示。

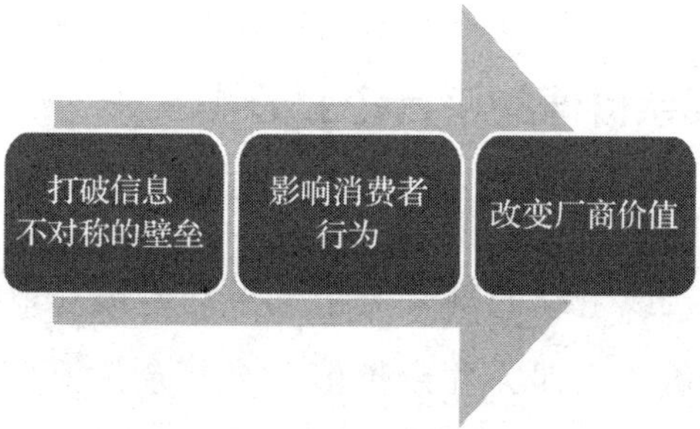

图 5-2　信息通畅的变化

1. 打破信息不对称的壁垒

信息流动的加速打破了信息不对称的壁垒，使原本所有依托传统信息不对称方式存在的商业价值链、上下游关系的“合理性结构与流程”产生变异，使企业面临着极大挑战。价值链上的结构发生了改变，从而使企业的经营行为和开发产品的思路都发生了改变，甚至引起了企业内部结构的改变。而当信息不对称的壁垒被打破时，信息流动又变得更加简单容易。

2. 影响消费者行为

信息流动的加速和流动方式的变化将直接影响消费者行为，使消费者获取产品信息的方式增多，消费者可选择的产品更多，更加容易转变消费的行为。

3. 改变厂商价值

因为商业环节上的所有东西都离不开信息的描述，信息流动的加速和流动方式的变化将给行业价值链上的许多环节带来变化。

另外，数据井喷式增长和数据分析技术的开发，使信息的分析能力实现了突飞猛进式提升。由于大数据技术对事物间相关性的解读，以及打破信息不对称所带来的价值驱使，原有交易结构中的“黑箱”消失，许多产业链的价值因此而消融。因此，互联网推动厂商价值创造的改变，如经营环境、价值主张、顾客观念、顾客族群、营销渠道、传媒过程等。

三、基于冗余价值的平台企业分类

1. 冗余价值和需求价值

为了满足个人或组织的某些需求，主动或被动地获取或创造满足需求之外的多余价值，即为冗余价值。当冗余价值可以明确识别、区分所有权和使用权，且容易衡量其价值时，即为显性冗余价值，如空置的房间、私家车闲置的座椅。当冗余价值难以明确区分其所有权和使用权，不易有效衡量其价值时，则为隐性冗余价值，如个体在使用产品的过程中迸发的产品改进创意。

与之相对的，就是人们为了生存、发展等所创造或交易的价值，即需求价值。需求价值用于满足人们相对基本的低层次需求，即具有较强物质性的需求。

共享经济平台促成的是冗余价值的交易，而电子商务平台促成的是需求价值的交易。交易的内容是区分两种平台的关键。

2. 共享经济平台和企业平台化的区分

通过冗余价值的内容和处理方式的不同可以区分共享经济平台和企业平台化。

（1）冗余价值的内容。

从冗余价值的内容来看，企业平台化利用的是隐性冗余价值，共享经济平台利用的是显性冗余价值。一些冗余价值可能不是像私家车、房子等明确空闲冗余，而是如专业知识、智慧能力、创意发现等相对模糊的价值，这部分价值存在难以直接交易、具有不确定性、个性化极强等特点。价值创造者对这种冗余价值的处理不倾向于直接获取收益，而是使其成为价值创造的一部分或某一阶段，倾向于获取兴趣、尊重、愉悦等相对主观和较高层次的需求满足。

（2）冗余价值的处理方式。

从冗余价值的处理方式来看，企业平台化是与隐性冗余价值所有者实现多维价值共创，而共享经济平台则是与显性冗余价值所有者直接交易。以小米的 MIUI 系统为例，作为核心产品，该系统的迭代式创新基于大量论坛粉丝的使用情况反馈，不断快速演变、更迭，进而研发出系统的新功能。海尔的小微创业则是调动海尔内部员工在工作之余产生的新想法、新发现，推动围绕海尔主产品的不断创新。

3. 平台企业和企业平台化

结合已有研究及典型案例可以发现，平台企业、企业平台化都属于平台组织的研究范畴。

（1）平台企业。

平台企业的本质在于通过界面连接多方资源，进行各方独立存在时难以完成的交易或创造出无法产生的价值。当企业承担双边或多边之间的交易媒介时，强调的是平台的交易性质，即试图通过平台打破时空对交易的限制，从而减少信息不对称，降低交易成本。此时，企业整体承担着界面的功能，界面即平台，称之为平台企业。

（2）企业平台化。

当企业打开其价值创造环节，通过界面与外部交互，实现价值共创时，平台的作用就在于突破企业边界，实现对冗余价值的挖掘，为价值共创提供可持续成长的土壤。此时，企业余下的价值链部分承担着平台的功能，与传统的双边市场架构有所区别，可以称之为企业平台化。

价值共创专栏 5-1

安佑集团：基于价值共享的数字化平台

一、公司简介

安佑生物科技集团股份有限公司（以下简称安佑集团）以饲料研发、生产为核心业务，产品涵盖猪饲料、水产饲料、禽饲料、反刍饲料，其中以猪饲料为主营产品，包括乳猪系列、肉猪系列、种猪系列等。基于集团主业，安佑集团持续增大了绿色添加剂、饲料原料、农业物联网、生态循环农业等方面的投入力度。

安佑集团四海一心，肩负着“科技安佑、幸福中国、低碳地球”的使命，为“成为全球幼畜料及低碳农牧产业领导品牌”的企业愿景而不懈努力。

二、面对不确定的未来做的尝试

2018 年，对于养猪业来说，从年初的猪价上升到 4 月饲料价格暴涨，8 月猪瘟爆发，种猪不好卖，小猪没人要，活猪卖不出去，养猪人苦不堪言，整个行业处在茫然不知所措中。

在养猪产业链上，无论是养猪企业还是饲料、原料生产企业都面临利润快速下滑的困境。但是，顾客购买到的猪肉价格依然很高，利润从生产端转移到消费端，安佑集团今后的发展就是要解决市场分配不合理、效率低的问题，要去除不必要的中间成本。安佑集团走的是一条新的道路，安佑人负责造好料，养猪人负责养好猪、生产好的猪肉，为消费者负责。

1.“互特网＋农业”

安佑集团在网络上积极发展“互特网＋农业”，大力发展“安佑云”“猪事通”等智能系统，并全面上线 ERP 等先进管理系统，力求通过物联网、大数据、AI 人工智能等技术，不断提高公司的自动化、信息化和智能化水平，推进标准化和流程化生产经营管理。

2. 建立价值共享平台

安佑集团致力于制定终端食材标准，打造品牌价值共享平台，加强信息交流。安佑集团以标准取信为基础，构建“公司＋农户”4.0 价值共享平台模式，以种猪、饲料为核心，将养殖平台作为品牌食材供给基地，联合个体猪场搭建养殖平台，进行品牌联合共创、价值共享，形成新的“＋农户”模式。这就意味着安佑集团不会再大举投资建设自有商品猪场，而是将其自身的投入重心放在充分并有效利用社会资源上。

在非洲猪瘟以后，由于生物安全管理等因素，“公司＋农户”的模式受到了影响，很多农牧企业都向自繁自养转变，但自繁自养需要巨大的投资，重资产投入在行情下行的时候又会给企业带来较大的压力和风险。安佑集团建设的“公司 + 农户”4.0 价值共享平台模式，既能充分利用农民的养猪资源，又能形成一系列的管理和准入标准，不会出现盲目、无序扩张的情况。

三、发展与总结

建立“公司 + 农户”4.0 价值共享平台模式，表明了安佑集团“品牌共创、价值共享”的价值理念。在平台共创的过程中，安佑集团设置了饲料营养、养殖过程、猪场环境、疾病控制等多项标准，将养殖过程置于平台上，使养殖过程可视、可控、可追溯，通过对前台饲料生产的严格把控，对养殖中台和消费后台的紧密衔接，形成了较为直观的集团模式，在后台的消费者市场树立起品牌形象。

总之，安佑集团建立的“公司 + 农户”4.0 价值共享平台模式是一种强大的产业链模式，在以养殖标准化为信任桥梁的基础上，形成品牌价值，提高企业终端价值并共享两者，形成了良性循环。

（资料来源：笔者根据多方资料整理而成）

四、价值体现

1. 企业价值体现

企业期望产品或服务的价值达到最大化。也就是说，在企业和消费者的实践中都应该存在价值体现，具体来说有以下三个方面的含义，如图 5-3 所示。

图 5-3　价值体现的三个内涵

（1）重视使用价值。

企业和消费者在传统营销活动中分别扮演着买和卖的角色，其中以交换价值为核心活动。而价值共创的要义，是创造利用价值而非实现交换。

（2）必须互动才能实现价值共创。

在这种模式下，消费者所做的决定不再仅仅是买与不买，而是深入企业产品和服务的生产和制造过程，把自己的诉求真实地反映给企业。企业则会把消费者的价值融入企业价值共创的价值链活动。

（3）价值流不断提升。

在价值共创体系中，随着消费者消费深度的拓展和次数的增多，以及企业的学习和互动，其价值流是不断提升的。

随着时间的推移，消费者的需求日益增加，企业的数量及产品的种类日益增多，企业竞争日益激烈，从而使市场的竞争优势成为企业关注的焦点。共同创造价值是实现价值的活动，且必须是企业与消费者之间的互动。价值共创理论包括服务主导理论和消费者主导理论两个方面。

服务主导理论认为，价值共创的基础是服务，应以消费者为中心。在资源互补时，消费者和商家之间可以形成很好的协作，而这些协作能够促进双方资源的分享和使用，从而实现价值共创。

消费者主导理论认为，消费者不仅是商品的购买者，而且会对商品的设计、生产制造、交易等各个环节产生一定的影响，可以与企业进行协作。因此，消费者不再是被动的商品接受者，而是可以在商品的设计和生产上，以自身的需求为基础参与进来，以此实现价值共创。

2. 市场营销对企业发展的价值

企业发展的主要目标在于体现自身对社会的价值，同时获取更高的经济效益。不同的需求需要通过协同发展才能得以满足，也需要企业保证产品的质量，并使产品在市场竞争中占据一定的地位。因此，市场营销对企业发展具有重要影响。

在尽量短的时间内将产品全部售出，并在完全收回成本的情况下获得一定的利润，就是现代企业开展市场营销工作的基本目标，对此还需采取一定的策略及步骤。

（1）制定科学、系统的营销策略。

企业需要制定科学、系统的营销策略，以保障市场营销相关措施能够得到有效落实。需注意根据实际情况对策略进行合理制定，如果出现制定失误的情况，会导致策略未能得到全面落实，会发生货物滞留、成本难以收回的情况，企业的发展会受到不利影响。

（2）开展市场调研及分析工作。

制定营销策略之前，还需要开展市场调研及分析工作。企业需要深入消费者当中，对其购买欲望进行深入了解，并将群众需求作为开展市场营销工作的出发点。若产品相对较为小众，难以进行大量输出，其销售业绩也就难以得到保障。所以，在制定营销策略的过程中，必须充分考虑该因素。

（3）整理、筛选资料和信息。

企业还需对收集到的各方面资料和信息进行整理和筛选，以获取其中有用的部分，从而实现市场调研工作的价值。

整体来看，虽然市场营销工作的前期较为复杂，耗费的时间较多，但其对企业的成败能够产生较大的影响。

第二节　价值共创的作用

价值共创是一种新型的价值创造模式。在数字经济越来越强大的背景下，以工业平台为基础，价值共创成为实现资源融合和创造价值的关键。随着商业环境、学术环境等的改变，价值共创理论也在不断地发展和丰富，研究角度主要集中在服务逻辑、服务科学、服务生态系统等方面，并被广泛用于信息、情报、知识等相关研究。另外，价值共创理论也被引进了平台模式和机制的研究。

总的来说，价值共创就是企业与其利益相关者以合作的形式，整合、共享现有资源，共同创造、享受价值。其中，利益相关者包括消费者、供应商、同行企业等。

在实践中，企业更多的是基于消费者体验，与消费者共同创造价值。在传统的商业环境中，技术不发达，产品供给少，消费者获得信息的渠道有限，只要开发适当的产品，企业就能够长期占有一定的市场份额。然而，随着互联网、人工智能、大数据等新技术的迅速发展，传统的以企业为核心的市场思想已经不能使企业更好地理解消费者。因此，必须让消费者参与到企业生产设计决策中来，随时捕捉消费者需求，以便企业与消费者共同创造价值来适应不断变化、竞争激烈的市场。

企业价值共创的作用可以从挖掘数据价值、融合内生价值、创造外生价值和提高转化红利四个方面来体现。

一、挖掘数据价值

挖掘数据价值是企业进行价值共创的重要作用之一。数据挖掘是获得数据价值的重要途径，数据价值是数据挖掘的基础。

1. 挖掘数据价值的意义

近年来，现代信息技术不断发展，在产品营销、客户体验提升、风险控制等方面应用大数据的各种技术成为市场关注的热点，取得了良好的效果。所以，数据挖掘在企业和事业单位中的应用越来越广泛，已经成为一种新的经济资产，为整个社会带来了全新的创业方向、商业模式和投资机会。

（1）指明方向。

数据挖掘就像大海上的指南针一样，可以指明方向。数据价值的挖掘是通过对数据资源进行一定的整理和分析，揭示出隐含的、具有潜在价值的信息，并对其进行归纳，发掘出潜在问题，从而为决策制定和策略调节提供依据。组织和企业在大数据时代下制定决策将更多地依赖于数据分析，而不是依靠经验和直觉。

（2）提高企业竞争力。

对数据价值的充分挖掘和利用会为企业带来强劲的竞争力。

2. 挖掘数据价值的具体体现

随着计算机处理能力的日益强大，企业获取的数据量越大，数据带来的分析就越准确，越能挖掘出更多的价值，应尽可能多地利用目前已经产生的大数据。首先通过各种形式收集海量数据，再通过大数据挖掘技术进行“全数据挖掘”，最后利用数据处理工具对数据进行处理分析，进而进行资源整合和优化配置。

在不同的领域，数据都是有价值的，数据的价值是显性的、直观的，是数据的原始价值，通过数据的基础用途来实现，如利用一家企业的各类数据来估值等。

数据价值是通过挖掘、处理和分析存储的大数据，利用先进的数据处理工具和计算方法，最终实现结果优化和迭代的作用。研究数据价值就是要更多地挖掘数据的隐性价值和深层价值，通过对数据的处理，更好地为社会、为生活服务。

3. 国内的相关研究

数据挖掘的主要研究目的是发现知识、让数据可视化、修正数据、预测趋势。数据挖掘主要通过分析观测到的数据集，如回归分析、预测分析、可视化分析等，发现未知的关系和总结，能够帮助数据拥有者了解和开发使用价值，获得可以理解的、新颖的数据展示方式。

在我国，数据挖掘的研究仍处于快速发展阶段。目前，国内外都在应用数据挖掘技术引导决策和管理，很多专业的数据分析和处理企业逐步发展壮大。目前，数据挖掘技术在金融、零售、电信、保险、医疗服务、体育和政府管理等领域都得到了广泛的应用。

数据挖掘是一种具有广阔学科发展前景的新技术，具有开放性和包容性，这首先体现在用于数据挖掘的业务数据中。虽然目标数据并不具有严密的结构数据，但也可以进行数据挖掘。其次，分析数据的形式也不墨守成规，它可以使数学表现极具逻辑性，也可以是可视化的展示结果，对于用户来说直观易懂。最后，数据挖掘技术也具有很大的应用前景，尤其是在市场分析、科研、社会学研究等方面的发展都是可圈可点的。

价值共创专栏 5-2

浩鲸科技：工业互联和价值双赢

一、企业简介

浩鲸云计算科技股份有限公司（以下简称浩鲸科技）成立于2003年，是数字化技术和服务供应商，为世界范围内的客户提供优质的数字化转型和产品服务。截至目前，浩鲸科技已经为80多个国家和地区的电信运营商、公共服务部门及其他产业客户提供高质量的数字化转型和产品服务。

浩鲸科技先后获得了“国家规划布局内重点软件企业”“Frost & Sullivan 电信客户价值领导力奖”“Informa 最佳数字转型推荐奖”等荣誉，获得了国家计算机信息系统集成一级资质、全球研发 CMMI 五级认证等。

二、构建数据中台

浩鲸科技和行业同仁有不少碰撞的想法，在探索行业发展史时，提出了数据中台是数字化转型的关键，为企业建设数字增长“发动机”，极大地提高了转型效率。

1. 工业数字化转型

浩鲸科技顺应大势开启数字化生态之旅，率先立足于广州市，将广州市天河区软件和信息产业协会、万鹏高科技企业孵化基地结合起来，聚焦“数据中台的堆与推”主题，吸引产业资深专家、合作伙伴共聚一堂，共同探索数字化转型趋势下数据中台对企业产生的价值、建设思路和实际路径，助力企业在数字化时代全面制胜。

浩鲸科技依靠 ICT（信息通信技术）领域丰富的经验和互联网基因，为众多国家和地区电信服务、城市大脑、产业互联网客户提供了高质量的数字化转型解决方案和产品服务。浩鲸科技致力于工业数字化转型市场，创建了企业智能技术品牌——鲸智 WhaleDI，为企业客户提供全面的数字化技术和产品，形成多模态研发效能、可信云原生和数智产品及 MSP（管理服务提供商）运营服务的数字化持续赋能平台，助力企业进行数字化创新。从 2021 年开始，浩鲸科技实施“鲸智合伙人”规划，已建立“40+”生态合作关系，打造“1+1+N+1”产业数字化转型范式，携手伙伴共享生态价值。

2. 数据中台

浩鲸科技以中台“4 One”（One Resource、One Data、One Model、One Service）理论为基础，以中台“七步法”为指导，运用成熟的鲸智数智平台产品工具，促进企业敏锐地、高效地构建数据中台，实现数据的汇聚融通，沉淀数据资产，释放数据价值，促进企业数字化转型提效。浩鲸科技所建立的数据中台表现出了数据能力复用、数据资产运营、孵化业务创新和提高企业效能的特征。

同时，浩鲸科技建立了鲸智数据底座，通过一站式数据研发治理工具套件打造企业级数据一站式生产管理工具——数据工厂，贯穿企业数据采、存、管、通、用等治理全生命周期，提高数据资产构建和运营效能。基于数据工厂，浩鲸科技通过数智引擎建立数据闭环，使数字化转型效率大大提高；并且，为企业提供一系列的开放式数据工具，即智能分析平台 WhaleBI 与数据挖掘平台，推动企业业务创新。

当前，鲸智 WhaleDI 与帆软、华设、阿里云等合作伙伴共同努力，为各行各业进行生态赋能，与合作伙伴同心同行、共建共赢。

三、发展与总结

数字技术在不断地促进传统经济向数字经济转变，而数字经济也在深刻地改变着传统工业的生产模式。数字化转型的终极目标是充分挖掘数据和发挥其作为核心生产要素的价值。面对数字化浪潮，企业间要加强合作，增进交流，强化集聚优势，实现融合创新、价值共赢。

鲸智 WhaleDI 是领先的企业级云原生数字化基础设施，未来也将与行业伙伴共同探寻数字化转型新道路。以“鲸智数字化生态之旅”为载体，凝聚生态合力，共建数智生态，助力企业打造数字化新基建，共绘数字经济新蓝图。

（资料来源：笔者根据多方资料整理而成）

二、融合内生价值

企业的价值来自两个方面：一是创造新的价值；二是降低交易成本，如图 5-4 所示。

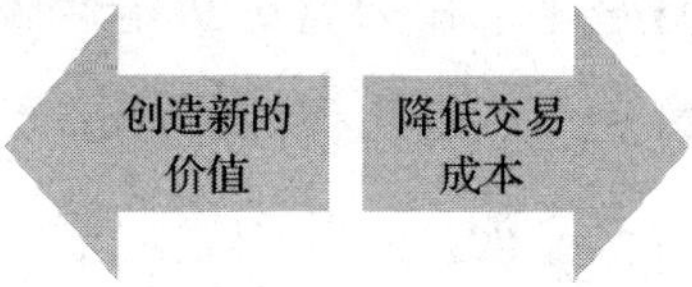

图 5-4 企业的价值来源

创造新的价值，即把各种资源进行组合，并引入生产系统，从而形成新的产品，使价值得到提升。著名经济学家约瑟夫·熊彼特（Joseph Alois Schumpeter）的现代创新理论指出，创新所创造的价值存在五种形式，即采用新产品、新生产方法、新市场、新供给来源和新的组织结构形式。

降低交易成本，如突破一些新的管理机制，解决体制上的缺陷。无论是减少开支，还是创造新价值，我们都把它叫作企业内生性的价值创造。但在一个国家或地区的企业群体中，企业的内生价值创造模式因其制度、要素禀赋等因素而带有一定的地域色彩。企业内生价值的创造路径既包括管理模式、协同水平、采用技术，也包括开发产品附加值等。

企业按照边际成本等于边际收益的原则，在最大利润原则的驱动下决定用工数量和用工工资。当产品价格和生产力都处于较低水平时，边际收益线向外移动，雇用劳动力的工资会在雇用同数量的劳动力的情况下被压低。企业的边际收益取决于企业的内生价值创造，因为企业内生价值创造决定协作水平、技术先进性等，直接制约生产力水平。

1. 内生价值的内涵及发展

内生价值率先在人力资本领域被提出，之后又逐渐被运用于经济和企业发展的理论与实践中。内生增长理论认为，经济可以不依靠外在力量的推动而实现增长，但其中内生技术进步则是经济增长的决定性因素。在企业内部，内生变量对企业和社会的发展同样起到推动作用，从而创造出内生价值。

对于内生价值的内涵，国内众多学者做出了界定和解释，总的来说，他们强调事物本身是生产出效益的决定性因素。曼昆在《经济学原理》中提及，人从事生产，是生产过程中决定生产和效益的要素之一，目的必然是获取利益。那么，从本质上看，企业投入各生产要素进行生产，其目的必然是取得效益。要把投入转化为效益，还取决于企业内部要素能否被激活、激活的程度如何。在激活的过程中，也就产生了内生价值。

2. 激发内生价值的路径

大数据依赖于其大体量、高速度、高效率、多样性，在信息融合上具有显著的优势。由于其体积较大，大数据能够形成大量的数据流，并对其进行聚集，从精确到丰富，从静态到动态，从零到聚集，为研究与模型的推演提供可靠的数据依据。人们通过大数据能够快速收集、分析、应用实时数据，大大缩短信息集聚时间，并充分利用其无法预估的高速特征，在海量交易的电商场景下，进一步激发企业的内生价值。高效率使用大数据可以为使用者带来更多的价值，对趋势进行精确的预测。另外，大数据的结构多样、来源繁多，有助于得出更科学、合理的结论。

三、创造外生价值

大数据更注重深入挖掘企业的外生价值。由于大数据往往需要从现实需求出发进行有针对性的数据收集，所以可以从这些具有个性化的大数据中对数据信息中的因果关系进行深入挖掘，进而挖掘企业的外部环境价值。

1. 外生价值与价值共创

数字化进程所依托的交互性在推动事物发生转变的同时，也在改变价值创造逻辑。传统的价值创造理论源于对企业价值及其管理问题的关注，认为价值创造是企业可持续成长的关键，企业应该将以价值最大化取代利润最大化作为发展目标。随着数字化进程的加快，数据获取和积累的交互性改变了资源能力观、动态能力观和知识价值论等所倚重的产权明晰的前提，将交互过程涉及的各方逐步纳入价值创造者的行列。价值创造逐渐被价值共创取代，价值创造不再是一个结果，而是一个过程，客户成为价值创造这一过程的内生因素，供给者和需求者共同创造了价值。从这个意义上说，价值是在整合客户和企业资源的过程中产生的，是由企业和客户两者共同创造的。

2. 外生价值的创造

（1）共享经济。

有别于传统经济，共享经济在企业的价值共创中扮演着重要的角色，为价值共创提供了全新的方式。共享经济是通过互联网技术及平台，将闲置资源整合起来，实现多方参与者共同价值创造，改变了价值创造的方式。在共享经济中，消费者和企业共同参与价值创造，重新定义消费者和企业角色，整合资源，提高资源的配置和利用效率，降低价值创造成本，创造出更多的外生价值。

（2）增加被感知价值。

很多时候价值创造的过程非常复杂，不易被理解。这就意味着消费者很难重视生产过程中的投入，他们只能看重自己所感知到的，而不会有意识地奖励或补偿任何投入的资源或者资源提供商。所以，对于消费者来说，只存在被感知的使用价值。被感知的使用价值是主观的，基于顾客感知到的产品所提供的实用性。

但是，只有少数企业能够认识到消费者心中产品的价值，使消费者支付的价格等于其内心的价格，即实现全部货币价值，而在其他情况下支付的价格都是低于消费者的心理价位的。全部货币价值与支付价格之间的差价就是消费者剩余。交换价值即支付价格来源于与被感知的使用价值和消费者剩余之间的差额，这就是企业收入所得。努力提升企业所得和交换价值是企业的主要任务。而支付环节远离供应端，所以增加被感知的使用价值是企业唯一可控的方法。

四、提高转化红利

我们平时所理解的红利就是产品的红利。市面上每天都有新产品问世，企业研发新品，就是为了抓一波新产品的红利。

1. 红利即机遇

营销推广里面讲的产品的独有卖点，就是想打造一个产品红利出来。在饮用水市场中，农夫山泉主打自然水，卖点是更加天然、健康，为自己开启了一个新的市场。

2. 数字经济下的红利转化

在数字化时代，数据从消费端向需求端全面渗透，总结我国数字经济的内在逻辑，我们可以获得的经验是，在未来以 5G 和工业互联网为代表的新基建中，把中国完备的工业体系所带来的丰富生产端场景转化为数据红利，通过场景数据化帮助上游的制造业如元器件、原材料生产企业进行自主创新、迭代更新。

对于企业来说，大数据的大规模使用可以使企业的生产率乘数大幅放大，流程再造速度加快，运营成本降低，生产效率提高；对于政府来说，利用大数据搭建信息共享和信用体系，帮助企业进一步实现降本增效、提高效率，改善商业环境。在实践中，许多企业建立了大数据平台，将各个应用环节融为一体，并通过产生的海量数据率先享受到大数据等新生产要素带来的红利，形成挖掘能力、运算能力和分析能力。

3. 红利转化的重要性

目前，对于企业来说，提高红利转化率越来越重要，如图 5-5 所示。

（1）流量红利渐失，竞争日益激烈。

目前，新平台、新应用发展起来的难度越来越大，主要是由于增长率的下降，流量集中于少数大平台，并且同行竞争激烈。中国互联网络信息中心（CNNIC）统计报告显示：2006 年网民增长率为 23.4%；2015 年网民增长率为 6.1%；2020 年网民增长率再次破 10%；2021 年网民增长率降到了 2% 且持续在下降。在增量流量减少的同时，流量集中度在显著提高，大型互联网平台占据了行业内 80% 的流量。当每次互联网应用浪潮来临时，全国有数千家同类平台进行竞争，但最终仅剩下排名前 3 的平台脱颖而出。

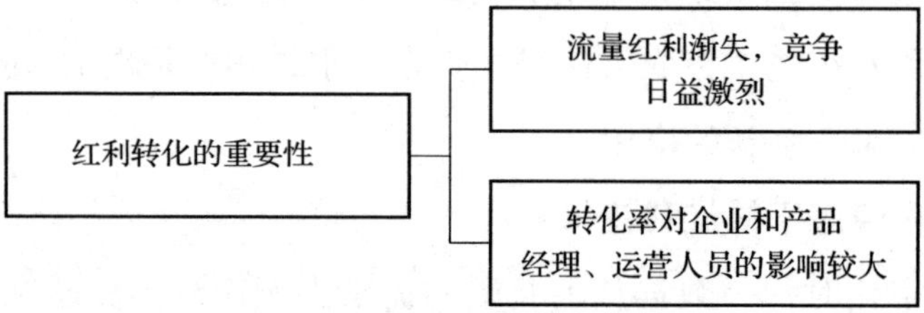

图 5-5　提高红利转化的重要性

（2）转化率对企业和产品经理、运营人员的影响较大。

转化率是完成转化目标的用户占总体用户的比例，注册、下单、登录、复购都可以用转化率进行量化，转化率是互联网平台增长的基石。高增长的平台基本也是高转化率的平台，而增长水平影响了企业的市场占有率和价值。对于在企业中的从业人员来说，高增长的企业也会更快地促进个人的成长，获得更丰厚的回报。

4. 提高红利转化率的路径

如何提高红利转化率是现在的热门话题。提高红利转化率是全员参与的行为，企业中的高管、中层、基层都必须掌握相应的方法。我们可以通过取势、明道和优术三个层面共同探讨如何提高红利转化率以实现业务增长，如图 5-6 所示。

图 5-6　提高红利转化率以实现业务增长的三个层面

第一，取势。势往往无形，却确定了方向；取势重在顺势而为，顺势则事半功倍。

第二，明道。取势务虚，明道求实，虚实结合，方可行事。道者，规律也。明道者，确定思路，寻求路径。

第三，优术。术是能力，能力是知识、方法、策略和经验的集合体。很多企业在势和道方面有优势，但最后失败在术的层面。术是可解决实际问题的流程和策略，是可以提高效果和效率的技巧。

提高转化率一般有以下五个秘诀，如图 5-7 所示。

（1）转化率提高法则。

转化率的提高是一个持续和长期的过程，在某个阶段通过数据分析和优化方法提高指标。但经过一段时间后，由于环境的变化、用户习惯的变化等，有些方法和措施需要进行适当调整才能持续保持高转化率。因此，我们需要掌握转化率提高的闭环，持续进行改进。

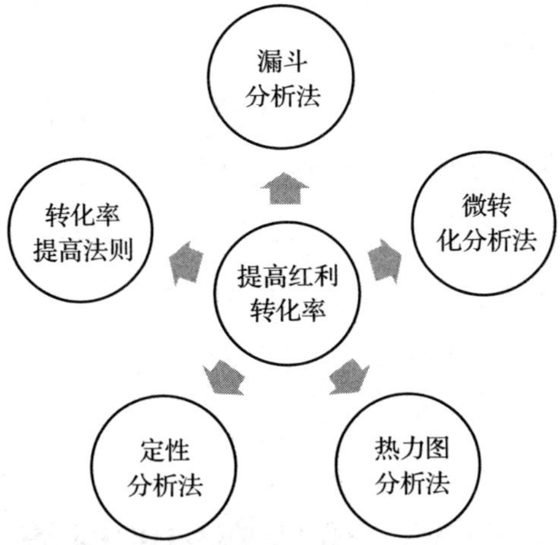

图 5-7　提高转化率五个秘诀

（2）漏斗分析法。

漏斗分析法是在分析转化率时的常用工具，是一个流程式数据分析结构，用来分析用户从初始至结束各个阶段的转化情况，呈现出类似漏斗的形状。使用漏斗分析法对用户进行分析，能够较好地找出各个阶段用户转化时存在的问题，进而更好地实现企业红利的转化。

（3）微转化分析法。

漏斗分析法在用户交互的细节分析方面存在不足，而微转化分析法解决了这个问题。微转化分析法分析功能层面和事件层面的用户转化行为是对用户行为更深层次的分析。

（4）热力图分析法。

热力图分析法能够将企业收集到的数据进行可视化处理，如用户在某一页面上的点击、浏览、停留时长等行为，都可以转化为热力图，让企业能够清晰地看出用户对某些信息的关注度，分析出用户最关注或最不关注的部分，根据这些分析结果调整企业的策略及行为，从而提高转化率。具体来说，热力图可以分为分屏触达率热图、链接点击图、页面点击图、浏览热图、注意力热图五种。

（5）定性分析法。

用户体验是企业的头等大事，在产品设计、研发、运营、营销、客户服务等环节都需要掌握用户的真实体验过程。一直以来，对于如何优化用户体验争议较多，主要是因为用户体验难以通过定量数据具体分析和形象地描述。通过分析异常用户行为，能否重现用户使用产品时的具体场景，对于优化用户体验至关重要。

第三节　价值变现的聚能

目前，企业迫切需要采取价值共创的方式，为企业创造更多的价值，获取更多的收益。同时，价值共创还需要实现价值变现。价值变现可以从价值与变现两个方面阐述。价值主要是企业与其利益相关者共同创造的价值，变现则是指将其创造的价值转化为企业实实在在的收益。具体来说，可以从转型价值变现、思维价值变现、方法价值变现和生态价值变现四个方面来理解。

一、转型价值变现

目前，大多数企业正在进行数字化转型，也必定会给企业带来转型价值，而企业的最终目的是实现转型价值的变现。

1. 企业转型的来源

在新冠疫情的影响下，各种线下活动都加速过渡到线上。数字化转型加速，各种在线服务平台，从在线办公、在线医疗、在线教育到在线娱乐均得到了爆发式增长。2020 年后，越来越多的企业考虑如何进一步利用数字化帮助企业完善在整个线上移动端、互联网端的业务闭环，直接面向消费者（Direct to Customer，DTC）的业务模式成为趋势，更多的企业有了数据架构转型升级的需求。

在数据驱动的趋势下，许多企业级应用与传统的数据服务、数据支持的基础结构相匹配，很快地转变为数据变现的主题，主要包括事件驱动与数据驱动。

企业是一个创造、传递和获取价值的系统。企业创造价值的方式是基于工业技术专业化分工取得规模化发展，以获取长周期的回报。随着资源、能源和环境的刚性约束的日益增强，单纯地以技术或业务为导向来提高以规模化发展效率为主导逻辑的发展方式已经很难适应日益复杂的市场环境。企业需要进一步提升柔性发展和抗风险的能力，拓展增量发展新空间。

2. 数字化转型的价值和效益

当前，数字生产力的飞速发展不仅引发了生产方式的转变，也深刻改变了企业的业务体系和价值模式。企业可以利用新一代信息技术的赋能作用，通过数字化转型实现价值体系的优化、创新、重构，不断提升存量业务，在实现效率提升、成本降低、质量提高的同时，不断获取日益个性化、动态化的价值和新的增量空间，实现高质量发展。

价值和效益是企业数字化转型的起点，也是数字化转型的落脚点，是企业开展经营活动所创造的、可衡量的经济社会价值和效益的结果。清楚地将企业数字化转型的价值和效益进行划分，能引导企业构建方法机制，使企业获得数字化转型效果，让价值和效益对数字化转型的整体发展要求贯穿于数字化转型的整个过程。

价值共创专栏 5-3

珍岛集团：DTC 模式之路

一、企业简介

珍岛信息技术（上海）股份有限公司（以下简称珍岛集团）成立于2009年，是一个全球领先的智能营销云平台，同时也是国内领先的营销力（Marketing Force）平台，专注于人工智能、大数据、云计算在数字营销及企业数字化、智能化领域的创新和实践。针对世界范围内的营销软件和服务，珍岛集团已经形成了云计算（IaaS）、开放中台（PaaS）、All-in-one AI SaaS 智能营销云平台，以及数字威客服务平台、云应用市场、数字媒体自助等一站式企业服务生态平台。

珍岛集团的总部坐落于上海市静安区的大数据工业基地，其云计算机房设置在无锡市，在世界范围内拥有30多个分支机构。珍岛集团现有员工约4000人，申请软件著作权400余项，相关专利40余项。

二、DTC 模式

在新冠疫情的影响下，珍岛集团快速地对企业业务进行了调整，将业务重点放到了线上。在新冠疫情期间，珍岛集团使用直接触达消费者（Direct to Consumer，DTC）模式，使网上消费保持较高的活跃度。

1. 数字化时代零售企业的核心战略——DTC 模式

在 DTC 模式下，企业能够直接向消费者传递品牌的感知，建立数字化私域经营模式，在企业私域阵地，如社交私域场景、电商私域场景、品牌私域场景等，直接服务于存量及潜在品牌消费群体。

珍岛集团在为许多品牌提供数字化转型的过程中发现，相对于传统的业务模式，DTC 模式能够更好地减少企业的信息传输成本，使企业能够更好地接触消费者，从而减少营销成本，提高企业数据资产价值，实现集团内部的降本增效。

2. 珍岛 SCRM 助力全链数字化引擎建设

珍岛集团利用社会化客户关系管理（Social Customer Relationship Management，SCRM）帮助企业建立了一站式数字化客户资产运作平台，带动企业利用 DTC 模式获得快速增长。在珍岛集团利用 SCRM 建立的模式中，基于大数据技术的深入应用，通过内容引擎、全网营销、交易转化、数据驱动、增值运营等多种技术，能帮助企业提高数字化能力。

（1）Con-Tech 智能化智慧。

珍岛集团的 SCRM 系统为企业提供了一种有效的数字化工具支持，通过智能建设、智能生成营销素材（如图片、短视频、用户调研、直播活动等），满足企业高效提升内容生产力的需求。

（2）Mar-Tech 全网营销自动化。

在互联网公域流量平台中，珍岛集团的 SCRM 系统可以通过全网、全渠道营销推广工具，不断地协助企业在互联网上跨平台连接，从官网、公众号、企业微信、广告媒体、搜索引擎、B2B 行业站群、直播、线下活动、门店等多个运维通道进行数据整合，为以后的营销管理提供依据。

（3）Sales-Tech 业务转换技术。

珍岛集团的 SCRM 系统通过健全的顾客交易转换数字化工具，继承和优化了传统顾客的资源管理能力。同时，利用企业微信等核心交互场景方案，连通企业销售系统资源，协助企业团队高效提升业绩。

（4）Data-Tech 数据技术。

DTC 模式可以实现企业的业务数据化经营。珍岛集团的 SCRM 系统利用 CDP（持续数据保护）数字中台支持不断提升的数据经营分析能力，建立智能数据处理模型，提高 AI 数据学习等智能数据的处理能力。珍岛集团通过直观、灵活地调节 BI 看板（商业智能看板），使企业有效地掌握运行情况，使原有客户关系管理过程的静态数据机制升级为客户资产运营过程的动态循环赋能。

（5）Op-Tech 增值运行技术。

珍岛集团的 SCRM 系统可以帮助企业分析特定的营销波段，调整运营策略，引爆共振传播，建立起业务关联。在 DTC 模式下，通过市场营销和消费者的同频运作方式，可以使企业的信息输出更适合顾客整个生命周期中的各个环节对信息的追求，从而使顾客的共情和转化得到最大限度的发挥。

三、发展与总结

今后，企业客户数据资产价值将会进一步提升，零售品牌企业必须做好充分的数字化准备，以迎接新一轮的突破和增长。可以与具备先进技术的企业合作，利用相关平台帮助企业打造数字化营销与运营系统，助力企业数字化转型与增长。

（资料来源：笔者根据多方资料整理而成）

二、思维价值变现

1. 思维价值变现的内涵

赚钱是商业的终极目的，而达到这一目的的关键是产品。这里所说的产品，并不是指某种特定的商品或服务，而是泛指一种解决方案，因为经济水平的不断提高，人们最基本的物质需求得到了满足。因此，现代商业面对的是更高层次的人性需求，而这一层次的需求是非常复杂的，必须进行深入思考、分析和判断，才有可能了解用户真正想要的是什么，面对的是更高层次的思维。

思维想要有价值，就要基于激励和探测别人的梦想，以互惠互利为先，创造和提高自己的价值。通过协助别人实现梦想，以双赢为目标，在别人实现梦想时，构建自己的梦想，并体现自己的价值。

因此，产品产生其实就是对问题的认识、对需求的认识，最后提出了相应的解决方案。在这个过程中，利用了自身的优势和资源。对问题的认识越深刻，优势与资源越明显，那么，商品的竞争力越强，经济收益就越高。对此，最佳的方法就是对自己的产品进行思考，要从他人需求的角度考虑以下问题：我要解决什么问题、我要为谁解决什么问题、这个问题要怎么解决。根据这些思考去挖掘自己的优势，将各种资源整合起来，获得回报。

2. 价值变现的五种思维

价值变现在思维上的体现有以下五种，如图 5-8 所示。

图 5-8　价值变现的五种思维

（1）糖葫芦思维。

价值一旦输出，就是一连串的。做好产品布局，培育市场，形成变现闭环：前段做渗透，忘掉引流，扩大知识付费影响力；中段做壁垒，磨出好课，建立市场地位；尾段做利润，转化精准消费者，做高客单价。

（2）产品思维。

好的知识付费产品具有健康、科学、长效的特点，如产品思维强调人人都是产品经理，用专业认知理解用户需求，扎扎实实解决用户问题，甚至解决用户还没意识到的问题。“一次成型，终身迭代”，这样的产品思维能够获取更多人的认可。

（3）方法论思维。

在方法论思维中，有三大评判标准，即底层逻辑、讲心法、讲做法，以底层逻辑来支撑方法论的运行。

（4）工具思维。

工具思维不仅是解决问题的方法，也是自检工具，如坐标图、四象限图。

（5）终结者思维。

做细分赛道第一人，绝杀同类产品。不以当下能力定目标，思考从现在开始塑造一项“终极”产品或服务应当做出的准备。

三、方法价值变现

使数据在使用中释放价值，使其在商业中发生变化，是企业分析和挖掘数据最后的目标。数据从业人员的工作方向就是数据价值变化。然而，由于受政策环境、因素众多的数据价值链条等因素的影响，必须寻找某些良好的商业模式，才能达到最好的效果。数据方法价值变现的五种模式是基于对大数据多年来的观察，如图 5-9 所示。

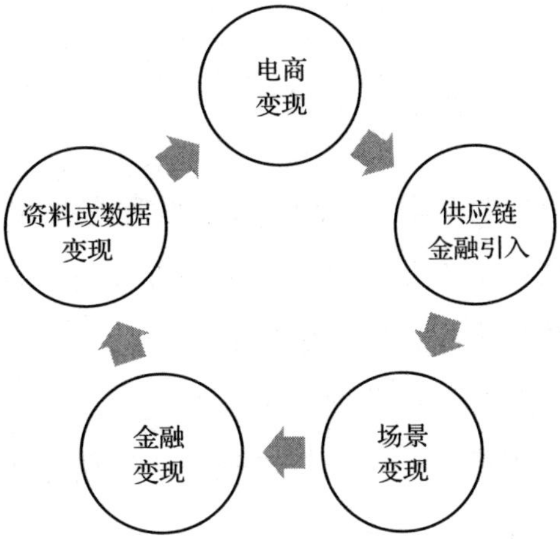

图 5-9 数据方法价值变现的五种模式

1. 电商变现

通过实体或虚拟物品的直接销售实现电商变现是一个主流的变现手段。电商变现的优势在于电商的门槛低、风险小，劣势在于变现能力一般，等于把理财产品简单地卖了。

2. 供应链金融引入

企业还可以通过供应链金融引入，对上下游产业链进行严格的控制和数据分析。这种变现方式的优势在于资金链条具有较强的支配能力和变现能力，具备作为产业链核心节点的定价权，能够推动具有较大业务价值和财务价值的供应链提高效率。缺点在于整合产业链上下游需要充足的体量和规模，具有较高的门槛，风险大，同时也需要信息化、数据化的支持。

3. 场景变现

场景变现的优势在于它是一种具有直接、稳定、延展等多种特征的变现模式。在高转化率的情况下，以用户转化率为核心，具有较强的变现能力，可以扩大相关业务，从而促进产品的平台化发展。劣势在于需要将购物场景衍生出来，以便激起用户的消费欲望。如果是自营商品，对后端供应链的要求也比较高。

4. 金融变现

金融变现不仅是对盈利模式，也是对整个产品商业逻辑的有力扩展。

在金融方向上，非互联网金融企业有两种主要的方法：流量变化、理财产品准确推荐。以众筹、网贷、第三方支付、数字货币等为主要模式的互联网金融产品是金融变现的典型。

5. 资料或数据变现

资料或数据变现是在产品运营过程中，以信息积累和数据沉淀的方式进行变现的行为。

资料或数据变现的优势是，授权后的信息和数据不但能更好地实现公司经营的精细运作，而且随着信息的积累和数据的反复使用，其价值也会增长，从而为有需求的第三方提供信息和数据，并带来价值。劣势在于中小公司无法获得足够多的有价值的信息和数据，价值变现能力较弱；同时，用户身份、聊天信息等一些未经用户授权的敏感数据不能随意使用，也就不能变现。

价值共创专栏 5-4

抖音：短视频方法价值变现之王

一、企业简介

抖音的开发方是北京微播视界科技有限公司，其创始人为今日头条技术总监梁汝波。抖音于 2018 年 9 月上线。2019 年年初，获得了今日头条数百万元的天使投资。在抖音上，用户可以选择歌曲，配以短视频，形成自己的作品。在功能方面，抖音与之前的小咖秀非常相似，不同的是，抖音在技术层面做了一些改进。与其他短视频一样，抖音凭借其娱乐性和易传播的特点一跃成为新的时代风口。在流量为王的今日，任何人都有一炮而红的可能，但是在看似简单的流量变现背后其实另有乾坤。如何实现流量的有效转化，在时代红利中分得一杯羹，成为短视频内容创作者需要探索的问题。

二、抖音价值变现途径

抖音通过价值共创，在当前数字化背景下赚足了红利，其价值变现途径主要有以下五种。

1. 抓取平台福利，获取平台补贴

平台补贴是抖音发展初期为吸引优质内容创作者、鼓励用户创作而进行的一系列支持活动，是早期短视频创作者的主要变现方式之一，例如，“非遗合伙人计划”“金映计划”等，用户只需要按照平台要求完成相应的播放时长，获取一定的视频浏览量，便可以要求平台结付补贴，一般一条视频补贴少则几百元，多达数千元。但随着抖音的发展壮大，用户规模逐步稳定，内容生产同质化严重，抖音将注意力转移到了优质内容的输出上，采用现金补贴的方式逐渐成为过去式，平台补贴转而成为内容创作者吸粉和进行商业增值的舞台。

2. 签订“抖音公会”协约，坐享平台分成

平台分成是经由抖音同意而确立的，是独立于平台和主播的第三方协作运营方与主播达成某种利益共享机制而进行的合作，一般以抖音公会的形式与主播签订协约。在公会的资源和帮助下，主播能够赚取足够的流量，实现更高价值的商业变现，这是短视频内容创作者进行价值变现的主要途径之一。在短视频迅猛发展的几年中，平台分成最重要的影响是帮助平台培育并留住了优质的内容创作者，获取更多流量，并有效激发市场活力，创造市场价值。

3. 积粉丝，接广告

当短视频内容创作者积累了一定的知名度和稳定的粉丝后，便可以接受广告主的委托在短视频中植入广告，使商业变现成为可能。植入广告的形式主要有三种：充当道具、场景应用和内容创作者试用。前两者主要是根据广告主的要求进行内容规划，围绕短视频的制作将广告应用到视频中，在不经意间给消费者留下深刻的印象，这样既会保有好的观感，也能提升广告效果，增加粉丝的购买量。后者则是由短视频内容创作者直接进行正面推广，利用内容创作者的影响力把广告推给粉丝。由于广告的效果往往取决于内容创作者的人格魅力和粉丝的购买力，所以广告的时长会受到内容创作者所拥有的粉丝质量、黏性和视频时长等因素的影响。

4. 导流电商，带货变现

电商变现是流量变现的方式之一，具有暴利、直接的特点，一般是指内容创作者在进行内容服务的同时分享商品的购买渠道，将内容消费转移到商品消费上。在这种模式下，内容服务成为商品展示和销售的工具，通过捕捉用户心理抓住用户的碎片化时间，利用短视频的制作场景提升消费者的购物体验。由于短视频具有短、轻、快等特点，大多数的电商引流也以直播或者短视频的方式进行，因此，内容创作者的流量和号召力是电商变现的重要影响因素。基于“引流＋电商”的变现能力，抖音正逐步放宽电商引流的门槛，为平台获取更多的用户流量。

5.IP 版权的开发和使用

知识产权（Intellectual Property，IP）是指个人对智力劳动成果依法享有的专有权利。对 IP 进行开发能够使内容创作者获得更高的关注度，吸引更多的粉丝，实现更高的商业价值变现，其本质是通过不断地挖掘粉丝群体创造出巨大的流量，依赖粉丝的消费形成环环相扣的经济产业链。随着抖音平台功能的延展，IP 的变现渠道或将多元化发展，优质的 IP 开发团队将带来更高的经济收益。作为短视频行业热门的风口之一，粉丝的数量是实现 IP 变现不可或缺的元素。

三、发展与总结

短视频变现途径多样，每一种变现方式都可以通过互联网轻松获取，变现的难点在于无论哪种变现方式都需要有一定的粉丝数量支撑。变现的本质是“引流＋变现”，只要有可观的流量就能实现变现。但对于内容创作者来说，选择一种适合自己的变现方式才是最重要的。短视频内容创作者要想在众多创作者中脱颖而出，必须树立创新思维，以优质的内容精准触达消费者，做到“引流”；平衡商业发展和粉丝之间的矛盾，做到“宠粉”。只有扎根粉丝、立足粉丝，才能实现更长远的商业价值变现。

（资料来源：笔者根据多方资料整理而成）

四、生态产品价值变现

党和国家对生态文明高度重视，提出了加快经济发展模式的转变，提高发展的质量和效益，以实现人与自然和谐共生。在生态环境和经济发展之间，实现生态产品价值的变现则是企业最好的选择。

“绿水青山就是金山银山”的理念着重阐述了自然资源的重要性，同时也阐明了生态保护与经济发展的联系。生态产品价值实现机制是把长期被人们忽略的生态产品看作经济资源，把生态优势转变为经济优势的长效机制。

生态产品价值的实现路径可划分为三大类：政府化路径、市场化路径、准市场化路径。根据生态产品的所有权、不同的产权主体，将生态产品价值的实现机制划分为价值核算与评价机制、资金融通机制、交易机制、生态监测机制等。

一般情况下，生态产品必须经历价值凝聚（锁定）、价值创造（交易）、价值实现（分配）的环节。

生态产品价值变现一般分为三个阶段。

首先，寻找典型的地区生态系统的特性。

其次，通过挖掘生态产品和服务在该地区所具有的价值，描述其价值的特殊性，明确其利害关系。

最后，构建生态产品价值的实现模式，有效维护地区生态，促进经济发展。

第四节 平台共生的增长

企业要想实现价值共创，还需要关注共生平台，实现偏利共生及互惠共生，致力于以价值共生构建企业的数字生态，以资源共生提高企业的市场竞争力。

一、偏利共生与互惠共生

1. 偏利共生与互惠共生的内涵

偏利共生也称共栖，通俗来讲，偏利共生就是对一方没有影响，对另一方有益。同利共生，同本合作，同属“正互动”。两者之间存在不同的独立性、偏利的共生关系。技术创业型企业的发展前景很明显，通过组织推介会、创业平台促进外部组织与技术创业型企业合作，技术创业型企业逐渐获得外部资源的支持，结束了对创业平台内部资源的消耗，但仍难以创造经济收益或资源收益，形成技术创业型企业对创业平台的偏利共生。创业平台把技术创业型企业纳入合作网络，并将其纳入研究对象，作为关键的技术资源来源，形成偏利共生的创业平台。

互惠共生是一种互利共赢的方式，是共生的一种形态，就是可以从另一方中得到一定的利益。创业平台在孵化早期，为技术创业企业提供种子资金、管理、培训等资源，但在规模较大的创业平台的资源消耗下，企业很难有经济或资源产出。通过不断的技术更新，可以实现创业平台的技术资源的持续发展，从而形成互惠互利的技术创业型企业和创业平台资源。

2. 偏利共生与互惠共生的实际应用

创业平台在具有较好的外部资源、较强的技术时，可以为技术创业型企业提供资源支持，驱动与其形成共生。资源收入打破了限制经济利益的互利共生、偏利共生的局面。通过创业网迅速发展，获得人脉资源以驱动科技创业型企业积极参与到拼凑资源的创业平台中，最终获得互惠共生的资源收益。

二、价值共生与数字生态

1. 数字生态概述

数字生态系统是一种由多个数字主体及其复杂关系构成的复杂系统，是通过各成员之间的互动，提高系统的效用，推动信息的流动，增强内外合作和系统创新能力的自组织、自成长、可持续的系统。数字化平台通常具有中介效应、需求方驱动和数字化技术三大核心特点，尤其是基于数字化技术分层架构所带来的自我成长，奠定了数字化生态圈形成的基础。所以，数字生态系统被看作是一种自发形成的公司多边组织，它的目的是实现共同的价值，而非局限于分享相同的价值链上下游合作伙伴的网络。

平台化即多边平台组织的兴起，是指从个人的产品、服务竞争向交易和价值创造流程管理过渡，后者以平台为中介。平台持有者是通过用户吸引更多的互补者，从而为使用者提供价值，并在完善生态系统功能的同时也提高了规模效应。因此，生态系统中的参与者必然会投入大量的专用资产（Asset-Specific Investments），从而构成主体之间的依赖关系。

数字化生态圈也具有开放性。提供标准化接口、法律保护，甚至是其他附加服务，通过持续创新等协助创业者（平台互补者）有效地进行创业活动。在平台结构设计、生态系统管理等领域进一步体现开放性。

此外，由于生态系统的无边界性将进一步增加主体之间的合作，从而推动生态系统内部与外部知识与信息的沟通，并将更多的主体吸引到生态系统中。

2. 创新主体的发展趋势

创新主体在不断涌现的数字化平台生态体系中呈生态化的发展趋势。创新主体有三个阶段变化：一是内生增长理论认为，企业的封闭创新是技术发展的重要途径，因此强调企业内部的创新，即多元化创新主体；二是要实现创新发展，应构建一个核心；三是创新数字化平台，如图 5-10 所示。

图 5-10　创新主体的发展趋势

（1）多元化创新主体。

进入数字化创新阶段，多元化创新主体形成了一个共生竞合关系，数字化进一步促进跨行业和跨区域的协作，企业不仅是创新主体，政府、科研机构、中介机构、开发者、用户都可以成为创新的主体。通过数字化发展的红利，让企业成为创新的源泉，让众多企业获取共生利益。

（2）构建一个核心。

构建一个核心是创新系统的必然要求，是实现创新发展的必备手段。这一论题的提出使创新协作链代替了技术资源、技术工业应用，实现了迂回的分工链条。

（3）创新数字化平台。

企业需要建立创新数字化平台。在工业经济时代，企业内部的创新协作方式是实现迂回分工，从而促进创新效率的不断提高和专业化分工。在数字化平台中，创新合作表现出了创新要素多元化、价值关系具有包容性、创新范式更加适应外部环境的发展趋势。

3. 价值共生构建数字生态

在工业经济时代，价值来源于企业的核心竞争优势，只有具备相对优势的企业，才能获得价值溢价，实现超额利润。这种内在优势培育的重点是企业供给端的创新。由于市场需求尚未得到充分满足，围绕供给端的价值创造体系是工业经济时代的核心。供给端致力于专业化水平的提高，旨在通过塑造独特资源和能力创造价值。

在数字经济时代，消费者同质化的需求逐渐得到了满足，数字技术为供给端和需求端提供了更多的价值互动机会，创造了更为宽阔的价值界面，数字平台生态系统依托需求端的价值主张实现了横向价值界面延拓、纵向智能响应体系的构建。

价值共创专栏 5-5

MoWa：价值共生系统

一、企业简介

聚简网络科技（上海）有限公司是一家网络技术企业，水晶星球是其旗下知名品牌。水晶星球是共生时代的科技工具，可以为每个超级个体和商业 IP 提供变化工具，可以针对区域、行业或者连锁企业等资源拥有者，为其用户增加和商业发展提供一种有效的手段。为了解决新基建和内循环系统的发展问题，水晶星球可以为区块链的工业应用提供依据，推动内循环系统的发展。

二、MoWa 价值共生系统

近几年，元宇宙的概念在网络环境中的热度非常高，美国社会网络巨头 Meta 宣布公司的重心将转向元宇宙规划，所以国内许多企业都在积极进入元宇宙赛道。事实上，在很早之前，水晶星球就嗅到了元宇宙和数字共生的风口。

所谓元宇宙，可以被理解为一种虚实共生互通、宏大永续、开放共创、反向行业授予的网络应用和社会形态。在数字经济大潮下，新技术越来越多，技术的发展正处于元宇宙状态，而技术整合则是元宇宙爆发的一个先决条件。

2021 年 11 月 2 日—2021 年 11 月 3 日，由水晶星球、星盟汇、星盟教育发起的 MoWa 群星汇在上海市顺利召开，MoWa 价值共生系统在会上首次亮相，昭示着“数字共生，共富未来”的趋势。

1. 数字共生已成为必答题，水晶星球抢抓数字经济发展的新机遇

近几年，我国数字经济在经济发展中占有巨大的发展空间。《中国互联网发展报告 2022》蓝皮书显示，2021 年我国数字经济规模已经达到 45.5 万亿元，占 GDP 的比重达 39.8%。

水晶星球自创立至今，不断探索产业数字化转型升级道路，重点为企业提供产业数字化解决方案。并且，通过区块链技术和分布式系统，为行业面临的痛点问题提供了有效的处理方式。

2. 价值共生时代加快了“MoWa 价值共生系统”的诞生

“近几年，随着科技的进步，经典区块链已经无法适应工业数字化、广阔市场的需要”，水晶星球代表人在 MoWa 群星汇上表示。针对实体经济和数字时代的新需要，经过三年半时间，由水晶星球、星盟汇、星盟教育开发的 MoWa 价值共生系统应运而生。

MoWa 共分为数字原生居民、数字共建人、数字共生私域平台、数字共生私域云、数字共生产业云、数字共生独立产业云六个产品线。

MoWa 的出现不但改变了现行交易模型、服务模型和盈利模型，而且建立了新的人群共识，从而形成生态流动性，达到生态繁荣和系统增值。

通过共同投资、科技赋能、教育赋能、共享运营中心、共享产业资源、共同开发流量池促进自己所在的实体产业的发展，实现财富再分配及数实共生。

当今的竞争已经不再是企业之间的竞争，甚至也不再是商业模式之间的竞争，而是一种动态链接的商业模式竞争，即生态竞争。企业也应由数字平台向数字共生转化，从经营货到经营人，再到经营平台，最终形成经营生态。

三、发展与总结

“从数字化工具水晶星球的推出，到工业的分布式，再到 MoWa 的价值共生系统诞生，每一个人都可以通过 MoWa 来构造自己的独立数字生态和数字帝国”，水晶星球的代表人表示，“MoWa 将使每一个人能够利用价值共生系统的力量，满足需求、积累财富、成就事业”。

在时代的大环境下，开放、信任、协同已成为企业发展的根本属性，传统的运营和生产模式将逐步退出历史舞台，只有拥有可靠、信任和连接的理念，企业才能真正创造价值。

（资料来源：笔者根据多方资料整理而成）

三、资源共生提高竞争力

在经济高速发展的当下，全球范围内流通着资源，流通着技术、资金、人才，不断促进全球经济一体化。共生理论既能兼顾当前与未来，又能兼顾局部与全局，从全局的角度出发，动态发展。共生理论的价值在于提供了一种新的认识、新的角度来思考社会问题。共生理论的“共生式”整合模式强调兼容并蓄，崇尚人与人之间的共赢法则，致力于“人与自然”与“人与社会”之间的协调共生。

1. 资源共生概述

对于资源共生，最典型的形式则是企业并购。如果并购双方的战略思维相适应，在组织自主方面各自为政，相信可以以共生模式整合并购双方。这种方法对并购公司的战略和组织的自主性有很高的要求。也就是说，并购后的公司仍然需要根据自身的生存方式来操作，但是二者在战略上互相补充，根据共存的管理能力和技术，在两个或两个以上的公司中进行持续的保护和渗透，这是并购后两个公司的战略需要和组织自主需求，是一种极具挑战性的融合形式，也是一种极具诱惑力的融合形式。这种方法仅适用于战略高度依赖性相当，并且兼并双方的独立性也较高的情况。

另外，共生式整合模式是一种高效的与顾客价值创造和跨领域价值网络的合作。它以共生圈为基础，抛弃了传统的单线竞争模式，打破了以往的顾客价值创造的价值分类模式，按照整体价值最优原则，让不同的环节或组织彼此链接、整合、互动，真正实现了企业之间互为主体、资源共享、价值共享、利润共得，创造了单一组织无法企及的高层次发展状态。

2. 资源共生有效提高企业竞争力

在企业共生的视角下，企业经营管理主要分战略与战术两个维度。从战略维度来看，企业整体价值的最大化才是企业经营管理的初衷。以往企业主要以自身短期成长为主，而“共生”概念恰好突破了这一常规思维，能够让企业构建适宜、共赢、生生不息的生态系统，从而站在更高的位置。从战术维度来看，企业的经营管理方式和方法虽然多种多样，但本质上还是围绕着“基础优势”向“颠覆式创新”升级和向“竞争”升级两个范畴进行的。企业通过“竞争”横向拓宽边界，纵向提升高度，最终服务于共生生态系统。

“现代管理学之父”彼得·德鲁克（Peter Druck）说过，个体无所不能，又百无一能。今天，个体之间已经在数字科技发展的大背景下实现了资源的充分互联互通。很多企业会发现自己呈现的状态完全超越了这个行业，而且这些超越是数字技术带来的，它让企业产生了基于硬件、软件，以及数据、算法的联动效应。这个联动效应会对企业的价值进行重构，提高企业核心竞争力。

章末案例

【物物地图】：利益命运共同体

一、企业简介

上海合其家科技集团有限公司（以下简称合其家）以“回归商业本质、技术创新价值”为核心，不断探索“大数据数学模型”，建立了【物物地图】生态结构。

合其家借助全球管理大师德鲁克的管理理念，坚持“势道法术器”客观规律，构成了内涵丰富的企业文化，包括“五大创新”（文化创新、科技创新、模式创新、管理创新和营销创新）、“三湾精神”（冠军精神、奋斗者精神、本自具足精神）、“两大体系”（职业奋斗者团队、创业奋斗者团队）及“三大系统”（教育教练、业务专业和行政组织）。

【物物地图】与国家物联网标识管理公共服务平台展开合作，标志着管理公共服务平台实现了“一物一码”，通过导入溯源功能，杜绝假冒伪劣产品，打造客观诚信系统；与中国管理科学研究院企业管理创新研究所联合，成立了产学研和物联网技术应用的物联网研究中心；与中国科学院海西研究所（福建物质结构研究所）建立了长期、稳定的战略合作关系，为社会和企业提供智能的提升，共同开发面部识别技术和区块链新技术的应用。

【物物地图】的问世并非一帆风顺。因为没有过往的经验和技术可以借鉴与应用，一切都需要自己在实践中探索解决。虽然自我开发的难度大、风险高，但是“开弓没有回头箭”，不服输不怕难、敢想敢干的董事长林昕杨果断采取措施，积极破解难题。

在人才方面，林昕杨高薪聘请物联网技术精英，组建科研团队，并到各大院校、科研机构聘请专家教授担任顾问导师，指导科研团队攻关技术。

在资金方面，林昕杨向当地政府和有关部门争取政策和项目支持，并积极寻求金融公司投资。

在管理方面，林昕杨高薪招聘各类专业管理人才，按现代企业管理机制进行全面梳理，明确重点、理顺关系，建立完善的公司管理制度。

历经十多年的探索实践和标准实战升级，在通过软件、消费者、商家、市场模拟运营等测试后，【物物地图】于2016年9月3日上线公测，2017年9月3日正式上线运行，一跃成为国内领先的物联网行业应用平台，并荣获国家版权局颁发的15项计算机软件著作权登记证书，受到了中央电视台、人民网、新华网等主流媒体和社会各界的关注。

在第十五届中国科学家论坛上，【物物地图】作为产学研重点科研创新项目进行展示并举行（推广）仪式，并在2018年（第二届）中国品牌峰会上，与阿里巴巴、华为一起荣登“中国十大影响力品牌”榜单。

二、利益命运共同体

在万物互联的物联网时代，商业竞争逐渐走向生态体系间的竞争，而非原有企业间的竞争，实现了产业链的竞争。传统的中小企业要在激烈的竞争中突破生存瓶颈、在市场中抢占先机、扩大发展空间，只有通过资源共享、优势互补、强强联合，才能保证在新的商业竞争中占据优势地位。在新的商业竞争中，企业要利用平台的力量进入物联网生态商业圈，在考虑自身实力的客观条件的情况下，这将是最高效的一条捷径。

【物物地图】的生态架构平台帮助数百家企业在数字化的商业生态圈中实现了内外升级和资源配置，获得了以前可望而不可及的消费群体。为了帮助更多的中小企业走上物联网的快车道，林昕杨将自己创业数十年的经验和感悟编撰成物联网实操演绎课程，让众多企业获益匪浅。

【物物地图】的独特之处是能够有效地促进企业由“单打独斗”向“抱团发展”转变。【物物地图】通过生态圈层的价值创造实现了自我效益最大化。

1. 使“游戏”成为融合各种不同消费价值的手段

（1）与消费者共创价值。

传统的看法是，企业创造了价值，这些价值就会流到消费者的身上。但现代的很多企业认为，价值创造是一种共创的过程，它发生在企业与消费者之间，消费者从被动接受价值的人变成创造价值的人。

【物物地图】抛弃了单向和纵向流动的传统思维模式和产业链，运用交易行为解读价值共识、价值共享、价值共生、价值共赢，将消费者融入价值链，让平台、商业企业与消费者形成一个统一的互动参与整体。在此过程中，企业建立起与消费者之间的和谐共存关系，并通过消费行为，探讨和发现与消费者价值链的关系。【物物地图】使购物与返利相结合，让消费者产生更愉悦的体验感，让其感到消费不仅是交易，还能享受到物超所值的服务。

（2）线上线下相融合。

随着科技的发展，社区居民的消费习惯逐步从以往的“自己到店消费”向“线上支付、货品和服务到家”“线上支付，线下提货”“线上预约消费、到店享受服务”等转变。【物物地图】以数字化为抓手，打造了一个涵盖线上线下、融合到家到店的全渠道消费体系，让消费突破时间和空间的限制。通过全渠道建设，帮助商家打通消费者触点，满足他们跨渠道购物的需求，获得多样与便捷的购买与支付体验。

2. 强大的兼容性，创造了一个有效的双赢平台

利用平台进行协作，其作用显而易见，平台化运作的模式让很多企业得以做大做强。评价一个平台是否优秀，其中一个重要的标准就是看这个平台能否吸引更多的用户。

（1）为企业提供解决方案。

【物物地图】是在平台即服务（PaaS）底层运算系统的基础上将企业资源管理（ERP)、供应链管理（SCM)、客户关系管理（CRM）等数字化系统相结合，运用于自身的核心技术——大数据数学模型，为不同行业的企业提供不同的 PaaS 产品解决方案，采用软件标准化、智能化管理指导，帮助他们实现跨行业经营、跨地域收入的综合管理。

（2）提供日常生活服务。

随着居民对消费便利性的追求，社区商业除了满足日常消费需求外，还将成为人们日常生活服务的提供者。商家也要提供足够丰富的服务，以满足消费者的多层次需求。例如，社区便利店可以提供传真打印、物品寄存、快递收发、手机充值、广告营销等增值服务。合其家致力于推动【物物地图】城市生态圈与政府倡导的“城市一刻钟便民生活圈”的“两圈”融合，改变传统商家之间相互争夺资源的不良竞争关系，推动便民生态圈内各业态商家跨界融合，构建根植于社区的消费生态圈，降低营销获客成本，协同满足社区消费者全方位购物和服务需求，实现互利共赢。

（3）帮助企业实现数字化转型。

【物物地图】作为成熟的数字化平台与生态商业工具，还能助推中小微企业实现数字化转型，推动服务创新。加入【物物地图】平台的企业将第一时间获取数字化营销方案和交易平台权限，在平台上拥有自己独家的物联网线上门店，相比于翻倍的经营收益，企业的数字化升级更是衡量优秀企业家的“试金石”。

3. 数据驱动催生更多的商机

【物物地图】的生态架构平台连接各业态各类型企业，重点服务于商超、餐饮、旅店等中小微企业，并配合国家推出的“城市一刻钟便民生活圈”，将【物物地图】城市生态圈与“城市一刻钟便民生活圈”融合，二者互相配合、相互成就；补齐社区业态短板，引导商户诚信经营，丰富供应链，有效降低消费和经营成本，共同服务社区居民品质生活、幸福生活。

而以数据为核心的“数字店铺”，通过对消费者、商品、消费场景的相关数据进行分析，使传统消费中的用户随意性强、画像不清晰等问题发生变化，重构“人”“货”“场”的关系，以商品和购物场景连接人。消费者通过数据系统的运作，再加上平台系统对数据的二次加工，使数字化价值生态的网络效应得到无限放大，从而使消费者更有地位、更加突出，即成为“数据贡献者”。基于核心技术大数据数学模型，利用大数据、云服务等领域的技术支撑，把商业逻辑固定到整个系统的体系中，为消费者、商品、消费场景的全面数据运行提供可靠的保障。这不但能有效地促进企业数字化管理商品、订单、交易、员工、客户等业务数据，提高经营业绩，而且能充分考虑消费者的数据贡献值，运用大数据数学模型独特的操作特性，使消费者真正实现“消费添财”的梦想。通过建立企业与消费者的有效黏性，提高消费者的忠诚度和对数据的贡献值。

【物物地图】和国家物联网标识管理公共服务平台合作，致力于帮助更多企业回归商业本质，提高品牌价值，致力于“商品溯源”服务。另外，借助“利益命运共同体”等合作模式，为面对转型升级困境的企业提供“一企一策”的发展方案，在全国全面推进【物物地图】城市生态圈建设，确保企业在不同发展阶段都能获得有效服务。【物物地图】外延和内在并重，坚持让平台上的商圈成为孕育商机的优质土壤，在“服务”的广度和深度上下功夫。

4. 生态圈内业态覆盖“最后一公里”的全方位需求

合其家主推【物物地图】城市生态圈建设，发挥自身优势，吸引有共同价值目标、共同市场准则、共同经营理念的企业进入生态大家族，在业态上形成互补，建立长期稳定、互利共赢的战略合作伙伴关系，共同为消费者创造价值，实现共同利益的最大化。

（1）消费体验。

【物物地图】围绕消费者的日常需求重构“人、货、场”，把消费场景布置得离用户更近，并持续推动服务创新，帮助中小企业给消费者带来更好的消费体验。例如，通过打通线上线下，可以从消费者的价值和需求出发，让消费者按需定制，将消费具体化、差别化；通过预约消费，可以减少消费高峰期的排队现象，提高客户满意度。同时，将线下客户带到线上预定、预约，再到线下消费，也在一定程度上减少了经营成本。

（2）合作共赢。

合其家致力于将【物物地图】城市生态圈与“城市一刻钟便民生活圈”进行融合，打造【物物地图】城市便民生态圈，深入社区商业，助推社区内传统企业共同关注社区便利化和商企社区化，共同组成社区良性的商业生态圈。【物物地图】通过对社区内人流、物流、信息流、能量流、资本流等的优化配置，提高社区消费者的生活质量，为社区消费者创造更大的价值，也使自身获得了更好、更快的发展。例如，在福建省福州市，以社区便利店为中心，围绕周边商户已经建立起多个包含住宿酒店、餐饮、美容美发、足浴等，甚至是配钥匙、补鞋等传统服务在内的【物物地图】城市便民生态圈。【物物地图】的数字化运作和资源配置，促进了这些企业之间互为渠道、互为场景、彼此引流，最终通过合作实现共赢。

三、发展与总结

数字化的转变促进了商业模式的创新与顾客价值的创造，使企业的经营方式发生了根本性变化，改变了其与消费者、供应商等利益相关方的关系。

体验式消费和商业生态圈已成为新零售发展的主要趋势。谁能洞悉趋势改变的底层逻辑，谁就能抓住财富的翅膀；谁能把握“最后一公里”的机遇，协同生态圈中的其他成员，共同为消费者打造周到、便捷、舒适的购物体验，创造更大的价值，谁就能在这个竞争加速的新商业时代开启万亿级蓝海市场。

（资料来源：笔者根据多方资料整理而成）

本章小结

本章重点介绍了价值共创产生的作用。价值共创改变了消费者和企业之间百年来形成的固有关系，颠覆了传统的商业模式，迫使企业站在消费者的角度进行“共情”，同消费者合作，以达到内外部资源最佳配置效果。另外，价值共创也同样改变了消费者对企业的看法，促使消费者重新认识企业对个体、生活和社会的价值及意义。

参考文献

[1]本刊编辑部．浪潮网络：智慧医院网络系统为医院业务运转保驾护航[J]．网络安全和信息化，2021(10)：46-47．

[2]蔡恩泽．焕颜之秘[J]．董事会，2022(7)：94-95．

[3]蔡小锦，刘庆全，林佳欣，等．技术“顶天”、应用“立地”成就——科大讯飞“平台+赛道”商业生态[J]．企业管理，2022(4)：85-89．

[4]蔡辛娟，肖红波．不同生猪养殖模式的效益评估及比较分析[J]．中国畜牧杂志，2021，57(7)：267-272．

[5]柴乔杉．京东的合纵连横[J]．中国品牌，2020(9)：82-83．

[6]陈春花．价值共生：数字化时代的组织管理[M]．北京：人民邮电出版社，2021．

[7]陈建军，张敏．集群供应链条件下的企业组织结构研究[J]．科学学与科学技术管理，2009(2)：106-110．

[8]陈律．数字经济推动零售业转型升级研究[J]．中国市场，2021(36)：122-123．

[9]陈漫，刘思，徐依．消费者参与对制造业企业双元服务创新的影响——组织学习的中介作用[J]．现代管理科学，2022(1)：

69-78.

[10]陈茜，钱丽娜. 欧莱雅 VS 完美日记，敏捷组织怎么建[J]. 商学院，2021（8）：58-61.

[11]陈茜. 陈春花：超越竞争，构建共生，价值共享[J]. 商学院，2018（7）：37-38.

[12]陈文庆. 思想政治教育的内生价值及其实现[J]. 思想政治教育研究，2018，34（4）：63-68.

[13]陈晓颖，邱国栋. 从产品主导逻辑到服务主导逻辑：能力重构视角下企业的数字化转型研究[J]. 研究与发展管理，2022，34（1）：39-53.

[14]陈银飞，杨玛丽. 数字化转型、商业模式创新与企业经营效率的关系研究[J]. 经济论坛，2022（1）：135-146.

[15]陈玉瑶. 金融科技对商业银行的影响——以招商银行转型为例[D]. 南昌：江西财经大学，2021.

[16]程冉，张帆. 热风服饰天猫旗舰店线上推广策略分析[J]. 老字号品牌营销，2020（11）：11-12.

[17]单宇，许晖，周连喜，等. 数智赋能：危机情境下组织韧性如何形成——基于林清轩转危为机的探索性案例研究[J]. 管理世界，2021，37（3）：84-104.

[18]邓春宇，沙宇恒，任玲玲，等. 基于智能聚类算法的企业储备项目数据价值挖掘应用研究[J]. 电力信息与通信技术，2021，19（11）：44-55.

[19]丁含依，王伊珂. 基于共享的商业模式创新路径研究：以美的共享创新平台为例[J]. 商业经济，2022（2）：158-160.

[20]丁景. 电子商务平台企业发展战略研究——以淘宝为例[J]. 物流工程与管理，2020，42（12）：104-106.

[21]董保宝，程松松，张兰. 双元创新研究述评及开展中国情境

化研究的建议［J］. 管理学报，2022，19（2）：308-316.

［22］董美. 美的集团：推动“全面数字化”“全面智能化”，提升全价值链运营效率［J］. 董事会，2020（11）：58-61.

［23］董雯雯. 招商银行零售数字化转型及其对经营绩效的影响研究［D］. 杭州：浙江工商大学. 2021.

［24］樊天，樊春良. 社会资本视角下大学衍生企业的创业发展——对科大讯飞的案例研究［J］. 中国科技论坛，2021（9）：62-70.

［25］方敏. 美的集团：10 年 120 亿，成就全面数字化［J］. 冶金管理，2022（2）：37-40.

［26］冯光才. 新零售背景下线上线下交互体验对消费者购买意愿的影响研究［D］. 西安：西安理工大学，2021.

［27］冯文娜，陈晗. 二元式创新对高技术企业组织韧性的影响——知识范围与知识平衡的调节作用［J］. 科学学与科学技术管理，2022（4）：117-135.

［28］冯潇，李慧慧. 在数字化时代锻造组织韧性［J］. 企业管理，2021（12）：12-15.

［29］付静. 浅析阿里巴巴企业文化建设［J］. 现代经济信息，2017（13）：461.

［30］傅建球，郑丹妮. 完美日记网络营销策略［J］. 合作经济与科技，2022（4）：98-99.

［31］高杰. 快递企业外包管理数字化成熟度评价体系研究［D］. 济南：山东大学，2022.

［32］高敏. 游戏直播平台的内容生产现状及优化发展分析——以斗鱼 TV 为例［J］. 视听，2021（4）：112-113.

［33］郭爱芳，周梦楠，王姝婷，等. 企业创新生态系统数字化转型的概念、维度及测量研究［J］. 科学与管理，2022（3）：1-9.

[34]何曼．分化与应对：教培机构的规范化成长[J]．在线学习，2022(3)：40-42．

[35]胡丹丹，杨忠．加快平台型组织创新发展[J]．群众，2020(12)：23-25．

[36]胡峰．市场营销对现代企业的重要性[J]．商场现代化，2018(12)：19-20．

[37]胡海波，余钒，王怡琴．老字号企业动态能力的构建过程——烙印视角的案例研究[J]．经济与管理研究，2022，43(2)：130-144．

[38]胡金祥，张肖亚，刘琦．MCN模式下短视频价值变现路径研究——以抖音为例[J]．产业创新研究，2021(21)：53-55．

[39]胡媛媛，陈守明，仇方君．企业数字化战略导向、市场竞争力与组织韧性[J]．中国软科学，2021(S1)：214-225．

[40]黄海冰．儒家管理哲学视域下的阿里巴巴企业文化研究[D]．南宁：广西大学，2019．

[41]黄容，牟童，郭婷婷，等．消费者参与、价值共创与企业创新绩效[J]．重庆理工大学学报(社会科学)，2022(4)：1-13．

[42]惠祥，李秉祥，李明敏．技术创业型企业与创业平台资源共生演化机理[J]．科研管理，2022，43(5)：8．

[43]霍沛．知识共享视域下的新型产业创新生态系统研究——以科大讯飞成长为例[J]．科学管理研究，2021，39(5)：65-71．

[44]季晓芬，洪月娥，蔡丽玲．社交支持对消费者在线产品定制的影响[J]．浙江理工大学学报(社会科学版)，2022(4)：1-10．

[45]贾建锋，李会霞，刘志，等．组织创新氛围对员工突破式创新的影响[J]．科技进步与对策，2022，39(3)：145-152．

[46]江宏．家具电商翘楚林氏木业的供应链与物流管理[J]．物流技术与应用，2016，21(11)：86-88+90-91．

［47］江雨．追求长期主义与社会价值：美团三季度营收488亿元，科技研发投入超六成［N］．每日经济新闻，2021-11-29（006）．

［48］姜海旺．中科曙光：金融数字化转型进入关键区，科技创新驱动金融高质量发展［J］．中国金融电脑，2021（S1）：92-93．

［49］蒋峦，凌宇鹏，张吉昌，等．数字化转型如何影响企业韧性——基于双元创新视角［J］．技术经济，2022，41（1）：1-11．

［50］冷馨雨．智联招聘CEO郭盛：个体凝结合力，组织技能重塑［J］．商学院，2021（1）：30-31．

［51］李舵，钱海琴，陆剑，等．传统电商转型下的“智慧零售”发展模式研究［J］．电子商务，2020（9）：11-14．

［52］李光斗．国货品牌的进阶之路［J］．理财，2022（1）：11-12．

［53］李鸿磊，刘建丽．基于用户体验的商业模式场景研究：价值创造与传递视角［J］．外国经济与管理，2020，42（6）：20-37．

［54］李萌萌，郭晓川．数字化应用与资源型企业全要素生产率——基于双元创新的互补效应［J］．技术经济与管理研究，2022（4）：52-58．

［55］李娜，曲福海．数字化供应链赋能家具电商物流“智慧”升级策略［J］．商业经济研究，2021（11）：107-109．

［56］李琦．依托DTC模式的跨境电商独立站品牌化运营路径探索［J］．中国商论，2021（7）：31-34．

［57］李群楷．元气森林：国产气泡水品牌的营销之道［J］．国际品牌观察，2021（34）：51-52．

［58］李荣庆．全渠道营销策略分析——以良品铺子为例［J］．时代经贸，2021，18（3）：84-87．

［59］李若楠．企业微信平台使用对绩效的影响研究——价值共创与客户关系管理能力的中介作用［D］．哈尔滨：哈尔滨工业大学，

2016.

[60]李阳，王静仪. 一款小车如何再造五菱[J]. 汽车纵横，2021(5)：18-21.

[61]李由君，韩卓希，乔天宇，等. 数字化转型中的国家治理变化[J]. 西安交通大学学报(社会科学版)，2022(3)：51-60.

[62]李原. 高管权力与组织韧性研究设计[J]. 现代营销，2021(9)：84-85.

[63]理查德·M.西尔特，詹姆斯·G.马奇. 企业行为理论[M]. 李强，译，北京：中国人民大学出版社，2008.

[64]梁新怡，钟俊鹏，罗锋. 家电制造企业数字化转型的现状和策略研究——以美的集团为例[J]. 当代经济，2021(6)：68-71.

[65]廖汉腾，楼佳程，何彩虹. 可持续发展数字化转型新思维[J]. 可持续发展经济导刊，2021(10)：61-63.

[66]林伟波. 智能时代零售商业模式的核心要素与创新路径[J]. 财富时代，2019(8)：193.

[67]刘斌，谭书琪. 企业社会责任对组织韧性创新的影响——基于中国制造业上市公司的多维实证分析[J]. 企业经济，2022，41(1)：113-121.

[68]刘朝，马超群. 大数据与小数据深度融合的价值与路径[J]. 人民论坛，2021(Z1)：30-33.

[69]刘大成. 重大疫情中后期面向数字化的智慧物流供应链体系构建[J]. 供应链管理，2020，1(6)：5-21.

[70]刘涵宇. 数字化思维——传统企业数字化转型指南[M]. 北京：机械工业出版社，2021.

[71]刘洪民，高佳伟，陈思静. 新兴信息技术背景下的制造业企业平台变革与创新生态系统研究——基于组织边界重构与价值协同的视角[J]. 科技促进发展，2021(2)：276-283.

［72］刘惠萍，赵悦，赵月华．基于改进多期超额收益法的物联网企业数字资产价值评估研究——以海康威视为例［J］．中国资产评估，2022（8）：69-80．

［73］刘礼文．凯赛生物刘修才：生物制造是个令人激动的产业．［N］．上海证券报，2021-12-07．

［74］刘青青，赵建林，闫佳佳，等．数字时代重新定义价值企业［J］．商学院，2021（10）：63-64．

［75］刘思雨．“双循环”背景下企业双元创新的问题研究——以制造业企业为例［J］．中国商论，2022（11）：112-114．

［76］刘文君．苏宁易购线上线下整合盈利模式与实现路径研究［D］．马鞍山：安徽工业大学，2021．

［77］刘文生．平安深度布局第三方医疗服务［J］．中国医院院长，2020（1）：72-73．

［78］刘照龙．智联招聘李强：从打破壁垒，到内生重塑，雇佣关系走向新的维度［J］．国际品牌观察，2021（11）：19-22．

［79］卢艳秋，赵彬，宋昶．决策逻辑、失败学习与企业数字化转型绩效［J］．外国经济与管理，2021，43（9）：68-82．

［80］卢毅，史晓媛，郑可．企业组织韧性驱动路径的前因组态效应分析［J］．武汉理工大学学报（信息与管理工程版），2022，44（1）：98-104．

［81］卢玉．互联网思维下的商业模式创新路径研究［J］．商展经济，2022（7）：124-126．

［82］罗启涛，花海燕，罗诗琦．新零售背景下零售企业线上线下融合发展模式［J］．区域治理，2019（46）：220-225．

［83］吕铭欣．“双减”政策下教培行业的转型之路［J］．记者观察，2021（25）：70-73．

［84］吕萍，李元旭．动态环境中组织柔性力塑造与发展能动性稳

固［J］．领导科学，2021（18）：76-79．

［85］吕子剑，黄洋．组织适应力与战略选择：企业成长的双重主题［J］．价值工程，2011，30（13）：136-137．

［86］马晓辉，高素英，赵雪．数字化转型企业商业模式创新演化研究——基于海尔的纵向案例研究［J］．兰州学刊，2022（6）：28-41．

［87］马殷春，朱志坚．零售商数据赋能、价值共创与服务创新水平的相关性分析［J］．时代经贸，2022，19（2）：20-24．

［88］马瑛，成乔明．完美日记品牌价值提升的设计管理策略研究［J］．设计，2021，34（18）：140-142．

［89］曼昆．经济学原理［M］．梁小民，梁砾，译，北京：北京大学出版社，2009．

［90］毛赣鸣．数字图书馆内生价值及其知识外溢效应研究［J］．知识管理论坛，2016，1（4）：251-258．

［91］毛基业．央企数字化转型及路径参考［J］．企业管理，2021（12）：23-26．

［92］孟方琳，田增瑞，姚歆．基于Lotka-Volterra模型的数字经济生态系统运行机理与演化发展研究［J］．河海大学学报（哲学社会科学版），2020，22（2）：63-71．

［93］穆胜．平台型组织：释放个体与组织的潜能［M］．北京：机械工业出版社，2020．

［94］宁烨，刘南荻，王姗姗．跨文化情景下组织试错学习机理研究［J］．管理科学，2016，29（2）：29-41．

［95］牛亮．数字经济新业态促进下的零售业态模式创新——基于组织韧性视角［J］．商业经济研究，2021（4）：31-34．

［96］潘雪红．企业数字化转型的四个着力点［J］．当代广西，2022（18）：15．

[97]庞长伟. 创业企业动态能力对商业模式设计的影响机制研究[J]. 管理现代化，2022，42(2)：108-114.

[98]彭梦洁，谢珍，郑金花. 国潮与彩妆品牌跨界联名营销策略研究——以"完美日记"品牌为例[J]. 辽宁经济管理干部学院学报，2021(6)：27-29.

[99]钱皓，木宇. 无处不在的百度AI：上天入地，乘风破浪[J]. 大数据时代，2021(1)：40-47.

[100]钱丽娜，石丹. 林清轩自救：直播救急，数字化救命[J]. 商学院，2020(5)：50-52.

[101]秦玲玲，孙黎. 构建管理的微观基础——马奇如何发展理论[J]. 外国经济与管理，2019(10)：74-85.

[102]邱新平. 基于大数据应用的网络直播商业模式创新研究[J]. 决策咨询，2022(2)：90-96.

[103]邱学. 浅析互联网直播行业的"马太效应"——以斗鱼直播为例[J]. 新闻论坛，2021，35(4)：82-84.

[104]屈欢欢. 浅析国产彩妆企业在抖音平台上的公关活动——以完美日记、花西子、橘朵为例[J]. 公关世界，2022(4)：29-30.

[105]任大为. 传统中小企业的领导方式转型[J]. 上海经济研究，2008(5)：102-103+78.

[106]任晓怡，宁致远，吴非. 企业金融化与数字化转型——基于上市企业年报数字化文本信息的识别与检验[J]. 经济与管理，2022，36(3)：84-92.

[107]尚航标，张宇宁. 组织韧性研究的现状、热点和演进：知识图谱分析[J]. 商业经济，2022(1)：147-152+157.

[108]深圳市蓝凌软件股份有限公司."全球500强"三一集团携手蓝凌，用知识管理持续推动数字化转型[J]. 智能制造，2021(5)：27-29.

[109]舒文琼. 浪潮网络的Wi-Fi 6破局之道[J]. 通信世界，2021(12): 21.

[110]宋建波，杨东赫. 九州通集团内部控制的数字化转型[J]. 财会月刊，2020(22): 115-118.

[111]宋立丰，刘莎莎，宋远方. 冗余价值共享视角下企业平台化商业模式分析——以海尔、小米和韩都衣舍为例[J]. 管理学报，2019，16(4): 475-484.

[112]宋立丰，宋远方，冯绍雯. 平台—社群商业模式构建及其动态演变路径——基于海尔、小米和猪八戒网平台组织的案例研究[J]. 经济管理，2020，42(3): 117-132.

[113]宋彦彦，石镇山，纪学成，等. 以智能制造推动制造业数字化转型研究[J]. 中国仪器仪表，2022(4): 31-36.

[114]宋耘，王婕，陈浩泽. 逆全球化情境下企业的组织韧性形成机制——基于华为公司的案例研究[J]. 外国经济与管理，2021，43(5): 3-19.

[115]孙国强，杨晶，闫绪娴. 网络嵌入、知识搜索与组织韧性——数字化转型的调节作用[J]. 科学决策，2021(11): 18-31.

[116]孙黎，邹波，李平. 主动试错——发现“互联网＋新大陆”的战略[J]. 清华管理评论，2015(12): 60-66.

[117]孙黎. 为什么说华为像水[J]. 销售与管理，2019(9): 52-53.

[118]覃素香，黄丹丹，李清梅. 4I理论视角下国产美妆“完美日记”营销策略分析[J]. 现代营销(学苑版)，2021(12): 115-118.

[119]谭量. 浪潮网络“智慧”应对校园场景网络融合需求[J]. 计算机与网络，2021，47(17): 74.

[120]田虹，田佳卉，张亚秋. 顾客参与价值共创、顾客知识转移

与企业双元创新［J］. 科技进步与对策，2022，39（8）：121-130.

［121］田蕊艳. 新零售时代良品铺子营销策略探析［J］. 现代营销（下旬刊），2021（3）：64-65.

［122］王方玉，历军. 中科曙光发力新基建［J］. 英才，2020（Z2）：29.

［123］王丽平，张敏. 多因素联动效应对新经济企业商业模式创新的驱动机制研究——基于模糊集的定性比较分析［J］. 管理评论，2022，34（3）：141-152.

［124］王露宁，朱海洋. 大型供应链企业数字化转型规划与实施路径［J］. 中国流通经济，2022，36（4）：79-88.

［125］王明珠. 斗鱼直播的商业模式研究——基于商业模式画布模型［J］. 商讯，2021（20）：27-29.

［126］王倩. 智联招聘李强：唤醒组织内生的"原力"［J］. 商学院，2020（10）：58-59.

［127］王强，王超，刘玉奇. 数字化能力和价值创造能力视角下零售数字化转型机制——新零售的多案例研究［J］. 研究与发展管理，2020，32（6）：50-65.

［128］王首杰. 数字时代商业模式创新的私法规制［J］. 法商研究，2022，39（2）：64-76.

［129］王新明，唐艳. 刚柔并济，海康威视供应链数字化转型［J］. 企业管理，2021（12）：63-68.

［130］王勇，蔡娟. 企业管理者积极领导力对组织韧性的影响机制研究［J］. 首都经济贸易大学学报，2021，23（2）：92-102.

［131］魏文倩，李旭，王天泽. 国货美妆品牌网络营销的现状与对策探讨——以完美日记为例［J］. 企业改革与管理，2022（4）：38-40.

［132］吴佳，张晓. 美妆品牌构建私域流量体系路径研究——以

“完美日记”为例［J］. 中国报业，2021（16）：60-61.

［133］吴军，梁思惠. 企业数字化转型过程和效果研究——以良品铺子为例［J］. 特区经济，2019（11）：137-139.

［134］吴军，香凝. 以财务共享转型，铺九州通达之路——九州通财务共享中心的构建与运营［J］. 新理财，2021（1）：70-71.

［135］吴雨，李冠艺. 新消费的内在动能与机理分析——以完美日记为例［J］. 江苏商论，2022（1）：19-21+39.

［136］喜崇彬. 三一集团：发展智能物流赋能离散制造业智慧转型［J］. 物流技术与应用，2022，27（2）：88-90.

［137］夏玫玫. 从美团优选看社区团购［J］. 中国储运，2022（4）：175-176.

［138］肖威，张艳婷. 数字经济背景下制造业数字化转型升级路径研究——以佛山市为例［J］. 广东轻工职业技术学院学报，2022，21（2）：11-16.

［139］熊炜烨，董海峰. 中小企业数字化转型“乏力”原因及市场化推进机制建设研究［J］. 通信世界，2022（8）：18-20.

［140］熊玉梅. 科技创新赋能企业价值创造——以中国平安为例［J］. 市场周刊，2021（34）：14-17.

［141］徐嘉敏，周灏. 电子商务平台商业模式分析——以京东为例［J］. 营销界，2021（38）：63-65.

［142］许坚维，张燕妮. 大数据时代下百度的人力资源获取与再配置［J］. 人才资源开发，2020（23）：91-92.

［143］许丽萍. 良品铺子“云上市”数字化赋能智慧零售［J］. 上海信息化，2020（4）：31-34.

［144］许亚杰. 孚能科技如何为软包电池正名［N］. 中国青年报，2022-09-22（11）.

［145］薛豪娜，陈慧婕. 国内双元创新研究进展与趋势［J］. 现

代商贸工业，2022，43（15）：15-16.

［146］杨学成．蝶变：数字商业进化之道［M］．北京：北京联合出版公司，2020.

［147］杨艳玲，郑雁玲，田宇．渐进还是突破？双元创新对新企业绩效的影响［J］．科技管理研究，2022，42（9）：76-81.

［148］姚小涛，亓晖，刘琳琳，等．企业数字化转型：再认识与再出发［J］．西安交通大学学报（社会科学版），2022，42（3）：1-9.

［149］叶丽军．基于顾客价值主张的茶企商业模式创新路径研究［J］．福建茶叶，2022，44（4）：64-67.

［150］佚名．DTC，站在消费者的肩膀上［J］．国际品牌观察，2022（8）：36.

［151］佚名．五菱“新贵”的销量奇迹［J］．世界汽车，2021（1）：78-81.

［152］易芳，梁莉萍．凯赛生物凭生物基聚酰胺成功打开市场［J］．中国纺织，2022（6）：80.

［153］用友网络科技股份有限公司．企业数字化：目标、路径与实践［M］．北京：中信出版集团，2019.

［154］用友云平台团队．数字化中台［M］．北京：中国工信出版传媒集团，2021.

［155］于春玲，张硕，李泽群，等．互联网App品牌定位演化及沟通策略——网易有道案例研究［J］．营销科学学报，2022，2（2）：102-118.

［156］于猛．价值创造视角下互联网时代的商业模式创新［J］．科技资讯，2022，20（6）：139-141.

［157］于杏林，邢方红．从作业终端到智慧平板：让技术与需求“成双配对”［J］．教育家，2022（16）：45-47.

［158］煜尧．六大能力、三大技术，新华三创新赋能数字化转型

[J]. 互联网周刊，2019（10）：40-41.

[159]煜尧. 数字化转型走向纵深，新华三数字大脑计划全新领航[J]. 互联网周刊，2019（9）：28-30.

[160]云乐鑫，陈青青，范雅楠. 传统制造企业商业生态系统的塑造机理研究——商业模式内容创新驱动下的双案例研究[J]. 广西财经学院学报，2022，35（2）：132-150.

[161]詹姆斯·G.马奇，赫伯特·A.西蒙. 组织[M]. 邵冲，译，北京：机械工业出版社，2013.

[162]张冲. 互联网创新型饮品元气森林的营销策略分析[J]. 中国商论，2021（15）：56-58.

[163]张凤玲. 玻尿酸女王是如何炼成的[J]. 中国品牌，2022（8）：60-62.

[164]张吉昌，龙静. 数字化转型、动态能力与企业创新绩效——来自高新技术上市企业的经验证据[J]. 经济与管理，2022，36（3）：74-83.

[165]张吉昌，龙静. 数字技术应用如何驱动企业突破式创新[J]. 山西财经大学学报，2022，44（1）：69-83.

[166]张娜，李志兰，牛全保. 突发公共事件情境下组织敏捷性形成机理研究[J]. 经济管理，2021，43（3）：161-176.

[167]张青松. 数字化升级九州通冷链担当新使命[J]. 中国物流与采购，2022（3）：21-22.

[168]张赛男. 海康威视的资本谋局：两度分拆，机器人业务拟冲刺创业板[N]. 21世纪经济报道，2022-06-14（09）.

[169]张田田，刘林. 元气森林品牌创新研究[J]. 合作经济与科技，2022（6）：92-93.

[170]张文婷. 基于顾客让渡价值理论的商业模式创新分析[J]. 新西部，2017（18）：80-81+57.

［171］张燕．新零售背景下“完美日记”品牌价值提升策略研究［D］．杭州：浙江工商大学，2022．

［172］张镒，刘人怀，陈海权．商业生态系统中的平台领导力影响因素——基于扎根理论的探索性研究［J］．南开管理评论，2020，23（3）：28-38+131．

［173］张毅．数字化转型是什么？从企业内生需求看数字化转型提供的价值效益［J］．起重运输机械，2021（16）：20-21．

［174］赵继娣，曲如杰，王蕾，等．城市数字化转型中的社会风险演化及防范对策研究［J］．电子政务，2022（6）：111-124．

［175］赵雯璐，赵秋梅．美团的盈利能力分析［J］．老字号品牌营销，2022（2）：169-171．

［176］赵妍．中企通信携合作伙伴共舞数字经济新时代［N］．通信产业报，2022-01-24（018）．

［177］郑明珠．基于在线评价的消费者购买生鲜产品满意度研究——以美团优选为例［J］．现代商业，2022（10）：42-45．

［178］周良军，邓斌．华为数字化转型：企业持续有效增长的新引擎［M］．北京：人民邮电出版社，2021．

［179］周一虹，元庆洁．基于甘肃典型案例的生态产品价值实现研究［J］．会计之友，2022（6）：151-154．

［180］周永刚．现代企业发展过程中市场营销的价值体现分析［J］．老字号品牌营销，2022（6）：27-29．

［181］朱革，王秀兰．疫情对线上线下经济的影响［J］．合作经济与科技，2021（16）：9-11．

［182］朱孟克，夏咏．传统企业数字化转型探析［J］．时代经贸，2022（19）：68-70．

［183］朱敏．新旧动能转换与大数据红利［J］．新经济导刊，2018（6）：1．

［184］朱雯．短视频的商业化运营："圈粉"＋"变现"模式探究［J］．上海广播电视研究，2021（2）：30-35．

［185］朱彧，王中珏．元气森林互联网思维演绎 4P 新营销［J］．中国市场，2022（12）：178-181．

［186］邹琦．中国传统图案在国潮服饰设计中的问题及解决方法［J］．轻纺工业与技术，2021，50（10）：53-54．

［187］邹文彦，吴晓涵．企业数字化转型的财务效益分析——以顺丰控股为例［J］．内蒙古科技与经济，2022（11）：55-57+59．

［188］左文明，黄枫璇，毕凌燕．分享经济背景下价值共创行为的影响因素——以网约车为例［J］．南开管理评论，2020，23（5）：183-193．

［189］曾宪聚，曾凯，严江兵．管理变局下组织韧性与组织柔性的比较与整合［J］．管理现代化，2021，41（5）：68-71．

［190］曾亿武，张增辉，方湖柳，等．电商农户大数据使用：驱动因素与增收效应［J］．中国农村经济，2019（12）：29-47．